Elogios para

APLASTAR EL CAOS

«Manny Arango no se anda con rodeos en *Aplastar el caos*, y esa es precisamente la razón por la que lo necesitas. Este libro va directo al grano: tu vida no tiene por qué seguir desordenada, pero tienes que estar dispuesto a trabajar en ello. Arango es honesto, divertido y sumamente práctico. Te proporciona pasos reales para aplastar el caos y dejar espacio para el orden de Dios en tu vida. Te reirás, crecerás y te alegrará haber elegido este libro».

Travis y Jackie Greene, pastores principales
de Forward City Church, Carolina del Sur

«Manny Arango es un narrador magistral con la profundidad de un teólogo experimentado y la visión de un pastor. *Aplastar el caos* es una guía muy necesaria para navegar por la turbulencia que tan a menudo nos rodea. Arango no solo diagnostica el problema, sino que también te guía en el viaje de redescubrimiento de los ritmos antiguos de orden que Dios estableció desde el principio. Este libro es crudo, perspicaz y lleno de verdades bíblicas que desafiarán tu manera de pensar y transformarán tu vida. Si estás listo para enfrentarte al caos y dar el paso hacia la paz de Dios, *Aplastar el caos* es una lectura imprescindible».

Chris Durso, pastor de SoHo Bible Study
y autor de *The Heist*

«Ya hemos estado antes en el caos: adicción, matrimonio que se desmorona, sentirse listos para abandonar. *Aplastar el caos* no es un libro más de autoayuda. Manny Arango presenta una profunda verdad bíblica con la cruda sinceridad de quien ha experimentado el caos. Si estás cansado de soluciones superficiales y listo para una verdadera transformación, Arango será tu guía. El propósito de este libro no es escapar del caos, sino abrazar la paz y el orden que Dios diseñó para tu vida».

JIMMY e IRENE ROLLINS, autores de *Two Equals One*

«En su libro más reciente, *Aplastar el caos,* Manny Arango nos hace un regalo excepcional: imparte a la iglesia una clase magistral de teología, y le proporciona una obra maestra de narración y un manual de pastoreo. En un mundo lleno de caos político, espiritual, emocional y relacional, Arango nos lleva de regreso al jardín del Edén y nos vuelve a presentar a nuestro Dios, quien ha estado estableciendo orden y paz para Su pueblo desde el principio. Cada capítulo ofrece una nueva revelación de la Palabra de Dios y una estrategia aplicable para aplastar el caos en nuestras propias vidas. Arango nos recuerda que nuestra herencia como hijos de Dios es una mente sana, una paz que sobrepasa todo entendimiento y un gozo indescriptible y lleno de Su gloria».

NATALIE RUNION, fundadora de *Raised to Stay*, líder de adoración, compositora, oradora y autora superventas

APLASTAR
EL CAOS

APLASTAR EL CAOS

Calma tus tormentas.
Ordena tu vida.
Encuentra tu paz.

Manny Arango

Prólogo de Scot McKnight

ORIGEN

Título original: *Crushing Chaos*
Calm Your Storms. Order Your Life. Find Your Peace

Primera edición: junio de 2026
Esta edición es publicada bajo acuerdo con WaterBrook,
un sello de Random House Christian Publishing Group,
una división de Penguin Random House LLC.

Traducción: Eloida Viegas

8950 SW 74th Court, Suite 2010
Miami, FL 33156

Ilustración del interior: @ Spencer Fuller/Faceout Studio (dragón)

Impreso en Colombia/*Printed in Colombia*

Información de catalogación de publicaciones disponible
en la Biblioteca del Congreso de los Estados Unidos

ISBN: 979-8-89098-428-9

ORIGEN es una marca registrada de Penguin Random House Grupo Editorial

Este libro está dedicado al caos y el orden. Está dedicado al caos de mi infancia. Sin ti hoy yo no sería quien soy ni tendría la empatía necesaria para escribir este libro.

Y a mi esposa, que ha esperado con paciencia y ha orado mientras yo he recorrido el camino desde el caos hasta el orden: a ti te dedico este libro. Gracias por ser mi paz constante e inamovible. Soy mejor gracias a ti.

Índice

SECCIÓN 3: AUNQUE LLUEVA A CÁNTAROS

SECCIÓN 4: EL PRÍNCIPE DE PAZ

Prólogo

Existen razones fundadas para captar el problema cósmico de los seres humanos y del orden del mundo con la palabra *caos*, y no solo porque derive de uno de los primeros (y muy interesantes) términos hebreos de la Biblia. Somos propensos a aferrarnos a términos tradicionales e históricos como *pecado*, *transgresión* e incluso nuestra *naturaleza adámica*. El caos fue domesticado por Dios, y reordenado en la belleza de toda la creación, fluyendo como lo diseñó nuestro Creador. El problema primordial con la creación no era, por tanto, el pecado contra Dios, sino la presencia del caos. Es el problema fundamental subyacente a todos los problemas fundamentales.

El caos es sistémico por cuanto impacta a toda la creación, a todos nuestros sistemas gubernamentales, a todos nuestros sistemas económicos, a todos (sí, a todos) nuestros sistemas eclesiásticos y a todas nuestras relaciones. De modo que el caos no es algo completamente sometido. Es el problema original que acecha en los rincones como un duende, esperando surgir como una presencia que interrumpe el buen orden de Dios. Nada habla más del caos sistémico que los océanos: oscuros, sombríos, misteriosos, insondables, llenos de muerte. Solo uno puede dominar el océano, y ese es Aquel que caminó sobre las aguas, Jesús, quien le extendió Su mano a un seguidor que se hundía y después calmó el caos de arriba (las tormentas) para calmar el caos de abajo (las aguas turbulentas).

El caos es espiritual porque distorsiona el amor de Dios en pensamiento mágico, interrumpe el flujo de la gracia divina hacia nosotros y la transforma en algo que se debe ganar y que nos desconecta de Dios, de nosotros mismos y de aquellos a quienes debemos amar. El caos es espiritual porque convierte el evangelio sobre Jesucristo en un arma que se puede usar para manipular, controlar y dominar. El caos convierte a Cristo en un arma contra el mundo en lugar de la revelación de la gracia, el amor, la justicia y la belleza de Dios.

El caos es personal porque invade nuestro ser más profundo, coaccionándonos a pensar que somos indignos, incapaces, reacios, indeseables y desagradables; pero no lo somos. Dios nos ama. Cristo murió por nosotros. Cristo resucitó por nosotros. Cristo volverá por nosotros. El Espíritu está con nosotros, en nosotros, por nosotros, y nos da poder. Dios ha hecho todo esto por nosotros porque Dios quiere que nuestro ser más profundo sea redimido, transformado y capacitado para amar, para convertir el caos en belleza, y para reconducir las conversaciones de dominación y violencia hacia la bondad, la justicia y la paz.

El caos es personal porque no solo somos propensos a vagar, como dice el viejo himno, sino que lo hacemos hacia lo salvaje y el desierto, donde el caos reina, donde el orden no se encuentra, y donde podemos ser «libres» para vivir en la jungla, fuera del alcance del orden de Dios.

El caos es una historia en la que no podemos vivir ni florecer, pero que hoy en día se ha convertido en una historia cautivadora para demasiados. El caos nos susurra que cada uno de nosotros puede hacer lo que quiera: «Tú sé tú, yo seré yo, y podemos llevarnos bien». El caos sabe que tú no eres tú sin nosotros y que no podemos florecer por nuestra cuenta; que *Walden* no es lugar apropiado para aquellos que han sido creados para amarse unos a otros. (Me comentan que la madre de Thoreau le lavaba la ropa). El caos nos lleva al desierto para arruinarnos, debilitar nuestra necesidad de amor y reducir nuestros anhelos de justicia y paz. El caos trae ansiedad; el orden de Dios en Cristo proporciona la verdadera paz.

En este libro, Manny Arango nos ha regalado una palabra, y con ella, a través de ella y mediante ella, pavimenta un nuevo camino que cruza los desórdenes de nuestro mundo moderno. Les da el nombre que les corresponde, caos, a la vez que nos conduce a la belleza de la redención y a la presencia capacitadora de Dios. *Aplastar el caos* es un libro valiente, creativo y cautivador. Los dragones del desorden solo pueden ser ordenados cuando el caos es aplastado por el León que, paradójicamente, también es el Cordero. El libro de Manny convierte toda la Biblia en la historia de Dios domesticando el caos, de Dios transformando el caos en orden, y de una creación ordenada que encuentra su mejor orden en Cristo. Por consiguiente, el caos es bíblico, pero el orden lo es aún más.

Por encima de todo, *Aplastar el caos* pone nombre a lo que nos aqueja, interrumpe, arruina, hiere, aplasta, divide y deconstruye. Hace mucho tiempo, cuando era estudiante universitario, un profesional preguntó qué había pasado con el *pecado*. A la gente le gustó el título de su libro,[1] pero Estados Unidos no estaba listo para aceptar la verdad: el pecado era real. Manny está haciendo la misma pregunta con la palabra primordial y el problema primordial, con la palabra *caos*. Propone, asimismo, la redención primordial: el orden. Ordenar es la obra de Dios, y no es tan simple como crear «de la nada». Ordenar convierte el caos en belleza y la oscuridad en luz; ordenar convierte mares vacíos en aguas llenas de peces, cielos vacíos en cielos llenos de aves, y espacios abiertos en comunidades pobladas por quienes son energizados por la imagen de Dios para cuidar de este mundo y de las personas que están en él. Ordenar es, pues, el reverso del caos. Si el caos es el problema sistémico, espiritual y personal que enfrentamos hoy, la solución no es el control del gobierno; no es un hombre que gobierna el mundo. Dios lo ordena y los portadores de Su imagen que Él ha creado subordenan lo que Él está ordenando.

El orden considera este mundo como el templo de Dios, como una tierra modelada por Él para que tú y yo pongamos en orden el fruto de nuestro trabajo como forma de adorar a Dios y de amarnos unos a otros. El verdadero orden de la creación es una persona, Jesucristo, quien aplastó el caos en la cruz y resucitó para establecer un orden basado en la gracia, el amor, la justicia y la paz. Ninguna palabra capta nuestro mundo mejor que *caos,* y su única solución es el orden verdadero, duradero y floreciente de Dios.

Scot McKnight

Profesor en búsqueda del orden de Dios

UN MUNDO DE CAOS

SECCIÓN

1

Capítulo 1

Pánico en el vestíbulo

> La tierra no tenía forma y estaba vacía, las tinieblas cubrían el abismo y el Espíritu de Dios se movía sobre la superficie de las aguas.
>
> GÉNESIS 1:2

> El énfasis principal [de la creación] no está en el proceso desde la nada a algo, de la no existencia a la existencia, sino en un proceso desde la confusión a la distinción, desde el caos al orden.
>
> JAMES BARR, «WAS EVERYTHING THAT GOD CREATED REALLY GOOD?», ÉNFASIS AÑADIDO

La ansiedad invadió a una joven de pie en el vestíbulo de nuestra iglesia, una noche de miércoles. Minutos antes de nuestro culto semanal de adoración, luchaba por respirar y no dejaba de limpiarse las lágrimas del rostro. Elevé oraciones, al parecer en vano. Mi trabajo era proteger y amar a estos jóvenes, pero me sentía impotente ante el caos del pánico que la había envuelto.

Finalmente, la ola de ansiedad se calmó, pero nunca olvidé ese momento. Había predicado docenas de mensajes sobre la ansiedad y el pánico. Habíamos dedicado tiempo de oración y ministerio enfocados específicamente en la ansiedad, pero era evidente que no habíamos descifrado el código hacia la paz. Tras meses de reflexionar en aquel momento, recordé que el relato de la creación en Génesis tiene mucho que decir sobre el caos y, de hecho, describe el estado original de la creación como un océano profundo, salvaje y furioso de caos. Las primeras palabras de la Biblia declaran:

> En el principio Dios creó los cielos y la tierra. La tierra no tenía forma y estaba vacía, las tinieblas cubrían el abismo y el Espíritu se movía sobre la superficie de las aguas (Génesis 1:1-2).

Dios creó los cielos y la tierra, y la tierra «no tenía forma y estaba vacía». En hebreo, esos términos son *tohu*[1] y *va-vohu*,[2] que se traducen como «desolación… algo que es un desecho, que está devastado… un desierto… vacío, que es vanidad… la nada»[3] y «vacío, vacuidad»,[4] respectivamente. Otras traducciones son «lugar de caos», «desierto» y «yermo».[5] Y el término hebreo *tehom* («lo profundo») puede traducirse como «abismo».[6] (Veremos estos términos con más detalle en capítulos posteriores).

En resumen, las primeras palabras de las Escrituras declaran que la creación era un desorden caótico e indomable y que el Espíritu del Señor Dios se movía sobre la superficie de este océano abismal, estéril e incomprensible de caos. Una imagen bastante épica, si me preguntas. Sin embargo, Dios no trajo paz a este caos. Dios comenzó a organizar la creación y trasladó la tierra del caos al orden. Dios comenzó a separar, apartar, reunir y dar estructura al caos de la creación. Mira esta descripción en Génesis 1:6-7:

> Y dijo Dios: «¡Que haya una expansión en medio de las aguas y que las *separe*!». Y así sucedió. Dios hizo la expansión que separó las aguas que están debajo de las aguas que están arriba.

¿Qué hizo Dios? *Dios separó.*

Lee la siguiente descripción en el versículo 9:

> Y dijo Dios: «¡Que las aguas debajo del cielo *se reúnan* en un solo lugar y que aparezca lo seco!».

¿Qué hizo Dios? *Dios reunió.*

El principio de la creación revela a un Dios que sabe reorganizar, organizar, desordenar, limpiar, simplificar, facilitar y estructurar la vida. La solución divina para el caos que encontramos en Génesis no fue traer *paz*; fue establecer el *orden*. Irónicamente, la paz siempre es un subproducto natural una vez que el orden echa raíces en el cosmos, y he descubierto que la estrategia de Dios para responder al caos no ha cambiado.

El orden era la clave faltante en nuestro enfoque ministerial, ya que la ansiedad era tan solo el resultado o subproducto del caos. Me había concentrado todo el tiempo en la luz de alarma del motor de la ansiedad, en vez de abrir el capó y comprobar el estado del motor. La ansiedad solo es un síntoma del verdadero caos no diagnosticado que vive en lo profundo de nosotros. Había estado predicando sobre la paz, básicamente medicando el dolor y proporcionando soluciones rápidas y temporales, en lugar de abordar la raíz del problema. La buena noticia es que hay cura para el caos, y este libro trata del descubrimiento de dicha cura. La cura para el caos es el *orden*.

Hay un orden en la vida revelado en las Escrituras.

Tomemos el ejemplo del sexo. La visión bíblica: el sexo va *después* del matrimonio, no antes. Confundir esta secuencia creará caos inevitablemente.

Sufrimiento innecesario.
Vínculos sentimentales con varias personas.
Inseguridad. Conducta posesiva.
Niños nacidos fuera del vínculo matrimonial.
Dramas para la madre. Manutención infantil.

Es un caos absoluto.

Y esto crea abundantes oportunidades para que la ansiedad prospere. No importa cuánto oremos por la paz, esta nunca será permanente en el alma de quien rechaza el orden de Dios.

Nuestra familia, nuestras iglesias y nuestras instituciones solo pueden prosperar cuando están bien ordenadas. El orden divino para las familias involucra a madres *y* padres presentes, comprometidos e involucrados en el bienestar de sus hijos; madres *y* padres que ejerzan una autoridad saludable sobre sus hijos para guiarlos, enseñarles y protegerlos. Cuando este orden se ignora o se rechaza, llega el caos. Permíteme darte un ejemplo sobre paternidad.

Según un informe de la Oficina del Censo de los Estados Unidos del 2022, uno de cada cinco niños está creciendo hoy sin un padre en casa,[7] y los resultados negativos hablan por sí solos. Eliminar al padre de la cabeza del hogar crea caos en la sociedad.

«La investigación sugiere que la falta de padre es un factor significativo en los problemas de salud mental infantil… y el 75 % de todos los niños que abusan de sustancias proceden de hogares sin padre… Otro estudio descubrió que el 75 % de los pacientes adolescentes en centros de rehabilitación provienen de hogares sin padre».[8] Además, «el 63 % de los suicidios juveniles… y el 85 % de los niños con trastornos conductuales» salen de hogares sin padres presentes.[9] La falta de padre no solo afecta la salud mental, sino que también impacta en los resultados financieros, educativos y en la actividad criminal.

La carencia de padre está directamente vinculada con la ansiedad, la depresión, el suicidio, la pobreza, la encarcelación y toda una serie de desafíos.[10] Los hechos pintan una imagen clara: cuando la humanidad se desvía del orden divino, siempre resulta en caos. El orden de Dios incluye un padre saludable, presente e involucrado. Un buen padre defiende a sus hijos del caos de la sociedad. Donde falte un padre, habrá caos.

Mi padre estuvo en la cárcel dieciocho años y luchó contra la adicción a las drogas durante décadas. Crecí en un hogar caótico, dentro de la cultura más amplia de un barrio durante toda mi adolescencia. Odiaba la idea del orden y del sometimiento a la autoridad paterna porque era del todo ajena a la forma en que crecí, pero luego entendí que nunca maduraría si no aceptaba el orden y rechazaba el caos. Por muchas oraciones sinceras elevadas a Dios pidiendo la paz con desesperación, hasta no aceptar Su orden seguiría luchando con la depresión y los pensamientos suicidas, porque se alimentaban del caos de la falta de padre en el que crecí. La depresión era tan solo el síntoma de una vida caótica carente de la base, la estructura y la identidad que los padres tienen que proporcionar, según el diseño divino.

El orden va mucho más allá de la secuencia y la autoridad. La Biblia describe un ritmo para la vida. Estamos diseñados para trabajar seis días y descansar uno. Estilo *Chick-fil-A* [cadena de comida rápida]. Cerrado los domingos. Yahvé ordenó al pueblo de Israel en el Antiguo Testamento que dejara descansar su tierra cada siete años, sin cultivos, sin siembra, sin cosecha. Los científicos modernos han comprobado que esta práctica de permitir que el suelo descanse tiene increíbles beneficios para la salud humana y el medio ambiente. Génesis enseña que tú y yo fuimos hechos del polvo de la tierra, y también necesitamos descanso si queremos experimentar una productividad óptima. Adán fue creado del polvo, en hebreo *adamah*.[11] Adán significa literalmente «hombre de polvo».

Jesús enseña que la semilla de la Palabra de Dios debe sembrarse en el terreno de nuestros corazones (Mateo 13:23). Pablo enseña que el fruto del amor, la alegría, la paz, la paciencia, la bondad, la fidelidad, la gentileza y el autocontrol deben crecer de la tierra de nuestro ser (Gálatas 5:22-23). La Biblia reconoce que somos polvo (Génesis 2:7). Somos tierra, no metal. Sin embargo, en el caos de nuestro mundo moderno, nos hemos convertido en máquinas: producimos proyectos, trabajamos sin descanso y somos productivos. Tal vez muchos de nosotros estamos ansiosos y vivimos vidas caóticas porque no hay un ritmo en nuestro trabajo. Tanto las máquinas como las granjas producen. Pero esos procesos de producción se ven radicalmente diferentes. Abrazar el *sabbat* no significa que rindamos menos; significa que producimos de manera diferente. El *sabbat* es un ritmo, y el ritmo es un elemento innegociable del orden de Dios.

Secuencia. Autoridad. Ritmo.

Me pregunto cuántos de nosotros hemos estado orando por paz, pero saboteamos nuestra capacidad de recibir, producir o mantener la paz porque nuestras vidas rechazan la secuencia de autoridad y ritmo de Dios. Me pregunto cuántos de nosotros hemos reprendido la ansiedad, pero seguimos sin rechazar las formas de caos que provocan ansiedad en nuestras vidas. La

Biblia ofrece un camino para salir del caos, pero requiere que recuperemos la forma antigua de leer las Escrituras.

Las interpretaciones modernas del relato de la creación en Génesis se enfocan tanto en que Dios creó *ex nihilo*, o «de la nada», que ignoramos lo que las audiencias antiguas habrían enfatizado y apreciado más del texto bíblico. Los autores de la Biblia y sus audiencias daban por hecho que Yahvé había creado todo de la nada. Ese no era su punto principal.

En Génesis 1:1 se declara esto de inmediato: «En el principio Dios creó los cielos y la tierra». Considera este versículo como el resumen de toda la narrativa de la creación, diez palabras que sostienen la idea de que Dios creó todo de la nada. Sin embargo, una vez que el texto comienza a detallar el proceso de cómo este Creador generó todo, el énfasis cambia. El autor de Génesis comienza describiendo un océano primigenio caótico, no el lienzo en blanco de la nada.

Una vez iniciado el versículo 2, el punto de partida para la creación ya no es una pizarra en blanco de la «nada», sino un abismo profundo y oscuro de caos. Y todo lo que sigue describe a un Creador soberano que rescata magistralmente la creación del caos y establece un orden divino para que la humanidad pueda florecer.

Espero que podamos recuperar este énfasis antiguo. Porque el mismo Creador soberano que sacó la creación del caos *entonces*, quiere rescatar nuestras vidas del caos *ahora*. La Biblia ofrece un camino del caos al orden, y cuando comencé a descubrir ese camino por mí mismo y a enseñarlo a otros, empecé a ver cada vez menos ansiedad.

Por eso dejé de predicar sobre la paz y la ansiedad. En su lugar, redescubrí esta forma de leer e interpretar Génesis como lo haría una persona antigua: viendo a Dios como quien trae orden a partir del caos. Volví al camino antiguo, y comencé a predicar y enseñar sobre el orden y el caos. Empecé a enseñar a las personas cómo ordenar adecuadamente sus vidas, y, de alguna manera, dejamos de tener ataques de pánico en el vestíbulo.

Cuando cambiamos nuestra teología, todo lo demás cambia como resultado. Mi padre ha luchado con una adicción a las drogas durante toda mi vida. Como puedes imaginar, vivir con un adicto es bastante caótico. Pero cuando yo tenía unos doce años, mi papá entregó su vida a Jesús y se bautizó. Desde ese momento, comenzó a orar para que Dios lo liberara milagrosamente del caos de la adicción. Recuerdo de forma gráfica tener veintidós años y ver a mi padre rechazar la oportunidad de participar en un programa cristiano de rehabilitación de un año llamado *Teen Challenge*.

Teen Challenge le ofrecía a mi padre un proceso. Orden. Una rutina diaria. Reglas comunitarias. Un plan de memorización bíblica. Estructura. Una forma de desenredar la red de adicción en la que estaba atrapado.

Nunca olvidaré las palabras de mi padre en ese momento. Dijo: «Tengo fe en que Dios me libere milagrosamente. Estoy creyendo en un milagro de parte de Dios. Solo necesito al pastor correcto que me imponga las manos y el poder de Dios me liberará al instante».

Mi papá rechazó el proceso del discipulado porque quería el poder instantáneo de la liberación. Quería una liberación *ex nihilo*. Quería que su rescate llegara «de la nada», que Dios agitara una varita mágica y venciera su caos. Y la teología de mi papá lo ha mantenido atrapado en el caos de la adicción. Me pregunto si habría tomado una decisión diferente de haber visto a Dios como el Creador que llevaba el cosmos, con cuidado y constancia, del caos al orden en aquellos primeros días del Génesis. No pude convencerlo del Dios de la Biblia que aplasta el caos, pero tal vez pueda persuadirte a ti.

Si hay caos en tu vida, te ruego que tengas por seguro que al Dios de la Biblia no le intimida ni desconcierta. Sabe exactamente cómo vencer el caos y crear orden en tu vida. Y aunque no agite una varita mágica sobre ti para curar tu ansiedad al instante, Él trazará un camino hacia el orden para que tu ansiedad comience a corregirse sola. Dios *puede* traer paz a tu vida al instante y a partir de la nada. Dios *puede* crear libertad y sobriedad para mi padre de forma instantánea y *ex nihilo*. *Puede* hacerlo.

Pero hay una razón por la que no suele hacerlo. Y es lo que exploraremos en los próximos capítulos.

Capítulo 2

Paz en el templo

Al llegar el séptimo día, Dios *descansó* porque había terminado toda la obra que había emprendido.

GÉNESIS 2:2

Vengan a mí todos ustedes que están cansados y agobiados; yo les daré *descanso*.

MATEO 11:28

En la visión tradicional de Génesis 1 como relato de los orígenes materiales, el día siete resulta desconcertante. Parece ser tan solo una ocurrencia tardía con preocupaciones teológicas sobre la observancia del *sabbat* por parte de los israelitas: un apéndice, una postdata, un añadido.

Por el contrario… el lector antiguo concluiría sin lugar a duda que es *un texto de templo*, y que el séptimo día es el más importante de los siete.

JOHN WALTON, *EL MUNDO PERDIDO DE GÉNESIS UNO*, ÉNFASIS AÑADIDO

Sería difícil encontrar algo menos elegante que un hotel Red Roof Inn. Y admito que he pasado más noches en hoteles Red Roof Inn de las que me gustaría. Hace aproximadamente una década, conducía desde Carolina del Norte hasta Boston y me atrapó una tormenta de nieve. En algún lugar entre Richmond y Washington D. C., tuve un accidente automovilístico bastante serio, y el Red Roof Inn se convirtió en mi morada durante unas tres noches.

La habitación olía raro.

Las sábanas eran ásperas.

El baño estaba asqueroso.

Mis nervios estaban alterados y mi mente no dejaba de repasar el accidente una y otra vez. Fue el sueño menos reparador que he tenido en mi vida, porque es casi imposible descansar en medio del caos. Ese Red Roof Inn me enseñó que *donde* descansas determina *cómo* descansas, y que existe un lugar ideal de descanso para la humanidad.

Es difícil descansar en medio del caos porque tú y yo fuimos diseñados para habitar un espacio ordenado como templo, que la Biblia llama el jardín del Edén. No fuimos creados para ser nómadas errantes. Una pista enorme indica que el jardín del Edén es un templo, pero solo es posible verla cuando leemos el texto en su contexto antiguo.

En Génesis 2:2 leemos que en el séptimo día Elohim *descansó*: «Al llegar el séptimo día, Dios descansó porque había terminado toda la obra que había emprendido». Para el lector antiguo, este era el clímax natural de toda la historia de la creación. El descanso de Dios demostraba que el proyecto de la creación había sido un éxito y que el espacio había sido suficientemente ordenado.

Si este versículo te parece decepcionante, debes saber que el problema está en nosotros, los lectores modernos, no en el texto. Esta parte es donde los santos antiguos se habrían dado una vuelta corriendo por el santuario, como en la iglesia pentecostal en la que crecí. Las audiencias antiguas entendían que las deidades solo descansaban una vez que sus templos estaban ordenados y santificados. El descanso era la confirmación final de que el espacio era sagrado. El descanso era sinónimo de aprobación divina. John H. Walton, profesor emérito de Antiguo Testamento en Wheaton College, respetado y reconocido, afirmó que, en el mundo antiguo, «la deidad descansa en un templo, y solo en un templo. Para eso se construían estos. Podríamos incluso afirmar que la definición de templo es *eso*: un lugar para el descanso divino».[1] En el mundo antiguo, los dioses solo descansaban en templos, en ningún otro lugar. Porque el lugar donde descansas determina *cómo* descansas.

Y el proceso de preparar un templo para la deidad se conocía como *ordenar* el espacio del templo. Como Dios no descansa en medio del caos, Su templo debe estar ordenado: un espacio altamente detallado e intencionalmente diseñado, donde todo tiene una función.

En el mundo antiguo, los lectores habrían entendido el relato de la creación en Génesis como un proceso que transformaba el caos del *tohu va-vohu* en el templo sagrado de Yahvé; habrían reconocido la relación entre caos y orden. Los lectores modernos entienden Génesis de forma muy distinta, viéndolo como la formación del universo. Nuestro objetivo es descubrir el mensaje original de las Escrituras para su audiencia original. Por lo tanto, si los antiguos veían en Génesis la construcción del templo cósmico de Yahvé, su interpretación debería tener enormes implicaciones para nosotros. A menudo, estamos tan ocupados tratando de armonizar la Biblia con nuestra ciencia moderna que no nos damos cuenta de que estamos forzando a la Escritura a responder preguntas que sus autores nunca se propusieron abordar.

Robert J. V. Hiebert se hace eco de esta idea:

> La creación en Génesis 1:1-2:3 tiene más que ver con traer orden al caos y poblar los vacíos que con generar toda la materia. Eso no significa que este pasaje sea incompatible con la idea de que Dios creó toda la materia. Simplemente, ese tema no parece ser relevante para este autor bíblico y sus contemporáneos. El misterio de los orígenes últimos se aborda en revelaciones posteriores que reconocen que absolutamente todo, incluso el abismo primordial, debe tener su origen en Dios.[2]

La creación *ex nihilo*, o «de la nada», se afirma en otros pasajes de la Escritura, como el Salmo 33:6 y Hebreos 11:3. Sin embargo, en el contexto en que se escribió Génesis, la principal preocupación tanto de los escritores como de la audiencia era el establecimiento de un mundo ordenado y funcional, en contraste con un mundo caótico e inhabitable. La persona antigua estaba profundamente preocupada por el triunfo del orden sobre el caos. Los antiguos querían que el Caos fuera completamente aplastado, y esa preocupación se refleja en la literatura que produjeron.

Tenemos más en común con las audiencias antiguas de lo que creemos. Nosotros también estamos consumidos por el caos. Nosotros también anhelamos que él sea vencido y que triunfe el orden. Sin embargo, hemos perdido la conexión con el mundo antiguo. Debemos aprender a interpretar las Escrituras desde una perspectiva antigua para poder encontrar verdades bíblicas que aplasten el caos en nuestras vidas.

Hasta ahora, tenemos dos pistas contundentes de que el jardín del Edén es un templo. Primero, es el producto del proceso de Dios para ordenar y vencer el caos. Segundo, Dios descansa al final de este proceso, y, en el mundo antiguo, las deidades solo descansaban dentro de templos, como confirmación de que el espacio había sido suficientemente ordenado. Sin embargo, una tercera pista es la más significativa para ti y para mí en este viaje para conquistar el caos y encontrar la paz:

En el mundo antiguo, los templos no eran simplemente el lugar de descanso de los dioses. También eran el lugar de descanso de las *imágenes* de los dioses.

Casi todos los templos del mundo antiguo tenían una imagen en su interior. El templo de Zeus albergaba una imagen de Zeus. Lo mismo ocurría con los templos de Hermes, Apolo y Artemisa: cobijaban imágenes de sus respectivos dioses. Por lo tanto, la prueba final de que Dios estaba construyendo un templo en el inicio de la Biblia es su declaración en Génesis 1:26: «Hagamos al ser humano a nuestra imagen y semejanza. Que tenga dominio».

Imagen. Semejanza. Dominio.

Estas son palabras clave.

Son palabras del templo.

Las imágenes de Dios están diseñadas para residir y encontrar verdadero descanso solo dentro del templo de Dios. Porque el lugar *donde* descansas determina *cómo* descansas. Este versículo proporciona función, propósito y significado a cada ser humano. Sin embargo, la mayoría de las personas no han ordenado sus vidas en torno a esta realidad funcional: que fueron creadas a imagen de Dios con el propósito de reflejar Su gloria en todo el cosmos.

Cuando estaba en octavo grado, asistí a una escuela cristiana y memoricé la primera pregunta y su respuesta correspondiente del Catecismo Menor de Westminster. Nunca he olvidado esas palabras, y han ordenado mi vida de manera profundamente significativa:

¿Cuál es el fin principal del hombre?
El fin principal del hombre es glorificar a Dios...
y disfrutar de Él para siempre.[3]

El fin principal de la humanidad es glorificar a Dios y disfrutar de Él por siempre. Como portadores de Su imagen, fuimos diseñados de forma única para glorificar a Dios, para reflejar Su majestad, Su gobierno y Su autoridad en toda la creación. Nuestro propósito *no* es buscar y alcanzar nuestra propia felicidad. Cuando la felicidad se convierte en nuestro objetivo principal, genera caos. Nuestro fin *no* es descubrir nuestro destino. Cuando el logro individual se convierte en nuestro enfoque principal, genera caos. Nuestra meta suprema *no* es acumular riqueza y morir realizados. No es expresar nuestra sexualidad ni vivir nuestros deseos sexuales, ni encontrar a nuestra «alma gemela». Cuando esos objetivos suplantan el propósito supremo para el cual fuimos creados, multiplicamos el caos en este planeta. El fin principal de la humanidad —la razón por la que fuimos creados— es reflejar a Aquel cuya imagen llevamos. Y hasta que eso no se convierta en lo único que nos obsesione, estaremos consumidos por todo lo demás... y todo lo demás nos consumirá. Seremos menos que verdaderamente humanos.

Nuestra función principal como seres humanos es reflejar la imagen y semejanza del Dios todopoderoso y ordenar nuestras vidas según la realidad de que somos portadores de Su imagen.

Esa es la razón predominante por la que fuimos creados. Es nuestra función central y nuestro fin supremo. Es de primera importancia y debe ocupar el lugar de máxima prioridad.

Desatamos el caos cuando...

ignoramos nuestra verdadera función,
nos rebelamos contra nuestra verdadera función,
intentamos redefinir nuestra función.

Y nos robamos a nosotros mismos el descanso. Porque el lugar *donde* descansas determina *cómo* descansas.

Si no vivimos conforme a nuestra función como portadores de la imagen de Dios, terminamos siendo expulsados del templo diseñado para ser nuestra morada, porque no cumplimos el propósito por el cual fuimos puestos allí. Y siempre que tratamos de convertir otro entorno en un hogar alternativo, nos volvemos inquietos, cansados y agotados, porque solo fuimos diseñados para descansar en templos.

John Walton sostiene que Dios trae orden al cosmos al darle función: «La creación fue una actividad de otorgar *funcionalidad* a una condición no funcional, más que de aportar sustancia material a una situación en la que la materia estaba ausente».[4] El caos se manifiesta como una negativa a aceptar la función que Dios nos ha asignado.

No fuimos diseñados para el Red Roof Inn. No fuimos diseñados para el caos. Y puedes intentar habitar en el caos si lo deseas, pero nunca experimentarás el verdadero descanso hasta que abraces tu verdadera función y regreses a tu verdadero hogar. Porque, una vez más, *donde* descansas determina *cómo* descansas.

Una vez expulsados Adán y Eva del templo creado para que habitaran, la humanidad se aleja cada vez más de la presencia de Dios. Cuando su hijo Caín comete el primer asesinato, Dios desciende para comunicarle las consecuencias: «... quedarás maldito y expulsado de la tierra... Andarás vagando por el mundo, sin poder descansar jamás» (Génesis 4:11-12). Caín queda devastado por esta noticia. La Biblia dice que responde al Señor: «Yo no puedo soportar un castigo tan grande. Hoy me has echado fuera de esta tierra, y tendré que vagar por el mundo lejos de tu presencia, sin poder descansar jamás» (versículos 13-14). Dios podía haber elegido cualquier castigo para el asesinato, por lo que resulta fascinante que haya hecho de Caín un errante sin descanso.

Alguien sin hogar, sin descanso y sin acceso al templo de Dios. Un errante sin descanso.

Tal vez eso describa tu estado actual: vagar sin descanso de un trabajo a otro, de una relación a otra, de una iglesia a otra, sin raíces, sin una sensación de seguridad o permanencia. Y tal vez tu alma esté cansada, agotada de vagar sin rumbo por la vida, constantemente creando nuevas pasiones y nuevos intereses basados en alguna nueva función que tú mismo te has inventado. La Biblia dice que Dalila hizo que Sansón se durmiera sobre sus rodillas antes de cortarle las siete trenzas de su cabello (Jueces 16:19). Esta es la trampa de Satanás: ofrecernos sueño, pero nunca descanso.

Muchos de nosotros creemos que unas vacaciones arreglarán la inquietud de nuestras almas. Pero no necesitas dormir; necesitas la seguridad y la protección del hogar para el cual fuiste creado. Porque el lugar *donde* descansas determina *cómo* descansas. Un joven de quien yo solía ser mentor juraba que no podía dormir sin fumar marihuana, por la ansiedad. Como su pastor, le aseguré que, aunque lograra dormir de esa manera, no había encontrado *descanso*, y que, si encontraba el verdadero descanso, sería inevitable que durmiera. Le prometí que la paz *de* Dios fluye de estar en paz *con* Él. Y le recordé que Satanás nunca puede ofrecernos descanso, y por eso, como Dalila, nos adormece para someternos y robarnos el verdadero descanso.

Esta es la buena noticia del evangelio de Jesucristo: puedes volver a casa. Puedes regresar al templo para el cual fuiste creado. Jesús dice en Mateo 11:28: «Vengan a mí todos ustedes que están cansados y agobiados, y yo les daré descanso». Recuerda: *descanso* es lenguaje de templo. Jesús no solo está prometiendo descanso, sino también acceso al templo para el cual fuimos creados. La promesa de descanso de Jesús es una invitación a regresar a la presencia de Dios y a habitar con Él.

Jesús invita: «Vengan a mí» porque Él es el templo de carne y hueso. Jesús se refirió a Sí mismo como un templo en Juan 2. En una discusión acalorada en el templo de piedra literal en Jerusalén, Jesús les dijo a los líderes religiosos: «Destruyan este templo… y lo levantaré en tres días». Incrédulos, respondieron: «Tardaron cuarenta y seis años en construir este Templo, ¿y tú vas a levantarlo en tres días?». Pero el templo al que aludía era Su cuerpo (versículos 19-21). Jesús se veía a Sí mismo como el templo de Dios, un lugar donde podía reconciliarse con los vagabundos inquietos como tú y yo.

Donde descanses determinará *cómo* descanses.

Puedes volver a casa. Puedes regresar al templo diseñado como tu habitación. Si estás cansado de vagar, fatigado de alejarte de Dios, agotado de buscar tu verdadera función, y quemado de esconderte, puedes regresar a casa. Y el hogar no es un lugar. Es una persona. El hogar es Jesús, el templo de Dios.

A pesar de lo que hayas hecho, Jesús te está invitando a volver a casa, pero hay un requisito previo: debes regresar a la función original para la que fuiste creado. Solo los portadores de la imagen divina y que funcionan según Su diseño tienen un lugar seguro en el templo que Dios ha preparado para nosotros. Y el incentivo para rendirse al diseño de Dios es que acabará trayendo descanso a tu alma.

Hay un segundo propósito funcional por el que los seres humanos fueron creados a imagen de Dios. En el mundo antiguo, los gobernantes y los emperadores hacían estatuas de su imagen para extender su dominio. La imagen de un soberano era la señal y el símbolo de su autoridad. La imagen de Dios, en la forma de Adán y Eva, es el símbolo manifiesto de Su gobierno y Su reinado. La forma en que el reino y el orden del cielo comienzan a aplastar el caos de la tierra es a través de los seres humanos que llevan Su imagen, quienes reflejan los valores del Rey. El templo de Edén fue diseñado como embajada del cielo aquí en la tierra, con embajadores portadores de la imagen que exportan la sabiduría, el lenguaje, la cultura y la cosmovisión celestiales a los cuatro rincones del mundo. Esa era la función de Adán y Eva. Y es la nuestra.

Los lectores modernos entienden y usan la palabra *descanso* de maneras radicalmente diferentes a nuestros homólogos antiguos. En el mundo moderno, cuando pensamos en descanso nos referimos a dormir hasta tarde el fin de semana, relajarnos en la playa o vacacionar durante las festividades. Sin embargo, el Dios de la Biblia no se cansa. El Creador del cielo y la tierra no duerme ni se adormece.[5] Por lo tanto, el descanso que describe Génesis 2:2 debe tener un significado más profundo.

Para los dioses del antiguo Cercano Oriente, descansar era sinónimo de tomar residencia en sus templos para poder gobernar. El descanso significaba que todos los enemigos habían sido conquistados y que el trabajo de *ordenar* y *organizar* el cosmos podía ahora pasar al trabajo de *gobernarlo* y *sostenerlo*.

El descanso significaba que se había tratado el caos del modo adecuado.

Cuando un rey descansaba en su trono, no eran vacaciones; significaba que pronto emanarían de él decisiones, veredictos, leyes y órdenes. Cuando Génesis nos indica que Elohim descansó y tomó residencia en el templo de la creación, significa que el Rey del universo estaba listo para gobernar y reinar. Jesús no descansa en los Evangelios hasta haber aplastado el caos; pero trataremos esto a fondo más adelante. Cuando un nuevo presidente de los Estados Unidos ocupa la Casa Blanca, esta no solo se convierte en su lugar de residencia donde duerme o se relaja. La Casa Blanca es el centro neurálgico desde donde él y su gabinete gobiernan la nación. Este es el peso que conlleva Génesis 2:2. Elohim descansó, y ese simple hecho demuestra que el cosmos fue ordenado con éxito como templo para la presencia de Dios, para que Él pudiera reinar y gobernar.

Existe una relación cíclica entre orden, descanso y autoridad. El descanso fluye del orden, y la autoridad fluye del descanso. Walton lo describe así: «El papel del templo en el mundo antiguo no es principalmente un lugar para que las personas se reúnan a adorar como las iglesias modernas. Es un lugar para la deidad, un espacio sagrado. Es su hogar; pero más importante aún, su cuartel general, la sala de control».[6] Hay una variedad de imágenes presentes:

Descanso. Lugar de residencia. Templo.
Palacio. Trono.
Cuartel general. Sala de control.
Función. Orden. Descanso. Autoridad.

Estas ideas están profundamente entrelazadas.

En el mundo antiguo, las palabras *imagen* e *ídolo* son esencialmente intercambiables. Los ídolos siempre se hacían a imagen de las deidades que representaban. Así que, de forma natural, como portadores de imagen, somos atraídos de un modo único y fuerte hacia la idolatría: adorar el reflejo en lugar de la realidad. Nos atrae exaltar nuestras opiniones y a nosotros mismos, ejercer autonomía y tratar de *re*crearnos a nuestra propia imagen. Queremos crear nuestra identidad y vivir según nuestra propia verdad. Pero esto es vanidad. Mi reflejo no tiene autonomía. Mi reflejo solo puede reflejar la verdad de la persona que está frente al espejo.

En la actualidad vivimos en una sociedad que se opone rotundamente a ser reflejo de Dios; incluso niega la existencia de Aquel al que representan y, por lo tanto, no logran reflejarlo e imaginarlo de la forma adecuada. Y cuando las cosas creadas intentan ser sus propios creadores, con vanos intentos de autonomía, siempre abunda el caos. Nuestras vidas deben transmitir humildad y sumisión porque somos meros reflejos en el espejo. No me atrevería a usurpar la autoridad de Dios y comenzar a crearme y definirme a mí mismo, porque eso sería fallar al ordenar mi vida conforme a la realidad de ser portador de Su imagen.

Cuando era niño y en la adolescencia, mi mamá siempre me daba el mismo discurso motivacional antes de salir de casa. Algo así: «No te representas a ti mismo; me representas a mí, a tu padre y a esta familia, así que compórtate en consecuencia». En nuestra cultura actual, todos se autorrepresentan. Vivimos en una cultura de individualismo expresivo, simple idolatría y exaltación del yo como dios, que ha creado caos. No fuimos diseñados para expresar principalmente nuestra individualidad, sino para reflejar la gloria de Dios y representar Su reinado y los valores culturales del cielo.

Estas tres funciones son imperativas. Primero: reflejar la gloria de Dios es el fin principal de la raza humana. Segundo: todos estamos llamados a extender el reinado de Dios como embajadores de *Su* reino. Tercero: debemos elegir rechazar la tentación de la idolatría. Somos imágenes, no ídolos.

Cuando cumplimos con nuestra función como portadores de la imagen y habitantes del templo de Dios, sucede algo irónico: nos convertimos en templos, y el Espíritu Santo comienza a morar en *nosotros*. ¡Eso sí que es un giro inesperado! Cuando moramos en Él, Él mora en nosotros.

Cuando nos humillamos y ocupamos nuestro lugar en Su templo, Él nos exalta para que seamos templos del Espíritu Santo. Cuando ordenamos nuestras vidas de acuerdo con nuestra realidad de portadores de Su imagen, nos volvemos algo más que esto: nos convertimos en templos para la presencia divina. Cuando moramos en Su templo, Él decide morar en el nuestro.

Pablo nos recuerda que este es el objetivo final: ordenar nuestras vidas de tal manera que nos convirtamos en lugares de descanso para la presencia divina. Él les dice a los de la iglesia en Corinto en 1 Corintios 6:19-20: «¿Acaso no saben que su cuerpo es templo del Espíritu Santo, quien está en ustedes y al que han recibido de parte de Dios? Ustedes no son sus propios dueños; fueron comprados por un precio. Por tanto, glorifiquen con su cuerpo a Dios». Este es el objetivo final de los creados a Su imagen. Porque *donde* descansas, dictará *cómo* descansas. Y Dios quiere descansar en nosotros.

Al inicio del libro de Génesis, se describe la creación como caótica y salvaje y, por lo tanto, el Espíritu de Dios flota sobre ella. Una vez que Dios trae el orden, se produce una transición significativa. Dios pasa de estar flotando sobre la creación a descansar y caminar en ella con Adán y Eva al refrescar el día

(Génesis 3:8). Puede parecer un cambio menor para el lector moderno, pero para una audiencia antigua, fue un cambio monumental. Dios puede sobrevolar el caos, pero solo descansará dentro de un espacio cuando el orden haya sido establecido del modo suficiente. Ese es el cambio que buscamos en este libro. Queremos que Dios pase de sobrevolar nuestro caos a descansar en los espacios ordenados de estos templos de carne y hueso que llamamos nuestros cuerpos.

Sabemos de primera mano que es imposible descansar dentro del caos. Sabemos que *donde* descansamos determinará *cómo* descansamos. Entonces, la pregunta suprema sobre la funcionalidad es: ¿nos hemos convertido en lugares adecuados para ser la morada del Altísimo? ¿Hemos hecho de Él nuestro lugar de descanso para poder convertirnos en moradas para lo divino?

Si tu vida está llena de caos, ten la seguridad de que Dios está sobrevolándote, hablándote de la misma manera que habló a la creación en Génesis. No está dando órdenes a gritos, sino susurrando suavemente mandamientos. Y si obedeces, el orden comenzará a asomar a través de las nubes del caos, y recuperarás tu verdadera identidad. Hallarás descanso en Él. Y luego Él descansará en ti.

Solo tienes que confiar y obedecer.

Te prometo que el orden y el descanso te esperan al otro lado de tu obediencia.

Capítulo 3

Monstruos en la Biblia

> Dios creó entonces los grandes monstruos marinos (*tanín*), y todo ser vivo que repta y que las aguas produjeron según su género… Y vio Dios que era bueno.
>
> GÉNESIS 1:21, RVC

> Aunque en la mitología cananea, como en la babilónica, el dragón o los dragones del caos preceden a las divinidades reinantes, en Génesis 1 los monstruos son creados por Dios mismo.
>
> WILLIAM FOXWELL ALBRIGHT,
> *YAHWEH AND THE GODS OF CANAAN*

Crecí aprendiendo que Dios lo hizo todo perfecto en la creación y luego puso a Adán y Eva en un paraíso perfecto. Sin embargo, la Biblia describe la creación de Yahvé, o el jardín-templo, como «buena», nunca como perfecta, y muchas expectativas no cumplidas y poco realistas están enraizadas en este malentendido.

Damos por hecho que Dios nos dará esposos perfectos, empleados perfectos, pastores perfectos e iglesias perfectas. Pero he aprendido que, en lugar de perfección, Dios nos bendice con matrimonios buenos, empleados buenos, pastores buenos e iglesias buenas, y todo esto requiere trabajo y cultivo.

Suponemos que, como Dios es capaz de la perfección, sin duda la expresaría en lo que crea, pero Él prefiere lo bueno por encima de lo perfecto. Él pudo haber creado un jardín perfecto para Adán y Eva, pero la perfección los habría vuelto perezosos. En cambio, crea un mundo para ellos que requiere mucho trabajo y mucha dedicación.

De nuevo, Yahvé nunca califica nada como perfecto en la narrativa de la creación, sino que llama bueno a todo lo que hizo. Todo. Sin excepciones. Eso incluye el árbol del conocimiento del bien y del mal. Y la serpiente astuta. Y al fruto que Adán y Eva tienen prohibido comer.

Esto es inesperado. Hay elementos de caos que residen en el templo de Dios, y parece no incomodarlo. Hay algo de caos en el jardín, y aun así Dios lo llama bueno. Eso, como poco, es extraño.

¿Cómo puede todo ser bueno si todavía hay caos? Porque la cantidad correcta de caos es buena para la humanidad. Nos da algo que hacer, una misión que cumplir.

Génesis nos da una pista enorme de que el caos es una parte intencional del diseño de Dios para Su creación. Al describir el proceso de creación, la Escritura usa una palabra hebrea muy específica, *tanín*, que evoca una sola imagen y un símbolo: el caos.[1]

Vemos la palabra *tanín* por primera vez en Génesis 1:21:

> Dios creó entonces los grandes monstruos marinos (*tanín*), y todo ser vivo que repta y que las aguas produjeron según su género… Y vio Dios que era bueno (RVC).

Has leído bien. Grandes monstruos marinos.

Hay monstruos en tu Biblia.

Y no son una consecuencia de la Caída. No son malos. Son una pieza intencional del rompecabezas cósmico. Ah, y son enormes. Son más grandes que la vida y están por toda la Biblia.

La versión Reina Valera Antigua (RVA) traduce *tanín* como «grandes ballenas» en este versículo.

Y la Nueva Versión Internacional usa «grandes animales marinos».

Estas traducciones se quedan cortas y nos roban un lenguaje que necesitamos si queremos entender la Biblia según su contexto original y aprender a navegar por nuestro caos moderno. La RVC, RVR1960 y la DHH aciertan con su traducción de *tanín* en Génesis 1:21, capturando el verdadero significado que la audiencia original habría tenido en mente.

Encontramos *tanín* en Génesis porque los autores bíblicos eran productos de sus culturas. El relato de la creación en la Biblia no se escribió en el vacío, sino en conversación con los relatos de creación de los vecinos de Israel. Como quien escucha un solo lado de una llamada telefónica, a menudo nos acercamos a Génesis ajenos a las demás narrativas de creación a las que los autores bíblicos estaban respondiendo y con las que dialogaban. Estos autores tomaron prestado lenguaje, símbolos e imágenes de sus vecinos, pero usaron imágenes familiares para introducir una teología radicalmente diferente.

Cuando la historia de la creación babilónica, conocida como *Enuma Elish*, se descubrió durante una excavación en la antigua Nínive en 1873,[2] cambió por completo nuestra forma de interactuar con el relato de la creación en las Escrituras. Por primera vez, pudimos comprender las cosmovisiones y los contextos culturales de las audiencias originales del Génesis. Descubrir el *mundo* que produjo nuestra Biblia nos ha ayudado a entender mejor las *palabras* que aparecen en sus páginas.

Los académicos y profesores comenzaron a darse cuenta de que las imágenes y los símbolos en la Biblia no eran exactamente únicos, y que las cosmovisiones de los vecinos de Israel habían influido sin remedio en los símbolos y las imágenes que los autores empleaban al comunicar la verdad de las Escrituras. El pueblo de Dios era producto de su cultura; no existían en un vacío. Sin embargo, su teología era radicalmente única.

Génesis, como todos los demás grandes relatos de creación del mundo antiguo, incluía estos *tanín*, sinónimos de caos. Los israelitas estaban muy familiarizados con estas criaturas y, sin duda, conocían a muchas de ellas por su nombre. El *Diccionario bíblico Lexham* expone claramente que «los escritores bíblicos usan con regularidad el mar, las serpientes y varios monstruos marinos para representar fuerzas de caos cósmico que deben ser contenidas por el poder de Yahvé».[3] En resumen, los *tanín* eran las mascotas ancestrales del caos. Dragones. Monstruos marinos. Bestias salvajes. Serpientes marinas. Todos símbolos de un caos inconmensurable.

En ugarítico, una lengua cananea antigua, al *tanín* se le llamaba *Lotán*. Se le representa como un dragón de muchas cabezas que acabó destruido por el dios de la tormenta llamado Baal. Israel conocía bien al Dragón del Caos llamado Lotán y a Baal. Y Lotán incluso aparece en la Biblia hebrea como *Leviatán*. El erudito y escritor Dr. Jaap Dekker explicó: «Leviatán es el nombre hebreo de un dragón llamado *lītānu* (o Lotán) que aparece en textos mitológicos de la antigua ciudad de Ugarit. Él… representa el poder del mar y a aquel contra quien el dios Baal debe luchar».[4]

El *tanín* babilónico se llama *Tiamat*[5] y siempre se le representa como una serpiente marina o un dragón. Tiamat es la diosa del mar y al final es destruida por un héroe babilónico y dios de la tormenta conocido como Marduk. Los estudiosos coinciden por unanimidad en que la mitología babilónica rastreaba el origen del universo en el conflicto entre estas dos fuerzas: «Marduk, el dios del orden, y Tiamat, la diosa del caos».[6] Israel conocía muy bien a Tiamat, el Dragón del Caos, y la Biblia hebrea sigue este patrón familiar de yuxtaponer el orden y el caos.

En el antiguo Egipto, el *tanín* era una serpiente gigante llamada Apep.[7] Ostentaba los títulos de Señor del Caos, Serpiente del Nilo y Dragón Malvado.[8] Finalmente, este monstruo del caos fue derrotado por Ra, el dios egipcio del Sol. Israel, sin duda, conocía a Apep, el Dragón del Caos.

Cada cultura del antiguo Cercano Oriente incluía a *tanín* en sus relatos de origen o creación. Estas criaturas y sus historias impregnaban el mundo antiguo: relatos donde el creador tenía que dominar al monstruo del caos para comenzar el proceso de creación.

Y entonces apareció una narrativa nueva. Una idea extranjera: que Yahvé, un Dios omnipotente, no necesita luchar ni someter nada para crear el cosmos. Yahvé no trata a nada como su igual ni lucha contra ello. Yahvé no tiene barreras que impidan Su deseo de crear.

Génesis presenta un concepto radicalmente distinto: un Creador omnipotente.

Esta afirmación teológica no termina en Génesis. Cuando miramos el libro de Apocalipsis, se envía al arcángel Miguel para pelear contra el gran Dragón del Caos, conocido como Satanás (12:7). En ningún momento se levanta Yahvé de Su trono para combatir al Dragón del Caos. Porque Él no tiene iguales ni rivales, ni competencia. Él es por completo distinto. Del todo trascendente. Y digno de ser alabado.

Baal, el dios de la tormenta, vence personalmente a Lotán.
Marduk, el dios patrón de Babilonia, mata a Tiamat.
Ra, dios del sol, combate contra Apep.

En los relatos paganos de la creación, combatir el caos es función única de la deidad principal.

Es un ejemplo clave de cómo los autores bíblicos introdujeron conclusiones teológicas radicalmente distintas utilizando los símbolos idénticos a los de sus vecinos. A Israel no le habría sorprendido oír sobre un *tanín* que hablaba y que decidió desatar el caos en el seno de la creación en Génesis 3. Ellos ya tenían una categoría para serpientes parlantes que todavía tenían patas y extremidades: monstruos del caos.

Abraham no necesitó que le enseñaran cómo ofrecer el sacrificio de un hijo, y el hermano de Moisés, Aarón, no precisó tutorial alguno para fabricar becerros de oro como ídolos, porque eran producto del mundo antiguo en el que vivían. De la misma manera, Israel no necesitaba una explicación para los *tanín* mencionados en la Escritura. El pueblo de Israel era producto de su cultura, y ya tenía categorías para serpientes parlantes, monstruos marinos y dragones. Lo que nos puede parecer extraño, les habría resultado del todo familiar a ellos.

Los monstruos del caos en el cosmos prueban que Adán y Eva tenían trabajo por hacer, caos que dominar, orden que extender y adversidad que superar. Su rol como portadores de la imagen divina les da función, pero la presencia de *tanín* les da trabajo y misión. Y el *tanín* parlante en el jardín significa que deben ser sabios, estar alerta y mantener la guardia. El jardín del Edén no representa unas vacaciones. Hay caos que vencer, un desierto que someter.

Dios diseñó a Adán para trabajar en el jardín. Génesis 2:15 afirma: «Dios el Señor tomó al hombre y lo puso en el jardín del Edén para que lo *cultivara* y lo *cuidara*». No es evidente de inmediato para los lectores modernos de habla castellana al leer una traducción del hebreo, pero este es lenguaje *sacerdotal.*

Para trabajarlo y cuidarlo. Para atenderlo y labrarlo.
Para mantenerlo en orden. Para defenderlo del caos.
Para cultivarlo.

En Números 3:7-8 se ordena a los sacerdotes levitas que trabajen en el templo y lo cuiden.

En 1 Crónicas 23:32 (NBLA), se encarga a los sacerdotes trabajar en el templo y cuidarlo.

Ezequiel 44:14 (BLPH) indica que los sacerdotes tienen la responsabilidad de trabajar en el templo y cuidarlo.

Trabajarlo y cuidarlo. Este es lenguaje del jardín. Este es lenguaje del templo. Este es lenguaje *sacerdotal.*

Adán y Eva fueron diseñados para continuar la obra que Dios comenzó en el jardín.

Génesis 2:8 dice que «Dios el Señor plantó un jardín al oriente del Edén», lo que convierte oficialmente a Dios en el primer jardinero de la historia. Luego comisiona a Adán y Eva para ser sacerdotes y jardineros junto a Él en el jardín.

Trabajarlo y cuidarlo. Atenderlo y labrarlo.
Plantar. Cultivar. Podar. Cosechar.
Domar el caos. Mantener el orden.
Protegerlo contra los monstruos, los dragones y las serpientes del caos.

He caído en los agujeros negros de YouTube algunas veces. Los videos de limpieza de alfombras se convirtieron en unos de mis favoritos, lo que naturalmente hizo que el algoritmo me sugiriera videos de detalles de autos. He pasado horas de mi vida en esas madrigueras de YouTube, y en una de esas ocasiones tropecé con todo un rincón de la Internet dedicado a la jardinería. Granjas urbanas. Jardinería vertical. Acuaponía. Jardinería en macetas.

Independientemente del método, una cosa es constante: la jardinería requiere orden. El desierto es caótico y desordenado, pero los jardines están bien cuidados, altamente organizados y ordenados. Dios puso a Adán y Eva en el jardín para mantener el orden que Él había establecido y para extender poco a poco los límites del jardín hasta que el desierto caótico fuera conquistado por el orden del Edén.

¿Qué significa ser sacerdote en el templo jardín de Dios? Significa que estamos ocupados atendiendo los jardines de nuestras almas para poder atender los jardines de nuestro mundo.

Jardinería interna. Jardinería externa. Por ese orden.

Las almas bien cuidadas son almas bien ordenadas, y eso significa que aceptamos dos cosas. Primero, debemos poner los miembros de nuestras almas en la jerarquía adecuada. Cuando la Biblia habla del alma, se refiere a la mente, las emociones (el corazón) y la voluntad. Si el corazón usurpa la autoridad y se sienta en la cima del tótem del alma, nos convertimos en personas guiadas por nuestras emociones, impredecibles e inestables. El corazón es un gran sirviente, pero un pésimo líder. Cuando las emociones toman el control, el alma está llena de caos. De igual manera, cuando las emociones son reprimidas o ignoradas, el alma también está llena de caos.

Como pastor, sé que el alma de alguien está desordenada cuando no puede perdonar ofensas. En lugar de aplicar racional y lógicamente la verdad de la Escritura a su vida, se dejan llevar por sus emociones y se aferran a la amargura. Incluso usan tácticas que manipulan las emociones para justificar el pecado de la falta de perdón. La raíz del problema no es el perdón, sino que sus emociones aún no han sido destronadas como gobernantes de su alma.

La mente pertenece a la cima de la jerarquía del alma. Pablo dice que debemos ser transformados mediante la renovación de nuestra mente y que debemos adoptar la mente de Cristo (cp. Romanos 12:2; Filipenses 2:5). Cuando el alma está sana, la mente renovada tiene el poder de liderar el corazón y la voluntad. La mente racional, sabia, estratégica, intencional y renovada toma el mando cuando el alma está ordenada y saludable.

La voluntad pertenece al final de la jerarquía porque es la sede del comportamiento. Una vez que entrego mi mente y mis emociones al señorío de Jesús, puedo usar el poder de mi voluntad para negarme al pecado y a la carne. Vamos a profundizar en la importancia de la voluntad en un par de capítulos.

Mente. Corazón. Voluntad.

Esa es la jerarquía correcta.

Cualquier otra cosa es caótica.

En segundo lugar, recordemos que fuimos hechos a imagen de Dios. Y Dios es un ser trino: tres en uno. Padre. Hijo. Espíritu. La Trinidad existe en perfecto *shalom*. A la mayoría de las personas se les ha enseñado que *shalom* significa «paz», pero no es del todo exacto. Significa «integridad y armonía».[9] Todos los miembros de la Trinidad habitan juntos en integridad y armonía. El Hijo nunca está en desacuerdo con el Padre. El Padre nunca está en desacuerdo con el Espíritu. El Espíritu nunca está en desacuerdo con el Hijo.

Cuando Adán pecó contra Dios, experimentó la fractura por primera vez. La fractura es lo opuesto al *shalom*. En la tradición cristiana moderna, solemos enfocarnos solo en la relación fragmentada de Adán con Dios, pero él experimentó otros niveles de ruptura también: en su relación con Eva y, además, en sí mismo. Fractura interna. Por primera vez, el espíritu, alma y cuerpo de Adán experimentaron la incongruencia y la fragmentación.

Un alma bien ordenada es un alma donde la mente, el corazón y la voluntad han sido restauradas a la armonía y la integridad, al *shalom*. A principios del siglo XVI, los cristianos intentaban encontrar una palabra que comunicara el proceso por el cual Dios restaura nuestra unidad, integridad y armonía. Comenzaron a definir la obra de Jesús en la cruz como el momento en el que fuimos hechos «uno de nuevo».

Uno de nuevo. De ahí obtenemos la palabra *expiación*. La obra de Jesús en la cruz fue diseñada para sanar la realidad fracturada de nuestra desconexión, no solo de Dios, sino también de los demás, y la desunión con respecto a quienes Dios nos diseñó para ser, algo que todos hemos sentido en el alma. Cualquier teoría de la expiación que no aborde la fractura interna está incompleta.

Un alma bien cultivada es un ecosistema donde todos sus miembros trabajan en armonía congruente. Donde la mente está de acuerdo con el corazón. Donde el espíritu está de acuerdo con la carne. Donde la voluntad está alineada con la presencia divina que reposa en su interior. El caos del alma ocurre cuando el conflicto y la agitación internos crean inquietud dentro de una persona.

Cultivar el alma es un proceso. Conquistar el caos interior. Conquistar el caos exterior. Plantar las semillas del Edén y hacer crecer el fruto del Espíritu desde el suelo de un alma bien cuidada.

Necesitamos más cristianos misioneros que se vean a sí mismos como jardineros. Hemos tenido predicadores y evangelistas que crean conversos, pero ellos mismos no son sanos ni completos. Necesitamos jardineros. Los jardineros crean discípulos y cultivan grandeza en los demás. Se preocupan más por la salud que por el crecimiento, porque la salud lleva inevitablemente al crecimiento. Los jardineros ejemplifican la salud y la integridad, y plantan las semillas del orden de Dios dentro del caos de nuestro mundo. Necesitamos a esos hombres y mujeres que han aceptado el orden de Dios, lo han aplicado a sus propias almas, han experimentado la expiación completa de dios y son vallas publicitarias del *shalom* bíblico.

No es de sorprender que, cuando María Magdalena acudió al sepulcro ese primer domingo de Resurrección y se encontró con el Señor resucitado, el Sumo Sacerdote, el segundo Adán, no se diera cuenta de que era Jesús, y pensara «que era el jardinero» (Juan 20:14-15, NTV).

¡María estaba tan equivocada y, sin embargo, tan acertada a la vez!

Jesús no era literalmente el jardinero contratado para cuidar esa propiedad, pero sin duda era, y sigue siendo, el jardinero figurado que cultiva y cuida el suelo de nuestras almas. Él es el sembrador que anuncia a sus obreros que la cosecha es mucha, pero los jardineros pocos. María no reconoció a Aquel con quien hablaba, pero de alguna manera entendió la vocación que Él estaba cumpliendo y lo vio correctamente como jardinero, sacerdote y segundo Adán.

Nosotros también somos jardineros. Cuidamos el terreno de nuestras almas. Cosechamos almas allí donde Jesús ha plantado semillas. Nos rendimos al dolor de Su poda. Y montamos guardia para proteger nuestras almas y nuestro mundo contra el caos que procura sumergirnos de nuevo en el desorden y amenaza el buen orden de Dios.

Yahvé no se atreve a deshonrarse a Sí mismo tratando una cosa dentro del orden creado como Su igual. Yahvé no tiene rival. No tiene igual. Entonces, ¿quién se enfrentará, vencerá y aplastará al caos claramente presente en el cosmos?

Yahvé permite que Adán y su esposa, Eva, se enfrenten cara a cara con el agente del caos, porque estar en el Edén no son vacaciones. Esta pareja tiene un jardín que defender y un enemigo al que aplastar.

Ahora, centremos nuestra atención en la inevitable colisión entre los agentes del orden de Dios y el agente del caos que está en el jardín del Edén con ellos.

Capítulo 4

Un dragón en el jardín del Edén

Dios el SEÑOR dijo entonces a la serpiente:
«Por causa de lo que has hecho, ¡maldita serás entre todos los animales, tanto domésticos como salvajes! Te arrastrarás sobre tu vientre y comerás polvo todos los días de tu vida».

GÉNESIS 3:14

La serpiente (*nakhash*) fue condenada a arrastrarse sobre su vientre recién al final de la historia (Génesis 3:14), por lo que debe entenderse como un dragón.

L. MICHAEL MORALES, *EXODUS OLD AND NEW*

Me mantuve sentado en el filo de mi asiento con la boca abierta durante al menos tres minutos seguidos mientras Leonardo DiCaprio sobrevivía al ataque de un oso salvaje en la gran pantalla. La escena era tan cautivadora que Leo ganó su primer y único óscar hasta el momento, en gran parte gracias a su inolvidable lucha con el animal.

La humanidad está obsesionada con historias como esta. Por si no lo sabías, la película se llama *El renacido*, y, al parecer, su director, Alejandro Iñárritu, visionó más de cien videos de ataques de osos para poder filmar esta escena con la fuerza y la brutalidad necesarias para hacer crujir los huesos. Y funcionó: la escena es icónica.

Pero existe una razón por la que funcionó: porque luchas como esta tienen eco en nosotros. A los seres humanos nos encanta crear y consumir historias sobre nuestra batalla cósmica contra bestias y monstruos.

Godzilla. Tiburón.
Anaconda. King Kong.
Oso intoxicado. Monsters, Inc.
Smaug.

La lista es interminable.

Ya sea matando hombres lobo o ahuyentando vampiros, los humanos estamos obsesionados con luchar contra bestias. Los monstruos han sido el adversario principal en los relatos que narramos desde que comenzamos a contar historias. Esto no es un fenómeno moderno de Hollywood. No es una moda pasajera. Está arraigado en nuestra naturaleza. La mayoría de las civilizaciones antiguas también contaban historias sobre monstruos y bestias.

El relato escrito más antiguo de este tipo es *La epopeya de Gilgamesh*,[1] que probablemente estudiaste en la secundaria, ya que constituye la base de la mitología y literatura humanas. Si no es así, tal vez viste a Gilgamesh representado en *Eternals* de Marvel Studios.

¿De qué trata *La epopeya de Gilgamesh*? ¿Qué obsesionaba a los humanos en el año 2000 a.C.?

La historia escrita más antigua trata sobre hombres que vencen a monstruos. Gilgamesh debe derrotar a Humbaba, un demonio dragón que escupe fuego, y se enfrenta a múltiples bestias y monstruos a lo largo de su épico viaje para alcanzar la inmortalidad.

Antes de que los humanos escribiéramos, contábamos historias dibujándolas con pigmento rojo en las paredes de las cuevas. Las cuevas de piedra caliza en la isla de Sulawesi, en Indonesia, albergan los dibujos narrativos humanos más antiguos que se conocen. ¿Y qué representan esos dibujos? Humanos cazando cerdos y búfalos.[2] Humanos venciendo a bestias.

Ya sea con dibujos en cuevas, con escritura cuneiforme o filmando con cámaras, tendemos a contar una historia sorprendentemente coherente. Es la historia de nuestra batalla épica contra las bestias y los monstruos que amenazan la supervivencia de la especie humana. Y no es coincidencia que este sea el conflicto principal en la narrativa bíblica: derrotar a la Bestia que nos derrotó. El primer anuncio que recibimos en las Escrituras sobre la misión de Jesús gira en torno a este conflicto argumental. Yahvé promete que uno de los hijos de Eva acabará vengándose de la Serpiente que engañó a la humanidad.

Para eso hemos sido diseñados. Es el sueño común que impulsa a nuestra especie. Todos queremos matar a las bestias, vencer a los dragones, superar a los monstruos y restaurar la paz y el orden en el templo de la creación. Todos estamos frente a nuestro propio árbol del conocimiento, y nos enfrentamos a nuestras propias bestias e intentamos derrotarlas. Y esto significa que la historia original de Adán y Eva tiene algo que enseñarnos.

Cuando la mayoría de las audiencias modernas leen sobre la tentación de la humanidad en el jardín del Edén, imaginamos a Satanás como una pequeña serpiente de jardín que se arrastra. El único problema es que, con toda probabilidad, esto no coincide con lo que imaginaba la audiencia original de la Biblia. Arrastrarse sobre el vientre sería un castigo ilógico para una serpiente que ya lo hace. ¿Podría estarle pidiendo el texto de Génesis a los lectores modernos que se pregunten algo obvio para una audiencia antigua? Creo que sí.

¿Qué habría imaginado el pueblo de Israel cuando Moisés les habló de una serpiente en el jardín del Edén cuyo castigo por engañar a la humanidad fue la pérdida de patas y extremidades? ¿Qué símbolo habría ocupado sus pensamientos?

Habrían imaginado a Adán y a Eva ante un dragón.

Así es: un dragón. Una serpiente con extremidades es un dragón.

¿Pero qué importancia tiene esto? ¿Por qué vale la pena conocer este detalle que parece menor? ¿Por qué deberíamos preocuparnos por lo que imaginara la audiencia original?

Porque las imágenes no son solo imágenes. Son símbolos que deben interpretarse, y esas interpretaciones contienen sabiduría antigua para el lector moderno. La Biblia nos presenta una imagen coherente y convincente del tipo de bestia que se encontraba frente a Adán y a Eva en el templo jardín del Edén.

El profeta Isaías nos habla de una criatura interesante llamada Leviatán, y usa palabras intercambiables para describir a este monstruo marino. Isaías 27:1 dice:

> El SEÑOR castigará a Leviatán, la serpiente escurridiza, a Leviatán, la serpiente tortuosa. Con su espada violenta, grande y poderosa, matará al monstruo (*tanín*) marino.

La RVC tiene una ligera variación que merece la pena observar:

> Cuando llegue ese día, el Señor castigará con su grande y poderosa espada al leviatán esa serpiente escurridiza y tortuosa; ¡matará a ese dragón (*tanín*) que está en el mar!

Este versículo utiliza las palabras *Leviatán*, *serpiente*, *dragón* y *monstruo* de forma intercambiable y sinónima. La Biblia está dejando migas de pan, y nos invita a regresar al Edén para contemplar a la Bestia que se encontraba frente a Adán y a Eva.

A lo largo de las Escrituras, varios pasajes establecen esta misma conexión entre serpientes y dragones, o *tanín*. En Amós 9:3 se habla de las serpientes como si fueran criaturas que habitan en las aguas del caos. Esto es lo que Dios declara por medio de este profeta:

> Aunque de mí se escondan en el fondo del mar, allí ordenaré a la serpiente que los muerda.

Para muchos lectores modernos de las Escrituras, puede ser difícil comprender cuán fluido es el lenguaje de la Biblia. En el mundo actual, las serpientes son serpientes y los dragones son dragones. Pero en el mundo antiguo, estas imágenes eran completamente intercambiables porque representaban la misma idea: el *caos*.

El libro de Apocalipsis describe a Satanás usando la misma imaginería que los profetas Isaías y Amós. Juan no lo presenta como una serpiente que se desliza por el jardín, sino como un poderoso dragón:

> Y apareció en el cielo otra señal: un enorme dragón de color rojo (…). Así fue expulsado el gran dragón, aquella

> serpiente antigua que se llama Diablo y Satanás que engaña al mundo entero. Junto con sus ángeles, fue arrojado a la tierra (12:3, 9).

Gran dragón. Serpiente antigua. Diablo y Satanás. Engañador del mundo entero.

Pienso que Juan tiene en mente los pasajes sobre Leviatán de la Biblia hebrea, así como Génesis 3, mientras escribe Apocalipsis 12, y él no es la única mente antigua que conecta estos puntos. El padre primitivo de la iglesia, San Jerónimo de Estridón, también lo hizo:

> Los judíos dicen que Dios ha creado un poderoso dragón llamado Leviatán, que vive en el mar; y cuando el océano se retira, dicen que es porque este dragón se está dando la vuelta. Pero digamos que este es el dragón que fue expulsado del Paraíso, que engañó a Eva, y al que se le permite en este mundo que se burle de nosotros.[3]

Jerónimo afirma sin rodeos que el dragón llamado Leviatán tentó a Eva.

Si la serpiente que se presentó ante Adán y Eva en el jardín era un dragón, eso lo cambia todo, porque en el mundo antiguo los dragones eran la mascota universal del caos.

Si los templos representan el orden, entonces los dragones simbolizan el caos.

Y esto significa que Adán y Eva fueron engañados por un monstruo del caos y, por lo tanto, se convirtieron en socios para introducir el caos en el cosmos. A menudo, nos limitamos a concluir que Génesis 3 es cuando el pecado entró en nuestro mundo, pero creo que puede ser útil introducir algo del lenguaje antiguo en nuestro vocabulario. Los antiguos lo habrían considerado el momento en que la fuerza indomable del caos irrumpió en nuestra cultura.

Esto es útil porque cambia nuestra forma de pensar: la ansiedad no es pecado, pero es una forma de caos. La pobreza no es pecado, pero crea caos. El sufrimiento y la enfermedad no son pecado. Pero la razón por la que Dios le habla a Job sobre Leviatán cuando finalmente responde es que el sufrimiento fácilmente puede producir caos.

Cuando era niño, solía imaginar que la misteriosa criatura que apareció en el jardín del Edén era una víbora venenosa o una boa constrictora mortal. Pero últimamente he comenzado a imaginar a la serpiente satánica como un enorme dragón marino, y creo que eso es un poco más coherente con el resto de las Escrituras.

Una vez la audiencia original supiera que el dragón del jardín podía hablar, el debate habría terminado. Esos nómadas liberados que vagaban por el desierto habrían escuchado la historia de la creación de boca de Moisés y habrían establecido la conexión: Adán y Eva fueron tentados por un monstruo del caos, y eso lo cambia todo.

Significa que Satanás estaba tentando a Adán y Eva para que se asociaran con el caos. Que el caos de Satanás tenía límites… hasta que la humanidad lo liberó en el cosmos. Que *nosotros* somos los verdaderos monstruos. Que el monstruo en mi espejo es una amenaza mayor que el que está debajo de mi cama. Que el caos no solo está allá afuera en el cosmos, sino que también ha comenzado a habitar dentro de nosotros.

Significa que nosotros somos los monstruos del caos.

¿Y sabes qué es más aterrador que Leviatán? Un mundo lleno de humanos que se han convertido en el caos.

La humanidad estaba a salvo cuando el caos era externo, en el cosmos. Mientras estuviera fuera de nosotros, todo estaba bien. Pero una vez que el caos entró en nosotros, nos convertimos en los monstruos, y por eso la Biblia nos llama de vuelta al orden:

Domina a las bestias.
Derrota a los monstruos.
Y aplasta al Dragón del Caos en el jardín.

Esto debería darnos una perspectiva completamente nueva sobre la promesa que Dios les hace a Adán y Eva tras la maldición del Dragón en Génesis. En Génesis 3:15, Dios dice:

Yo pondré enemistad entre la mujer y tú,
y entre su descendencia y tu descendencia;
ella te *herirá en la cabeza*,
y tú le herirás en el talón (RVC).

Este momento es la primera promesa de un Salvador en las Escrituras. Los estudiosos se refieren a esto como el *protoevangelio*, que proviene de las palabras griegas *protos*, que significa «primero», y *evangelion*, que significa «buena noticia» o «evangelio». Este anuncio inicial y descripción de Jesús dentro del canon de las Escrituras debería tener un peso considerable. Así como una primera impresión deja una marca imborrable, esto es algo parecido a nuestra primera impresión de Jesús. Y esto es lo que queda muy claro:

Jesús será un matador de dragones.

Jesús aplastará la cabeza del *tanín*, el responsable de haber engañado a Adán y a Eva. Jesús inevitablemente luchará, combatirá y aplastará al principal antagonista de este drama en desarrollo. Él nos vengará. Y, como serpientes, dragones y bestias representan el caos, Jesús aplastará el caos y establecerá el orden.

Esta es la conclusión obvia que cualquier lector de Génesis sacaría si estuviera al tanto del contexto cultural e histórico que rodea la imaginería que simbolizaba el caos en el mundo antiguo. Sin embargo, en algún punto, perdimos esa conexión con este pasado y por eso hemos dejado de ver a Jesús así. Ahora que sabemos lo que estamos buscando, te prometo que leeremos los Evangelios esperando encontrar a un Guerrero divino que doma dragones y aplasta el caos. Y la mejor noticia es que Jesús aplasta el caos *por nosotros* y nos proporciona un mapa para mantener y sostener la victoria que Él obtuvo sobre el Dragón del Caos durante sus tres años de ministerio en la tierra.

Nos tomará un tiempo llegar a los Evangelios, pero prometo que una vez allí presentaré a Jesús de acuerdo con esta revelación inicial de Su misión escondida en Génesis 3:15.

Por ahora, sigamos desentrañando las imágenes del caos que impregnan el Génesis de modo que podamos descubrir la sabiduría bíblica para aplastar el caos.

Capítulo 5

Ahogarse en la profundidad

> La tierra no tenía forma y estaba vacía, las tinieblas cubrían *el abismo* y el Espíritu de Dios se movía sobre la superficie *de las aguas*.
>
> GÉNESIS 1:2

> En ninguna parte del esquema de la creación de siete días en Génesis 1, Dios crea las aguas; lo más probable es que sean *primordiales*.
>
> JON D. LEVENSON, *CREATION AND THE PERSISTENCE OF EVIL*, ÉNFASIS AÑADIDO

Durante cinco días de junio de 2023, el mundo observó con el corazón en un puño mientras se difundía la noticia de la pérdida de comunicación total con el sumergible llamado Titán, creado y operado por la empresa de exploración submarina conocida como OceanGate. A las 8 de la mañana del domingo 18 de junio, la nave inició lo que debía ser un descenso de dos horas hacia los restos del Titanic, que se encuentran a una profundidad de trece mil pies,[1] donde la presión es cuatrocientas veces mayor que a nivel del mar. Sobra afirmar que los humanos no pueden sobrevivir a esas profundidades. Pero es evidente que esto no nos impide sumergirnos más allá de nuestra capacidad.

En la noche del domingo, esta historia ya era un titular de noticias a nivel internacional, y, en mi caso, fue de lo único que hablé hasta que la Guardia Costera de EE. UU. anunció el jueves que el sumergible Titan había implosionado por la presión de las profundidades del océano. Lo más probable es que todos a bordo murieran al instante.[2]

Mientras lo veía todo, desde publicaciones aleatorias en TikTok y de *influencers* de YouTube hasta presentadores de noticias y periodistas profesionales, un tema seguía surgiendo: toda esta catástrofe era completamente evitable. ¿Qué llevó a estas cinco personas a creer que podían soportar la presión a semejante profundidad en una nave hecha de fibra de carbono?[3]

Sé con exactitud qué voz impulsó a estos cinco pasajeros del Titán a descender más allá de su capacidad. Es la misma voz que todos hemos oído: la que nos engaña haciéndonos creer que podemos soportar la presión del caos que inevitablemente acompaña nuestro pecado o nuestras circunstancias. Pensaste que estarías bien viviendo bajo las presiones que tus suegros, tu cónyuge o tu pastor han puesto sobre ti, pero no puedes, y te estás ahogando, y sientes que estás implosionando. Sí, ellos están felices. Pero tú te estás ahogando y nadie lo sabe.

Algunas personas se ahogan en el caos del pecado. Pero otros nos ahogamos en el caos de complacer a los demás. Implosionamos por las presiones de las expectativas que los demás nos imponen.

La carrera que elegiste en la universidad. El tamaño del diamante en el anillo de tu esposa. La lista de invitados para la boda. Lo rápido que tuvieron hijos. Los metros cuadrados de la casa que decidiste comprar. El auto que conduces. Las horas que tienes que trabajar para poder pagar la vida que has elegido. ¿Realmente tomaste esas decisiones porque traen gloria a Dios y te brindan contentamiento y plenitud? ¿O porque era lo que todos esperaban de ti?

No fuiste diseñado para vivir así.

Vivir por encima de tus posibilidades. Ahogarte en deudas.
Comprar regalos de Navidad para personas que ves una vez al año.
Tratar de hacer feliz a todo el mundo.
Impresionar a vecinos que ni siquiera conoces.
Hundirte cada vez más en la insensibilidad y la ansiedad.

El Dragón nos convence de que podemos sobrevivir a profundidades que él sabe que nos aplastarán.

Muchos de nosotros nos *estamos* ahogando en el caos de complacer a los demás. Y algunos, de hecho, nos *estamos* ahogando en las profundidades del pecado.

El pecado siempre nos convence de que lo tenemos todo bajo control y que podemos detenernos cuando queramos. Pero la realidad es que, aunque al principio jugamos con el pecado, este acaba jugando con nosotros. Ese es el caos del pecado: te arrastra a las profundidades y te ahoga. Te supera. Y, antes de percatarte, has perdido todo control.

Empezó mirando una página web, pero ahora te estás ahogando en una adicción a la pornografía.
Empezó con un mensaje directo o un mensaje texto, pero ahora te estás ahogando en una aventura.
Empezó descargando una aplicación, pero ahora te estás ahogando en deudas de apuestas.

El pecado nos engaña haciéndonos creer que controlamos nuestro propio caos, pero la verdad es que no puedes controlar la fuerza del caos. Solo Dios puede hacerlo, y solo Él te puede rescatar. Necesitas un salvavidas mucho más fuerte que tú para sacarte de las aguas embravecidas y del gran abismo.

Si te estás ahogando en el caos, por el pecado o por las expectativas externas, Dios tiene un salvavidas. Desde el principio, la fuerza del caos ha estado presente, pero Dios ha demostrado con creces que puede rescatar a Su creación de sus garras. Y también puede rescatarte a ti. Así comienza el relato de la creación en Génesis, con Dios generando orden y vida a partir de las profundidades turbulentas del caos. La Biblia contiene sabiduría para llevarte de regreso a la orilla de manera segura; solo necesitamos interpretar bien las Escrituras para extraer esa sabiduría.

Examinemos Génesis 1:2, que dice: «La tierra no tenía forma y estaba vacía, las tinieblas cubrían *el abismo* y el Espíritu de Dios se movía sobre la superficie de *las aguas*».

Cuando los lectores antiguos pensaban en el origen de la creación, no imaginaban un vacío extenso y silencioso, sino el vasto y furioso océano del caos. Una palabra clave inequívoca en este versículo, el término hebreo *tehom*,[4] los habría alertado de inmediato de que esta historia en Génesis es sobre el orden y el caos. En Génesis 1:2 se alude dos veces al agua:

Tehom se traduce «el abismo».[5]
Mayim se traduce «aguas».[6]

Este relato de la creación nos habla de dos tipos de caos relacionados: las aguas turbulentas y el abismo oceánico profundo. Según el diccionario *Brown-Driver-Briggs*, la palabra *tehom* se refiere al «abismo» o al «océano primitivo»,[7] y el *Diccionario bíblico Lexham* afirma que debe entenderse en conexión con las culturas del antiguo Cercano Oriente de donde proviene.[8]

El *tehom* y el *tanín* eran realidades interconectadas en el mundo antiguo. Los monstruos del caos (a menudo denominados de forma simple «monstruos marinos») representaban la personificación del Caos en la mente de los lectores y escritores antiguos, pero el mar era el dominio del caos. ¿Qué es el *tehom*? Es el hogar del *tanín*. El Leviatán es un monstruo de las profundidades, una criatura del *tehom*. Y esta conexión entre *tanín* y *tehom* recorre toda la Biblia, desde Génesis hasta Apocalipsis.

Cuando Juan describe el cielo nuevo y la tierra nueva, en la escena hay algo intencionalmente ausente. Apocalipsis 21:1 declara: «Vi un cielo nuevo y una tierra nueva; porque el primer cielo y la primera tierra habían dejado de existir, lo mismo que el mar». Asimilemos esto. El mar está tan vinculado con el caos y con Leviatán, que Juan se limita a indicarle a su audiencia que Yahvé ha *re*creado por fin los cielos y la tierra, y ya no hay mar. Para Juan y sus oyentes, el paraíso eterno es una creación sin mar. Dime que el caos ha sido destruido para siempre sin decírmelo. No hay mar… no hay caos.

Todo esto explica por qué los Evangelios muestran a Jesús calmando las tormentas furiosas en el mar de Galilea y caminando sobre la superficie de las aguas profundas junto a Pedro. Con razón los discípulos ponen su fe en Jesús al verle actuar así: comprenden que solo Yahvé tiene poder sobre ese tipo de caos. Los discípulos perciben que el mismo poder que sacó a la creación del caos en Génesis obra ahora en la persona de Jesús. Analizaremos estos relatos más adelante a la luz de su contexto en el Antiguo Testamento. Por ahora, volvamos a Génesis.

El *tehom,* o las profundidades, representan al caos.
El *tanín,* o los monstruos marinos, representan al caos.
El *tohy va-vohu,* o el desierto inhóspito, representa al caos.
Y la oscuridad representa al caos.

Todos estos elementos están presentes en Génesis 1. Cabría suponer que, como Dios está trasladando la creación del caos al orden, eliminaría por completo estos elementos caóticos. Sin embargo, Dios no erradica estas formas evidentes de caos.

Les pone *límites.*

Dios genera la tierra firme y establece una frontera separadora entre el suelo seco y el caos de las profundidades. Planta un jardín y marca una frontera clara que distingue el Edén del *desierto* (la región inhóspita circundante). Habla y se hace la luz, separando «la luz de las tinieblas» (Génesis 1:4, RVR1960), y creando así una frontera entre el orden del día y el caos vinculado a la oscuridad de la noche. El proceso creativo de Dios está marcado por la separación y el establecimiento de límites. La separación y los límites son elementos clave del orden. Por el contrario, la ausencia de límites es una señal del caos.

Hasta ahora, en nuestro recorrido, hemos hablado de varios aspectos del orden divino que pueden rastrearse en Génesis. Hemos abordado la secuencia, la jerarquía, el ritmo y la función. Ahora es momento de hablar de la separación y de los límites.

Establecer límites saludables con mi madre ha sido la tarea más difícil de mi vida adulta. Amo a mi mamá más de lo que las palabras pueden expresar. Es la persona que se encargó de llevarme a la iglesia cuando era niño, me enseñó a leer usando la Biblia y profetizó que estaría en el ministerio. En un sentido muy real, tengo una deuda impagable con ella. Es una Ana moderna segura de que su hijo había sido llamado por Dios y marcado para el ministerio, así que cultivó ese don en mí y me puso en ambientes cristianos donde esas semillas pudieran crecer y dar fruto. Nunca lo enfatizaré bastante: sin la influencia de mi madre, dudo que hoy estuviera en el ministerio. Ella cuidó mi mente y mi espíritu durante mi infancia, y así me preparó para amar las Escrituras por el resto de mi vida y tener una fe vibrante en Jesús.

Sin embargo, las relaciones son complicadas y tienen muchas capas. Como mencioné antes, he visto a mi padre luchar con la drogadicción toda mi vida, y, a menudo, cuando hay un adicto en la familia, los demás miembros se unen en busca de protección y seguridad. De modo que crecí con mi madre como mi compañera de equipo, mi aliada. Éramos ella y yo contra el mundo. Mi padre era impredecible y caótico; en cambio, mi madre era constante. Y yo agradecía tener al menos un progenitor siempre presente, en cada evento deportivo, en cada discurso, en cada presentación. Mi mamá y yo formamos un vínculo muy estrecho, porque nada une tanto como el trauma, y mi papá fue un tornado de trauma mientras yo crecía.

Luego me casé, y tuve que lidiar de verdad con la realidad de la enseñanza bíblica que señala: «Por eso dejará el hombre a su padre y a su madre, se unirá a su mujer, y los dos llegarán a ser uno solo» (Génesis 2:24). Tuve que romper el lazo que se había forjado con mi madre en medio del caos del trauma. En su lugar, necesitaba unirme a mi esposa, vincularme a ella y convertirme en una sola carne con ella. Estaba acostumbrado a estar unido en el caos como mecanismo de supervivencia. Pero ahora tenía que ser uno con mi esposa en un pacto, no de supervivencia, sino de florecimiento. Y me gustaría poder afirmar que me lancé de lleno a las aguas del matrimonio y que impresioné a mi esposa con mi habilidad para nadar en las profundidades del amor de pacto. Pero la verdad es que, en aquellos primeros años, me estaba ahogando.

Me ahogaba en las expectativas de mi madre respecto a nuestra relación; en la necesidad de obtener su aprobación; en el mismo caos que formó nuestro vínculo desde el principio; en sus consejos y comentarios no pedidos, y muchas veces no bienvenidos; en la ansiedad… totalmente abrumado.

Entonces mi terapeuta me lanzó un salvavidas muy necesario: me enseñó un término que cambió mi perspectiva. Me explicó que mi madre y yo habíamos desarrollado el síndrome del cónyuge sustituto, y que teníamos una relación fusionada, una conexión excesiva. Habíamos llegado a ser *demasiado cercanos*. Yo ni siquiera sabía que «demasiado cercanos» podía ser un problema. Pero aprendí que, en una relación fusionada, la libertad y la autonomía individual se pierden. Y tuve que aceptar que los límites no impiden la intimidad, sino que la hacen saludable y adecuada. Así que tuve que empezar a establecer límites dolorosos con una mujer que había dedicado su vida entera a asegurar mi éxito.

Reconocer que me sentía culpable sería quedarme corto. Me sentía como un hijo pésimo e ingrato por establecer límites que claramente herían los sentimientos de mi madre. Pero estaba desesperado por escapar del caos, y mi alma necesitaba orden. Y esto exige separación y límites. Por el contrario, la falta de límites es una señal clara de caos. Así que elegí la salud por encima de la comodidad, y un vínculo de pacto por encima de un vínculo forjado en el trauma. ¿Lo hice todo bien? ¿Fue perfecto? No. Ojalá pudiera retroceder y ajustar algunas decisiones. Pero, en términos generales, me mantuve firme y luché por establecer límites que traerían orden y paz a mi vida, y acabarían con el caos que me estaba consumiendo.

La separación y los límites están diseñados para funcionar en conjunto. Cuando empezaba a establecer límites con mi madre, lo único que podía hacer era apartarme. Así que nuestra comunicación era muy limitada, porque necesitaba convertirme en una persona totalmente independiente. Una vez lograda esa separación, llegó el momento de poner límites. Y, al contrario de lo que muchos piensan, un límite no impide una relación, sino que la facilita. Un límite actúa como las reglas de compromiso, y la salud del límite determinará la salud de la relación. Aprendí esto por las malas: que una relación sea *cercana* no significa que sea *saludable*. Y durante gran parte de mi vida, solo me preguntaba si nuestra relación era cercana, pero nunca me preguntaba si era saludable.

Como alguien que ha hecho todo lo posible por pasar intencionalmente del caos al orden, y que ha luchado con el miedo y la culpa de arruinar una relación significativa, te aseguro que hay esperanza y gracia. Soy testigo viviente de que el Dios del orden te puede ayudar a caminar sobre las aguas y de que, aunque falles, Él no permitirá que te hundas.

Ya sea que te estés ahogando en el caos de querer agradar a todos o en el caos del pecado, la gracia de Dios te sacará de las profundidades del *tehom* y te rescatará de la corriente violenta de las aguas. Y más aún: no importa en qué tipo de caos te estés ahogando, necesitas establecer límites más sanos y sólidos en tu vida. Porque el deseo de complacer a todos es el resultado de no poner buenos límites con los demás, y el pecado es resultado de no poner buenos límites contigo mismo.

Sea la presión aplastante de querer agradar a todos…
Sea el caos vertiginoso y desgarrador del pecado…
La solución para ambos es la misma: establecer límites saludables.

Tras unas cuantas sesiones con el terapeuta que me ayudó a navegar mi relación con mi madre, me recomendó leer el icónico libro *Límites* de Henry Cloud y John Townsend. Y me dio una definición sencilla, aunque poderosa, de lo que es un límite: recuperar el poder de tu «no».

Poder decir «no» cuando es necesario es una señal de salud emocional y de una voluntad empoderada. Si una persona tiene un «no» en el corazón, pero su boca dice «sí», está mintiendo. Jesús advierte a Sus seguidores en Mateo 5:37: «Cuando ustedes digan "sí", que sea realmente sí; y cuando digan "no", que sea no». Así que un límite sano con los demás se manifiesta en la capacidad de decir «no».

Y lo mismo ocurre con la relación contigo mismo. Saber decirle «no» al pecado, a la tentación y a los deseos de la carne es prueba de que tienes un límite interno saludable. Y los límites son un elemento innegociable del orden.

Así como Dios separó las aguas y creó un límite entre la tierra seca y el *tehom* para que la vida pudiera florecer, Él desea poner orden en medio del caos de tu vida. Desea establecer separación, límites y estructura. Pero no forzará tu voluntad. Está esperando que confíes en Él de verdad. Y cuando lo hagas, estará listo para rescatarte.

Como mencioné al inicio del capítulo, las muertes trágicas y prematuras de los cinco ocupantes del submarino Titán eran completamente evitables. La ciencia tiene la función de preguntarse si algo es *posible*; la fe, en cambio, tiene la responsabilidad de preguntarse si algo es *sabio*. La sabiduría se habría quedado en la superficie del océano. La sabiduría reconoce sus límites. La sabiduría no se aferra al pasado ni idealiza ruinas hundidas en la historia. La sabiduría siempre elige el futuro, porque la sabiduría es *previsión*. Y de eso hablaremos en el próximo capítulo.

P.D.: El *tehom* volverá a aparecer. Esas fuentes del gran abismo estallarán durante el relato del Diluvio, y podríamos llegar a dudar del carácter de Dios. Por eso, Génesis se toma el tiempo de mostrarnos desde el principio que el *tehom* es el estado original de la creación. Pronto nos sumergiremos en esa historia, pero todo este fundamento será clave cuando lleguemos allí.

Capítulo 6

Perderse en la oscuridad

> La *oscuridad* es sinónimo de *caos*.
>
> DOMINIC RUDMAN, «THE CRUCIFIXION AS CHAOS-KAMPF»

Soy una persona increíblemente *de interiores*. Sí, prácticamente acuñé ese término. Me gustan los centros comerciales cerrados, los cines, el aire acondicionado, las cafeterías, los restaurantes, los lobbies de hoteles elegantes, un buen spa.

Si un pasatiempo implica estar al aire libre, no cuentes conmigo. Senderismo, correr, cazar, avistar aves, pescar… No, gracias. Llévame a un centro comercial, por favor.

La actividad más «al aire libre» que he hecho en los últimos años ha sido pasear por la tienda Bass Pro Shops, una enorme tienda de caza y pesca que queda a quince minutos de mi casa. Me encanta ese lugar. Es como estar afuera, pero dentro. Te puedes imaginar mi ansiedad y miseria instantáneas cuando me enteré de que uno de los requisitos para graduarse del Gordon College era completar una excursión de supervivencia en la naturaleza, en las montañas Adirondack, al norte del estado de Nueva York.[1]

Intenté librarme de ella de todas las formas imaginables. Caminar con mi mochila al hombro durante doce días por las montañas Adirondacks es lo más parecido a la tortura que he vivido en mi vida.

Leíamos la Biblia al aire libre. Comíamos al aire libre. Dormíamos al aire libre. Nos cepillábamos los dientes al aire libre. Adorábamos al aire libre. Íbamos al baño al aire libre.

Hicimos absolutamente de todo al aire libre durante doce días.

Y el último día de esta experiencia espantosa consistía en pasar veinticuatro horas a solas. Nos dejaban individualmente en el bosque con una tienda de campaña, una lona, una biblia, una libreta y una mochila de unos trece a dieciocho kilos. El propósito de la soledad era pasar tiempo con Dios sin interrupciones, sin distracciones, y escuchar Su voz directamente.

No escuché absolutamente nada de Dios.

Comenzó a llover, y por supuesto, coloqué mal la lona. Para cuando se puso el sol, ya estaba completamente empapado, envuelto en un saco de dormir mojado, dentro de una tienda, en medio de la nada, cubierto de una oscuridad espesa. No podía ver mi mano frente a mi cara. Y apenas dormí porque escuchaba ruidos que no podía identificar, y eso me aterrorizaba por completo.

Cuando me reuní con mi grupo, me enteré de que uno de mis amigos se había topado con un oso. Juré no volver a poner un pie en un bosque oscuro jamás… pero no leí la letra pequeña de un programa de estudios en el extranjero en el que participé un par de años después. Terminé estudiando un semestre completo en la Uganda Christian University, para llevarme la sorpresa de que debíamos completar una «estancia rural» de una semana.

En mitad de la nada, en Uganda.

Sin agua corriente.

Sin electricidad.

Viviendo con familias anfitrionas.

Durante toda una semana.

Estaba completamente devastado.

Mi primera noche, después de que me dejaran en Kapchorwa, Uganda, tuve que ir al baño (una letrina, o sea, un baño exterior) en plena madrugada. Me desperté en una oscuridad absoluta. Abrí los ojos y no vi nada. Miré a mi alrededor, nada. Se podía *sentir* la oscuridad. Usé las manos para encontrar la puerta y las deslicé por las paredes hasta que finalmente logré salir.

Todo iba más o menos bien… hasta que choqué de frente con una vaca. No me lo estoy inventando. La vaca se asustó, y todos en la casa se despertaron. Cada miembro de mi familia anfitriona salió para ver qué pasaba conmigo y con la vaca, y mi «papá ugandés» me llevó de la mano hasta la letrina. Cómo él podía ver, no tengo ni idea.

Cuando me gradué de Gordon College, ya había acumulado suficientes experiencias al aire libre como para toda una vida y, desde entonces, me he mantenido feliz bajo techo, con climatizador y luz ambiental. Pero nunca olvidaré la oscuridad de toda aquella noche en la tienda de campaña en las montañas Adirondack o la profundidad de la oscuridad mientras tropezaba en el patio buscando un baño.

Nunca olvidaré el miedo que sentí con cada sonido de la naturaleza alrededor de mi tienda, lo mareado que me sentía por estar tan desorientado en la oscuridad, y el deseo desesperado de tener luz y poder ver. Nunca olvidaré la falta total de confianza en cada paso que daba, o la sensación de estar ahogándome en la oscuridad. Nunca olvidaré cómo terminé chocando con una vaca en plena noche, solo porque no podía ver lo que tenía justo enfrente. Estas anécdotas de mi etapa universitaria ilustran los dos últimos símbolos que los autores bíblicos usan para hablar del caos: la oscuridad y el desierto.

Cuanto más tiempo paso en el ministerio, más observo cómo las personas caminan directamente hacia todo tipo de caos, lo que tarde o temprano provoca un dolor innecesario a sus vidas. He sido testigo de cómo la gente entra de lleno en el adulterio, las adicciones, las deudas y las relaciones tóxicas. Es como si no pudieran ver hacia dónde van.

Son incontables las veces que le he dicho a una pareja: «Estos patrones de comportamiento los están llevando directo al divorcio. Ese es el camino en el que están». Yo puedo ver que, de seguir así, en cinco años estarán divorciados. Pero ellos no lo ven. Están viviendo en la oscuridad.

Cuando tenía veintidós años, mi pastor de entonces me dio la definición más clara de sabiduría que he escuchado en mi vida. Estábamos en un restaurante llamado Not Your Average Joe's, y yo pedí el pollo con costra de mostaza. Ya han pasado más de quince años, pero lo tengo grabado en la mente como si fuera una imagen de la semana pasada. El pastor Matt me miró y me dijo: «Manny, ¿sabes qué es la sabiduría?». Negué con la cabeza. Y él respondió: «La sabiduría es previsión».

La sabiduría es *previsión*. Es la capacidad de tomar decisiones basadas en una visión del futuro y no en los sentimientos del presente. La sabiduría es la habilidad de «ver la curva» antes de girar. La sabiduría nos previene de tomar decisiones miopes.

Previsión.

Es la capacidad de ver que la destrucción de mañana suele venir disfrazada de los deseos de hoy. Y que el objetivo de Satanás es lograr que tomemos decisiones sin pensar en las consecuencias, en los efectos en cadena, o en cómo afectarán a nuestros ritmos diarios. Por eso no me sorprende que la Biblia relacione la oscuridad con el caos, y que el caos de Génesis 1:2 no se represente solo con el mar o con el diluvio violento, sino también con la oscuridad del desierto.

> La tierra *no tenía forma y estaba vacía* (*tohu va-vohu*), y las *tinieblas* (*ḥosek*) cubrían el *abismo* (*tehom*), y el Espíritu de Dios se movía sobre la superficie de *las aguas* (*mayim*).

Hasta aquí, en nuestro recorrido por los símbolos bíblicos del caos, hemos explorado el *tehom* y el *mayim*, así como al *tanín*. También hemos tocado el tema del desierto o el yermo del *tohu va-vohu*, al que volveremos con más profundidad en el próximo capítulo. Sin embargo, otro símbolo del caos describe el estado de la creación antes del inicio de la obra de ordenación de Dios:

> La oscuridad (*ḥosek*).

La oscuridad es tan fundamental para la condición caótica del cosmos en Génesis 1:2 que lo primero que Dios hace para trasladar la creación del caos al orden se encuentra en el versículo 3: «Y dijo Dios: "¡Que haya luz!". Y la luz llegó a existir». Dios generó la luz por Su palabra, y esto la convierte en un elemento esencial para establecer el orden y construir nuestras vidas según el orden de Dios revelado en la creación.

En Juan 1:3-5 se dice que, por medio de Jesús, «todas las cosas fueron creadas; sin él nada de lo creado llegó a existir. En él estaba la vida, y la vida era la *luz* de la humanidad. Esta luz resplandece en la oscuridad, y la oscuridad no ha podido apagarla».

En Juan 8:12, Jesús dijo: «Yo soy la luz del mundo. El que me sigue no andará en tinieblas, sino que tendrá la luz de la vida».

No creo que Jesús sea simplemente una luz metafórica. Juan afirma que Jesús posee el poder creativo de la vida, y cuando miramos el Génesis, el proceso de creación depende de ese primer acto: disipar la oscuridad, ponerle un límite y así aplastar el caos. Antes de que existieran el sol, la luna o las estrellas —todos creados en el cuarto día de la creación— ya existía la Luz. Porque ya existía Jesús, el Hijo de Dios.

Cuando Juan describe la nueva creación en el libro de Apocalipsis, señala que ya no hay más oscuridad ni noche, lo cual es su manera de mostrarnos que el caos ha sido completamente aplastado. No simplemente limitado, sino aplastado. La Revelación de Juan nos dice que «la ciudad *no necesita ni sol ni luna que alumbren*, porque la gloria de Dios *la ilumina*, y *el Cordero es su lumbrera*. Las naciones caminarán a la luz de la ciudad, y los reyes de la tierra le entregarán sus espléndidas riquezas. Sus puertas estarán abiertas todo el día, pues allí *no habrá noche*» (Apocalipsis 21:23-25).

Juan explica que Dios es la fuente de luz para esta nueva creación, lo cual no es algo nuevo. Es una referencia a los primeros tres días de la creación, cuando el Cordero era la lámpara mientras el cosmos esperaba la creación del sol, la luna y las estrellas.

Dios estableció la luz para someter el caos de la oscuridad, porque todo lo que da vida crece en la luz. Y todo lo que multiplica el caos crece en la oscuridad.

Mentiras y vergüenza.

Miedo y depresión.

Pecado y secretos.

Todo eso crece en la oscuridad.

Sin embargo, la vida, el orden y la sabiduría florecen en la luz.

La luz está tan interconectada con la creación y el orden que Juan dijo que Jesús portaba una forma de vida que era «la luz de la humanidad» (Juan 1:4). *Esa vida era la luz,* escribe Juan. La luz es vida, lo que significa que la oscuridad es muerte.

La vida, la luz y el orden funcionan naturalmente juntas. Y la muerte, la oscuridad y el caos también funcionan como un trío.

Sin luz, la sabiduría y la previsión son imposibles de alcanzar. Otra palabra que podríamos usar para hablar de previsión es *visión.*

La Biblia nos dice que hay una conexión directa entre visión y dominio propio. Proverbios 29:18 enseña este principio. Las distintas versiones varían ligeramente, así que comparto contigo dos de mis favoritas:

> Donde no hay *visión*, el pueblo *se extravía* (NVI).
>
> Sin *profecía* [o revelación] el pueblo *se desenfrena* (RVR1960).

Esta es una lección simple pero profunda: la falta de visión y previsión conduce a una falta de disciplina y dominio propio. Y una vida sin disciplina ni dominio propio es una vida de caos. En resumen, donde hay *oscuridad*, no hay *disciplina.* Y donde no hay disciplina, hay oscuridad.

Quizá te hayas diagnosticado a ti mismo como alguien que no tiene mucha disciplina. Ten en cuenta que la disciplina es el resultado de una vida llena de visión y previsión. Te lo aseguro: es mucho más fácil practicar la disciplina *hoy* cuando vives con propósito para el *mañana.*

Esta conexión entre el caos y la oscuridad, por un lado, y la luz y la sabiduría por el otro, también se encuentra en los escritos de Pablo. Lee cómo Pablo vincula estas ideas en Efesios 4:18: «A causa de la *ignorancia* que los domina y por la *dureza de sus corazones*, estos tienen *oscurecido el entendimiento* y están alejados de la vida que proviene de Dios».

Oscurecidos. Sin entendimiento. Ignorantes. De corazón endurecido. Esto es lenguaje de caos.

Este es el caos de Génesis 1:2, pero ocurriendo dentro de nosotros. La tormenta del caos en tu interior y en el mío se manifiesta como oscuridad, necedad, ignorancia, dureza de corazón, ceguera y falta de visión. Pablo escribe a la iglesia en Roma: «A pesar de haber conocido a Dios, no lo glorificaron como a Dios ni le dieron gracias, sino que se extraviaron en sus *inútiles razonamientos* y se les oscureció su *insensato corazón*. Aunque afirmaban ser *sabios*, se volvieron *necios*» (Romanos 1:21-22).

Pensamiento fútil.

Entendimiento oscurecido.

Corazones insensatos.

Ceguera.

Ignorancia.

Una vez más, esto es lenguaje de caos. El caos *dentro* de nosotros.

Y así como el Creador trajo la luz en Génesis, Él trae Luz a nuestras almas. Él trae orden, y ese orden es Luz. Y esa Luz trae visión, previsión, sabiduría y claridad.

Capítulo 7

Adaptarse al desierto

> En el antiguo Cercano Oriente había dos símbolos principales igualmente poderosos del caos. Uno era el diluvio u océano primordial, representado con frecuencia por un monstruo parecido a un dragón; el otro era el desierto estéril, a veces representado como una terrible bestia terrestre.
>
> BERNARD F. BATTO, *SLAYING THE DRAGON*

Es obvio que los seres humanos no pueden vivir en el mar. Sin embargo, sí *pueden* vivir en el desierto. Y también *pueden* vivir en la oscuridad. Y esto convierte al oscuro desierto salvaje en un reino del caos excepcionalmente interesante a lo largo del relato bíblico. Existe una tentación natural de hacer del desierto o de la oscuridad nuestro hogar. Podemos sobrevivir en la oscuridad y podemos sobrevivir en el desierto, pero no son entornos ideales para la humanidad.

Por cierto, en la mente de un hebreo antiguo, los términos *desierto* y *tierra salvaje* eran sinónimos intercambiables. Una de mis enciclopedias bíblicas de referencia confirma que «el término hebreo más común para desierto significa "tierra salvaje"».[1]

El Dragón ha convencido a la mayoría de nosotros de que el desierto salvaje en el que vivimos es, en realidad, un jardín.

Hay árboles. Hay frutos. Hay ríos. Los espacios de jardín y los espacios de desierto tienen mucho en común. Así que cedemos y nos conformamos en medio del desierto, nos mentimos y nos convencemos a nosotros mismos de que el desierto es un hogar adecuado para nuestras almas.

Adán y Eva fueron diseñados para un jardín, para un entorno altamente ordenado, pero por su decisión de asociarse con el caos, fueron enviados a su reino: el desierto. Sin embargo, no fueron *diseñados* para el caos. Y cada vez que los humanos somos colocados en entornos para los que no fuimos diseñados, comenzamos a adoptar estrategias de adaptación. Y cuanto mejores se vuelven esas estrategias, más nos convencemos de que el desierto es nuestro hogar. Incluso empezamos a preferirlo. Esta es la trampa del desierto, combinada con el autoengaño del corazón humano: convencernos de que nuestro caos es normal porque el orden parece estar fuera de nuestro alcance.

Hace años, la revista *Forbes* publicó un artículo titulado «Por qué las familias "disfuncionales" crean grandes emprendedores». En él, Melody Wilding presenta un argumento convincente: la mayoría de los emprendedores son expertos en navegar el caos de las empresas emergentes porque antes tuvieron que aprender a manejar el caos de las familias disfuncionales. Se basa en las observaciones e investigaciones de Steve Blank, profesor y emprendedor que acuñó el término *teoría de la familia disfuncional* para describir a líderes empresariales exitosos con una habilidad especial para desenvolverse en el caos.[2]

Blank publicó en 2009 una entrada en su blog titulada «Fundadores y familias disfuncionales». En una «encuesta muy poco científica ciertamente», observó que entre el 25 % y el 50 % de los emprendedores exitosos con los que habló «se identificaron a sí mismos como procedentes de una crianza poco benigna»,[3] es decir, «entornos familiares marcados por el conflicto, las peleas, la disciplina severa, poca o ninguna expresión de afecto y el abuso de sustancias».[4] Tanto Wilding como Blank afirman, en esencia, que los traumas de la infancia de estos emprendedores los inmunizaron contra el caos y los programaron con una tolerancia muy alta al estrés, la ansiedad, el cambio, la inconsistencia y la falta de previsibilidad que conlleva ser emprendedor.

Esto es una prueba de que el caos nos moldea. Los seres humanos estamos hechos para sobrevivir, por lo que aprendemos a adaptarnos y a sobrellevar nuestro caos. Sin embargo, el hecho de que nos hayamos adaptado a la oscuridad o al desierto no significa que estemos sanados del caos que nos expulsó del jardín. Antes de terminar su entrada, Blank escribe:

> La teoría de la familia disfuncional puede explicar por qué los fundadores que sobresalen en las fases caóticas iniciales de una empresa lanzan granadas organizacionales dentro de sus propias compañías después de encontrar un modelo de negocio repetible y escalable, y necesitar cambiar de enfoque hacia la ejecución.
>
> El problema, creo yo, es que la repetibilidad representa una zona de extremo malestar para este tipo de emprendedor. Y he visto a emprendedores intentar, emocional u organizacionalmente, crear caos —«esto está demasiado tranquilo por aquí»— y, en realidad, autodestruirse.[5]

Una vez que la empresa entra en una etapa de orden, estos fundadores se sienten muy incómodos y aburridos porque están hechos para el caos. Lo extrañan. Lo prefieren. Porque el caos se ha convertido en su zona de confort y el desierto en su hogar. Han aprendido a ver en la oscuridad, y la luz les lastima los ojos. El desierto los ha engañado, y sus mecanismos de defensa se han convertido en hábitos de los que no pueden desprenderse. Estos emprendedores no solo sobreviven al caos; lo crean. Y ese es el problema.

No es un problema exclusivo de los emprendedores, sino de todos los descendientes de Adán y Eva; es universal. Aprender a sobrevivir en el desierto y a sobrellevar el caos no significa que estemos prosperando en los jardines para los que fuimos diseñados. Es muy fácil confundir el hecho de sobrellevar o sobrevivir con prosperar.

Hubo un tiempo en que mi esposa y yo veíamos programas de televisión sobre supervivencia en la naturaleza, y solo quiero señalar una verdad simple: cuando hablamos de vivir en el desierto, describimos esa realidad como *sobrevivir*. Algunos de los expertos en supervivencia construían fortalezas elaboradas y montaban sistemas complicados para cocinar alimentos, lavar ropa y protegerse de animales salvajes. Pero no importa cuán lujoso sea el refugio improvisado o cuán complejo sea el sistema para conseguir comida, sigue siendo *supervivencia*. He quedado profundamente impresionado por algunos de esos expertos en supervivencia, pero sigue siendo eso: supervivencia. No hay prosperidad en el desierto ni florecimiento en la tierra salvaje. Solo hay logros a corto plazo y consecuencias a largo plazo cuando intentamos vivir permanentemente en modo de supervivencia.

Dios condujo al pueblo de Israel al desierto con un propósito y por una temporada. Nunca fue Su intención que permanecieran en el caos durante cuarenta años. Sin embargo, el caos de Egipto los obligó a adoptar mecanismos de defensa que los mantuvieron atrapados en el desierto mucho más tiempo del planeado originalmente.

Puedo relacionarme más de lo que me gustaría admitir con la teoría de la familia disfuncional descrita por Steve Blank. La disfunción de mi infancia me convirtió en un emprendedor increíble en el mundo de las empresas emergentes, pero también puedo ver un historial de autosabotaje y creación de caos cuando las cosas están demasiado pacíficas y ordenadas.

Al comienzo de mi matrimonio, yo mismo arrojaba la proverbial granada en la dinámica de la relación y luego me sentía confundido por mi propio comportamiento. Iniciaba discusiones. Sacudía la estabilidad. Era excesivamente confrontativo. ¿Por qué? Porque todo se sentía demasiado tranquilo, y la confrontación era la única manera en la que me sentía cómodo estableciendo intimidad. Estaba practicando mecanismos de supervivencia que funcionan en el caos del desierto, y tuve que desaprender las lecciones que el caos me había enseñado. Tuve que llegar a la dolorosa conclusión de que ya no era una víctima de circunstancias caóticas, sino que yo creaba el caos. Como un adicto, estaba enganchado al caos y necesitaba liberarme.

Quizá tú también te identifiques.

Quizá el caos se ha convertido en tu cultura.

Quizá tus ojos ya se han acostumbrado a la oscuridad.

Quizá saboteas tu propia paz.

Quizá *sobrellevar* el caos se ha convertido en crearlo.

Y quizá quieres salir.

Salir del desierto.

Salir de la oscuridad.

Salir del caos.

Soy testigo viviente de que Dios puede tomar a personas salvajes y convertirnos en jardineros. No estás atrapado en el caos de tu familia de origen ni en tu entorno, ni en tus propios patrones relacionales. Puedes aprender cualquier cosa y puedes desaprender cualquier cosa. Aprendiste, practicaste y perfeccionaste hábitos de caos. Y puedes aprender, practicar y perfeccionar hábitos de orden.

Recientemente tuve mi primer contacto con el mundo de la serie *Dune* de Frank Herbert y con las películas basadas en los libros. Quedé enganchado de inmediato: el desarrollo profundo de los personajes, las tramas bien pensadas y la creatividad en la construcción del mundo hacen de esta franquicia un medio especialmente cautivador. El protagonista, Paul Atreides, termina en Arrakis, un planeta desértico conocido por su clima particularmente severo. Este es el escenario principal de la mayoría de las novelas y películas.

Aunque Paul Atreides es un inmigrante en Arrakis, hay un grupo de personas llamado «los fremen», cuya cultura y forma de vida entera están adaptadas para sobrevivir en el desierto, incluida la ropa que usan, su forma de caminar y hasta su color de ojos. Aunque Arrakis es un planeta ficticio, la serie *Dune* retrata con brillantez lo que sucede cuando nuestras estrategias de adaptación se convierten en nuestra cultura. Esto nos representa a muchos de nosotros. Nuestra capacidad para sobrellevar el caos ha evolucionado hasta convertirse en los códigos culturales por los que vivimos. Es casi como si estuviéramos incentivados a permanecer en la disfunción, porque regresar al orden del jardín implicaría desaprender los mecanismos de defensa que ahora se han calcificado en patrones de conducta habituales.

La idea del desierto salvaje está presente desde las primeras palabras del Génesis, pero debemos volver al camino antiguo para poder ver las migas de pan.

Una vez más, Génesis 1:2 dice:

> La tierra no tenía forma y estaba vacía (*tohu va-vohu*), las tinieblas cubrían el abismo y el Espíritu de Dios se movía sobre la superficie de las aguas.

Cuando la mayoría de las versiones en inglés traducen las palabras hebreas *tohu* y *va-vohu*, optan por frases como «desordenada y vacía» o «sin forma y vacía». Sin embargo, estas traducciones tan pulidas de este versículo no capturan el poder ni la precisión del lenguaje original, y, por lo tanto, pierden el mensaje original dirigido a la audiencia antigua.

Quizá haya una forma diferente de entender la frase *tohu va-vohu*. Esta expresión se usa tres veces en la Biblia hebrea, y vamos a examinar los otros dos casos juntos.

Isaías 34:11 dice:

Dios extenderá sobre Edom
el cordel del caos (*tohu*)
y la plomada de la destrucción (*vohu*).

La JBS lo traduce de la siguiente manera:

Y se extenderá sobre ella cordel de confusión (*tohu*)
y niveles de desolación (*vohu*).

Ni la NVI ni la JBS traducen *tohu* y *vohu* como «sin forma», «vacía» en este verso. En lugar de eso, han optado por palabras como «confusión», «caos» y «desolación».

Veamos Jeremías 4:23:

Miré a la tierra, y estaba sin forma (*tohu*)
y vacía (*vohu*);
miré a los cielos, y no había luz.

Tohu va-vohu tiende a traducirse como «un vacío sin forma»[6] porque la idea detrás del término hebreo es esterilidad. Cuando una mujer es estéril, su vientre está vacío, pero también está ocurriendo algo más profundo. Un vientre estéril aún no se ha convertido en un entorno capaz de sustentar la vida. No está simplemente vacío de vida; es actualmente incompatible con sostenerla, de la misma manera en que un mundo caótico es incompatible con el sustento de la vida.

Un paisaje estéril no está literalmente vacío o desprovisto. Tiene una historia que contar. Una historia de un desierto esperando convertirse en un jardín ordenado o de un jardín que ha experimentado la desolación y la deformación del caos. Uno de mis diccionarios hebreos favoritos define el término *tohu va-vohu* como «tierra reducida a caos primordial».[7] Nuevamente, un paisaje con una historia que contar.

Así que, cuando las Escrituras describen el estado previo a la creación como *tohu va-vohu*, lo más probable es que signifique que estaba desolado, caótico y salvaje. Deberíamos imaginar un vasto desierto o una tierra salvaje en nuestras mentes. Esta es precisamente la razón por la que Yahvé creó un jardín ordenado para ser la antítesis del desierto caótico.

Génesis 1:2 nos muestra tres formas de caos en un solo versículo: las aguas del abismo, el desierto indomable y la oscuridad total. Lo cual tiene sentido, porque Yahvé aborda directamente estos tres reinos del caos en el relato de la creación de Génesis. Primero, trata con la oscuridad y establece la luz. En segundo lugar, trata con las aguas caóticas para que surja tierra seca. Por último, planta un jardín en el Este, en Edén, para que los humanos no vivan en el desierto.

Los hijos de Israel estaban destinados a atravesar el desierto en su camino hacia la tierra que Dios quería darles: Canaán, la tierra prometida. Dios siempre había previsto que el desierto fuera parte del viaje, pero en lugar de limitarse a pasar por él, se quedaron atrapados en el desierto y acabaron muriendo allí.

Como los fremen de la serie *Dune*, los israelitas se adaptaron al desierto, se acomodaron. Y, cuando Yahvé finalmente les ordenó dejar atrás el desierto e invadir la tierra de Canaán, se negaron, porque el caos del desierto tiene una fuerza gravitacional. No nos suelta con facilidad.

Los autores bíblicos describen la tierra de Canaán utilizando las imágenes y los símbolos del jardín. Era una tierra fértil, abundante y llena de vida, una especie de nuevo Edén. Un jardín para el pueblo de Dios que había quedado atrapado y vagando por el desierto. Pero ocupar un jardín es difícil cuando uno se ha acostumbrado a vivir en el desierto.

En los últimos siete capítulos, hemos explorado las imágenes y los símbolos dominantes del caos y del orden a lo largo de la Biblia. Esta se apoya con fuerza en símbolos e imágenes para comunicar conceptos abstractos e ideas complejas. Y como el orden y el caos pertenecen a esta precisa categoría, debemos interpretar estos símbolos para extraer su sabiduría.

El orden es descanso. Templos. Portadores de la imagen. Jardines. Luz. Sabiduría. Vida.

El caos es vagar sin rumbo. Dragones. Bestias. El mar. El desierto. La oscuridad. La muerte.

Nos hemos esforzado por entrar en el mundo antiguo y aprender su lenguaje. Ahora nos enfocaremos en cómo usa la Biblia realmente estas imágenes y símbolos para ayudar a sus lectores —a ti y a mí— a disipar la oscuridad, entrar en el descanso, cultivar el jardín, escapar del desierto, reflejar la imagen de Dios, domar a la bestia y aplastar el caos.

DOMAR A LA BESTIA

SECCIÓN

2

Capítulo 8

Hijo de la bestia

> El pecado está a la puerta para dominarte. No obstante, tú puedes dominarlo.
>
> GÉNESIS 4:7

De todas las películas de monstruos que produce Hollywood, ningún subgénero parece ser más popular que las películas y series de zombis.

The Last of Us. Guerra mundial Z. Tren a Busan.
The Walking Dead. El ejército de los muertos. El amanecer de los muertos.
Soy leyenda. Melanie: Apocalipsis zombi.

Si hay una historia que nos obsesiona incluso más que la de los humanos venciendo monstruos; es la de los humanos venciendo a otros humanos que se han convertido en monstruos. Los zombis son monstruos, pero siguen siendo humanos. Híbridos. Inadaptados. Mutantes. Todos infectados por el caos. Técnicamente vivos, pero también muertos. Humanos, pero no del todo. Humanos, pero no según su diseño original.

En la serie televisiva *The Last of Us*, un hongo convierte a los humanos en zombis. La serie toma su nombre del hecho del exterminio que ese hongo hará probablemente de la población humana. Mientras la veía, me percaté enseguida de que eso fue lo que ocurrió con los primeros de nosotros, y no con los últimos. Adán y Eva fueron engañados por un monstruo del caos, se convirtieron en portadores de un virus llamado caos, y luego se transformaron en monstruos.

Se convirtieron en híbridos. Inadaptados. Mutantes. Humanos, pero no del todo vivos. Humanos, pero de un tipo nuevo y aterrador.

Cuando el Dragón del Caos se presentó ante Adán y Eva y los engañó para que se convirtieran en portadores del caos, perdieron lo más valioso que tenían: el diseño ideal de Dios para su humanidad. Al intentar ser sus propios dioses, se convirtieron en bestias de impulso e instinto, y el resto de Génesis nos lleva a hacernos esta pregunta:

¿Qué significa ser verdaderamente humano?

Cuando encontramos la respuesta a esa pregunta, encontramos la clave para establecer el orden y vencer el caos. Al recuperar nuestra humanidad, recuperamos el orden. Pero si seguimos viviendo como bestias, multiplicamos el caos. Así que profundicemos en Génesis para descubrir cómo ser verdaderamente humanos al matar a las bestias que viven dentro de nosotros y dominar el caos que nos rodea.

Dios expone el conflicto central de Génesis, y de toda la Biblia, cuando maldice a la Serpiente diciendo:

> Yo pondré enemistad
> entre la mujer y tú,
> y entre su descendencia y tu descendencia;
> ella te herirá en la cabeza,
> y tú le herirás en el talón (Génesis 3:15, RVC).

Primero, habrá conflicto entre la Serpiente y Eva; tiene sentido porque la Serpiente acaba de engañar a Eva. Sin embargo, Dios anuncia que habrá conflicto en un segundo grupo: entre la descendencia de la Serpiente y la de Eva.

Y esto es bastante extraño y confuso. Porque, ¿quiénes son los descendientes de la Serpiente? ¿Estamos hablando de serpientes bebés? ¿De demonios? Estas son las preguntas lógicas que plantea esta historia. Sigamos las pistas y leamos el texto con ojos antiguos para poder recuperar el orden y dominar el caos.

Génesis 2:19, en la versión RVR1960, nos dice que «Dios formó, pues, de la tierra toda bestia del campo». Y luego el versículo 20 de la LBLA indica: «El hombre puso nombre a todo ganado, a las aves del cielo y a toda bestia del campo».

«Toda bestia del campo», esta frase exacta es importante. No dice «bestias del suelo» ni «bestias de la tierra».

No. Bestias del campo.

En Génesis 3:1 leemos: «La serpiente era más astuta que todos *los animales del campo* que Dios el SEÑOR había hecho». Y cuando Dios maldice a la Serpiente, vuelve a aparecer esta frase: «Maldita serás entre todas las *bestias* y entre todos los *animales del campo*» (versículo 14, RVR1960). La Biblia quiere que fusionemos estas imágenes en nuestra mente, bestias y campo, para que no podamos ver la una sin pensar en la otra.

Génesis 4:8 nos señala que «Y dijo Caín a su hermano Abel: Salgamos al campo» (RVR1960).

Cada vez que hemos visto la palabra *campo*, hemos visto *bestias.* Así que, cuando Caín invita a su hermano al campo, ya deberíamos saber que estamos a punto de encontrarnos con una bestia. El versículo continúa diciendo: «Y cuando estaban en el campo, Caín atacó a su hermano y lo asesinó». Ahí está. La bestia del campo ha aparecido.

Caín es la bestia del campo, la descendencia de la Serpiente. Caín no logra aplastar ni dominar el poder del caos, esa rabia y violencia que hierve dentro de él. En lugar de eso, él es aplastado por el caos, y a su vez arrasa la vida de Abel. Adán y Eva fueron engañados por una bestia, y se convirtieron en bestias. Y ahora han dado a luz a una bestia: un hijo que se comporta como una bestia del campo. Es el caos multiplicado.

Caín es la bestia del campo, el descendiente de la Serpiente. Caín fracasa en su intento de aplastar y dominar el poder del caos, esa furia y violencia que arde dentro de él. En lugar de eso, es aplastado por el caos y, a su vez, aplasta la vida de Abel. Adán y Eva fueron engañados por una bestia, luego se convirtieron en bestias. Y ahora han dado a luz a una bestia: un hijo que se comporta como una bestia del campo. Esto es caos multiplicado.

La Biblia no lo explica de forma evidente, sino que presupone que estamos siguiendo las pistas e interpretando los símbolos. Establece un patrón y convierte el *campo* en un símbolo: un lugar que representa a las bestias y su comportamiento. Luego nos muestra un campo y nos pide que encontremos a la bestia. Así es como se comunica la Escritura: muestra; rara vez dice.

Otra pista de lo que está ocurriendo con Caín se encuentra en el consejo que Dios le da: «El pecado está a la puerta, al acecho y ansioso por controlarte; pero tú debes dominarlo» (Génesis 4:7, NTV). Esa es una elección de palabras sumamente intencional. El pecado está *al acecho*.

Acechar es lo que hacen los depredadores antes de atacar a su presa. Las bestias acechan. Los animales acechan. Los monstruos acechan. El texto nos está diciendo que la Serpiente del relato anterior ha regresado. La misma bestia que engañó a Adán y Eva está aquí de nuevo, escondida a plena vista, al acecho y lista para atacar a Caín. El pecado está agazapado, listo para convertir a Caín en un agente del caos, como lo fueron sus padres.

Génesis nos enseña lo fácil que es para los humanos deslizarse al «modo bestia» y comenzar a comportarse como animales. Permites que la bestia te lleve al campo y te robe tu humanidad...

> cada vez que tu temperamento se apodera de ti,
> cada vez que tus deseos y pasiones te dominan,
> cada vez que tus instintos vencen a tus intenciones,
> cada vez que no logras controlar tus impulsos más primitivos,
> cada vez que el chisme y la negatividad brotan de tu corazón y salen por tus labios.

Permíteme algunas preguntas difíciles sobre tu humanidad: ¿practicas el *sabbat* o tu trabajo te ha convertido en una bestia inquieta? ¿Eres una bestia de carga o eres un ser humano?

¿Tienes posesiones o tus posesiones te tienen a ti? Abel tenía posesiones. Las posesiones tenían a Caín, lo que significa que se habían convertido en ídolos. ¿Te ha convertido la codicia por acumular riquezas y bienes materiales en un animal insaciable? ¿Eres un monstruo? ¿Una máquina? ¿O un ser humano?

¿Te consume la comparación? Caín debió de haber estado consumido por la vida de Abel. ¿Estás enfocado en tu propia vida, o en secreto codicias la vida de las personas a las que envidias?

Cuando era pastor de jóvenes, tuve el privilegio de ser el capellán del equipo de fútbol americano de la preparatoria Hillside. Podía estar en el vestidor con los chicos, y teníamos un estudio bíblico semanal donde hablaba con todo el equipo. En algún momento, comencé a llevar a cabo un reto de abstinencia con los muchachos: fueran cristianos o no, los retaba a participar. Sin falta, cada año cuando anunciaba el desafío de abstinencia al inicio de la temporada, un grupo grande de chicos objetaba cosas como estas:

«Pastor Manny, somos hombres normales; tenemos que tener sexo».

«Vamos, Pastor Manny, somos humanos. El sexo es parte de la vida».

«Es nuestra masculinidad, Pastor Manny. Nos estás pidiendo que renunciemos a nuestra masculinidad».

Sin excepción, cada joven que se resistía a mi desafío de abstinencia apelaba a su humanidad. Siempre. Usaban palabras como *humano*, *masculino* y *normal* para argumentar que su conducta sexual liberal era aceptable. Y cada año, les hacía una sola pregunta como respuesta:

«¿Quién les ha dicho que actuar como animales los hace más humanos?».

Lo que los chicos denominaban comportamiento humano «normal» generaba, en realidad, más caos y confusión. Su comportamiento sexual les robaba el diseño ideal que Dios tenía para la humanidad, y eso me rompía el corazón. Así que, durante seis semanas seguidas cada otoño, les enseñaba lo que significa de verdad ser humano y, por lo tanto, lo que significa ser hombres. Mi desafío de abstinencia siempre funcionaba porque primero les restauraba la dignidad de ser verdaderamente humanos. Les enseñaba que habían sido creados para gobernar su carne, no para ser gobernados por ella.

Mi lección para los chicos del equipo de fútbol de la preparatoria Hillside es la misma lección que Dios quería enseñarle a Caín. Cuando Dios le dice a Caín que el pecado está agazapado a su puerta y que debe dominarlo, le está recordando a Caín el diseño original de todo ser humano: que todo ser humano ha sido dotado de autoridad para gobernar el caos, los impulsos primitivos y las bestias del campo.

En Génesis 1:26, Dios dice: «Hagamos al ser humano a nuestra imagen y semejanza. Que tenga dominio». ¿Por qué fuimos hechos a imagen y semejanza de Dios? Para tener dominio sobre las bestias, para gobernar a los animales salvajes, estén esas bestias fuera… o dentro de nosotros.

Dios le recuerda a Caín que sigue siendo portador de la imagen divina y, por lo tanto, tiene el poder para dominar a la bestia que lleva dentro. La imagen divina en nosotros puede estar dañada y agrietada, pero, aun así, porque somos creados a imagen de nuestro Creador, seguimos teniendo el poder de domar a las bestias y vencer el caos. He descubierto que mucho antes de que descifremos cómo gobernar a la bestia, debemos creer primero que *podemos* hacerlo.

Como Dios le recordó a Caín, quiero enfatizarte que tú no eres una bestia. Fuiste creado para gobernar. Fuiste creado para dominarte a ti mismo. Fuiste creado para ejercer dominio propio. Fuiste creado para gobernar tu corazón y tu mente, en lugar de dejar que ellos te gobiernen a ti. Fuiste creado para vencer la tentación. Fuiste creado a imagen de Dios para vencer a las bestias y aplastar el caos.

Capítulo 9

Agar y su asno salvaje

> Ustedes son de su padre, el diablo, cuyos deseos quieren cumplir. Desde el principio este ha sido un asesino, y no se mantiene en la verdad, porque no hay verdad en él. Cuando miente, expresa su propia naturaleza, porque es un mentiroso. ¡Es el padre de la mentira!
>
> JUAN 8:44

Cuando llegamos al Nuevo Testamento, Jesús confirma que debemos considerar a Caín y a Abel como hijos simbólicos, ya sea de la mujer o de la Serpiente. En Juan 8, Jesús confirma que el Dragón es un padre, y su predicación sirve de prueba de paternidad espiritual, revelando los corazones de sus oyentes. El Dragón del Caos, mentiroso y asesino desde Génesis, ciertamente ha engendrado descendencia, y vamos a continuar rastreando la genealogía de esos hijos para conservar y restaurar nuestra humanidad y, por lo tanto, establecer el orden.

El siguiente par de hermanos en el que se enfoca la Biblia es Ismael e Isaac. Y ahora que sabemos dónde buscar a la descendencia de la Serpiente, debería ser más fácil encontrarlos.

La Biblia describe a Ismael con términos fascinantes. En Génesis 16:12, el ángel del Señor le profetiza a Agar sobre él:

Será un hombre indómito como asno salvaje.
Luchará contra todos y todos lucharán contra él;
y habitará frente a todos sus hermanos.

La NVI indica que el hijo de Agar, Ismael, será un hombre «como un asno salvaje», y me parece que es una traducción divertida. De ahí el título de este capítulo.

Un hombre como asno salvaje. Suena mucho a «bestia del campo», un hijo de la Serpiente.

La Biblia nunca llama directamente a Caín o Ismael bestias, pero los describe en esos términos. Y dado que la Biblia utiliza imágenes repetidas para mostrarnos su importancia, debemos prestar atención porque la imagen del híbrido humano-bestia se está repitiendo de manera oficial. Recuerda el patrón.

Si el hijo de la Serpiente es un depredador, el hijo de la mujer debe ser ofrecido como presa. ¿Hay algún lugar en la narrativa donde Isaac, el hermano de Ismael, sea ofrecido como sacrificio?

Sí, sí lo hay. Génesis 22:1-3 narra: «Pasado cierto tiempo, Dios puso a prueba a Abraham: (...) "Toma a tu hijo Isaac, el único que tienes y al que tanto amas, y ve a la región de Moria. Una vez allí, ofrécelo como holocausto en el monte que yo te indicaré". Abraham se levantó de madrugada y ensilló su asno. También cortó leña para el holocausto y, junto con dos de sus criados y su hijo Isaac, se encaminó hacia el lugar que Dios había indicado». No solo fue una prueba para Abraham, sino también para Isaac. Abraham es un hombre mayor. Isaac es un adolescente o joven fuerte y capaz.[1] De haber querido escapar, no veo cómo Abraham habría podido detenerlo. En algún punto de su ascenso por la montaña, Isaac se da cuenta de que algo no va bien...

Isaac dijo a Abraham:

—¡Padre!

—Dime, hijo mío.

—Aquí tenemos el fuego y la leña —continuó Isaac—; pero ¿dónde está el cordero para el holocausto?

—Del cordero, hijo mío, se encargará Dios —respondió Abraham.

Y siguieron caminando juntos (versículos 7-8).

Los dos continuaron *juntos*. Al principio de la historia, Abraham tomó a Isaac. Ahora, Isaac sabe lo que está sucediendo y tiene que decidir si seguir adelante y caminar junto a su padre.

Es una imagen de Jesús y el Padre. Es una anticipación de Getsemaní. El Padre quiso que ocurriera el sacrificio, pero el Hijo tuvo que estar dispuesto a hacerlo *juntos* para que la Cruz fuera justa y no cruel.

El Ángel del Señor llama a Abraham desde el cielo y le prohíbe matar a Isaac. Esto solo fue una prueba, y todas las partes la aprobaron. Abraham sacrifica un carnero en lugar de Isaac, y todos descienden de la montaña y van a ver a un terapeuta. ¡Ja, ja, ja!

Caín e Ismael fueron los hijos de la Serpiente. Abel e Isaac fueron los hijos de Eva. Un patrón está emergiendo.

La sangre de Abel fue derramada y ofrecida en sacrificio.
Abel cuidaba rebaños que ofrecía libremente en sacrificio a Dios.
Abel, el hijo de Eva, presagia a Jesús, el hijo supremo de Eva.
Isaac fue puesto en el altar como sacrificio a Dios.
Isaac fue reemplazado en el último momento por un carnero atrapado en un matorral.

Isaac, otro hijo de Eva, también presagia a Jesús, el hijo supremo de Eva.

Finalmente, Isaac bajó de la montaña (y salió de terapia) y se casó con una mujer llamada Rebeca. Isaac y Rebeca tuvieron gemelos, y los detalles deberían captar de inmediato nuestra atención. En Génesis 25:25 leemos: «El primero en nacer era pelirrojo y tenía todo el cuerpo cubierto de vello. A este lo llamaron Esaú». Esaú nació como una bestia roja y peluda. Y si eso no fuera suficiente pista, basta con leer la siguiente descripción bíblica de Esaú en el versículo 27: «Esaú era un hombre del campo y se convirtió en un excelente cazador».

Esaú era «un hombre del campo», una bestia que no podía controlar su apetito y permitió que su hambre por la comida fuera su ruina. La Biblia muestra. Rara vez dice directamente. Esta descripción es la forma en que la Biblia comunica que Esaú es descendencia de la Serpiente. Y las bestias no manejan bien el hambre, razón por la cual el ayuno se convertirá en una de las señales supremas de la humanidad practicada a lo largo de las Escrituras. Los animales obedecen sus apetitos. Los humanos no son esclavos de su estómago, sino obedientes a Dios.

Como si estas pistas no fueran suficientes, la Biblia indica que cuando Jacob, el gemelo de Esaú, acabó traicionando a su hermano y engañando a su padre, tuvo que cubrirse de pieles de animales para que su padre creyera que era Esaú. El texto señala que Rebeca «sacó la mejor ropa de su hijo mayor Esaú… y con ella vistió a su hijo menor Jacob. Con la piel de los cabritos le cubrió los brazos y la parte lampiña del cuello» (Génesis 27:15-16).

Jacob necesitaba las pieles de cabritos en sus manos y cuello si quería hacerse pasar por Esaú. Hay que reconocer lo ingeniosa que es la Biblia con estos detalles. Habría bastado con decirnos tan solo que Esaú era una bestia y descendiente de la Serpiente. Pero la Biblia prefiere mostrárnoslo y dejarnos descubrir esa revelación por nosotros mismos.

Ya conocemos el patrón. Si Esaú es descendiente de la Serpiente, su hermano gemelo, Jacob, debe ser descendiente de la mujer, ¿verdad? No tan rápido. Si hay algo que la Biblia prefiera a establecer un patrón, es romperlo. Cuando Génesis 25:26 relata el nacimiento de Jacob, nos da un detalle sospechoso: «Luego nació su hermano, agarrado con una mano del talón de Esaú. A este lo llamaron Jacob». La palabra hebrea para «talón»[2] en este versículo también se usa en Génesis 3:15, donde se maldice a la Serpiente. Allí, Dios promete que el hijo supremo de Eva aplastará la cabeza de la Bestia, pero que la Serpiente «herirá su talón». El astuto Dragón convertido en Serpiente es un heridor de talones, y Jacob es un agarrador de talones.

Cuando Jacob viste las ropas de Esaú y Rebeca le pone las pieles de cabrito en las manos, es una confirmación de que Jacob, igual que su hermano, también es una bestia. Ambos jóvenes son hijos de la Serpiente. A la Biblia le encanta establecer patrones y luego romperlos para captar nuestra atención. Con Jacob y Esaú, tenemos un giro inesperado. Parece que la Serpiente ha ganado. Pero Dios nunca está atrapado en un dilema sin salida, así que lanza un plan para restaurar la humanidad de Jacob y, en última instancia, transformarlo en un hijo de Eva llamado Israel.

A veces la Biblia nos muestra cómo los seres humanos pierden su humanidad y caen en comportamientos bestiales. Pero otras veces, nos muestra que Dios puede tomar a un hombre como Jacob —agarrador de talones, engañoso y astuto, una bestia— y restaurar su humanidad a través de un viaje épico.

Y eso me llena de esperanza, porque yo no he logrado dominar a la bestia y vencer el caos. Tú tampoco. Pero no estamos fuera del alcance de la redención. Dios no solo se dedica a ordenar el mundo, sino también a ordenarnos a nosotros. Él se dedica a tomar a seres humanos rotos como nosotros y hacernos completos.

Es fácil dejarse impresionar por momentos singulares de transformación, como cuando Jacob lucha con el ángel del Señor y Dios cambia su nombre a Israel. Sin embargo, ese momento culminante de cambio fue precedido por un camino en el que el sabio y paciente Dios de la Biblia trabajó tras bambalinas para guiar a Jacob por la senda de la redención. En el próximo capítulo, vamos a seguir los pasos de Jacob y recorrer ese camino para que nosotros también podamos recuperar nuestra humanidad.

Capítulo 10

Una escalera en Luz

Pero a ustedes los llamarán «*sacerdotes* del SEÑOR»;
les dirán «ministros de nuestro Dios».

ISAÍAS 61:6

Entonces Moisés subió al monte para presentarse delante de Dios. El SEÑOR lo llamó desde el monte y le dijo: «Comunica estas instrucciones a la familia de Jacob; anúncialas a los descendientes de Israel: "… ustedes serán mi tesoro especial entre todas las naciones de la tierra; porque toda la tierra me pertenece. Ustedes serán mi reino de *sacerdotes*, mi nación santa"».

ÉXODO 19:3, 5-6 (NTV)

Pero ustedes son descendencia escogida, *sacerdocio* regio, nación santa, pueblo que pertenece a Dios, para que proclamen las obras maravillosas de aquel que los llamó de las tinieblas a su luz admirable.

1 PEDRO 2:9

Después de hacerle una jugada serpentina a su padre y a su hermano, Jacob está huyendo. Teme por su vida. Está solo y aislado. Ha escapado con la esperanza de que su tío Labán pueda ofrecerle refugio y el consuelo de la familia. Como fugitivo y extranjero, se detiene a pasar la noche y tiene un sueño mientras yace en medio de un pueblo llamado Luz, en medio de la nada. No ha hecho absolutamente nada para merecer una visita divina. Sin embargo, eso es exactamente lo que sucede, porque la gracia de Dios suele aparecer cuando menos la esperamos y menos la merecemos.

La Biblia nos dice que Jacob «Tomó una piedra, la usó como almohada y se acostó a dormir en ese lugar. Allí soñó que había una escalinata apoyada en la tierra cuyo extremo superior llegaba hasta el cielo. Por ella subían y bajaban los ángeles de Dios» (Génesis 28:11-12). Con una roca como almohada, Jacob se acuesta bajo las estrellas y sueña con una escalera que conecta el cielo y la tierra. Ángeles suben y bajan por esta escalera cósmica, y entonces Dios le promete a Jacob que no lo abandonará, que sus descendientes serán numerosos y que poseerá la tierra (versículos 13-15).

Por cierto, según algunos estudiosos, todo el lenguaje en esta historia sugiere que Jacob vio el tipo de torre que los constructores de Babel intentaban levantar: un zigurat.[1] Sea una escalera, una torre o un zigurat, se trata de un puente entre el cielo y la tierra. Un portal entre el ámbito divino y el ámbito humano.

Esto suena mucho al lenguaje del templo y del sacerdocio. Los templos son portales entre el cielo y la tierra. Los sacerdotes son puentes entre Dios y la humanidad. (Por cierto, los zigurats eran muy parecidos a los templos en el mundo antiguo).

¿Por qué le muestra Yahvé una escalera a Jacob? Porque lo está llamando a ser sacerdote y escalera a la vez. Yahvé está intentando transformar a esta bestia en un sacerdote. Pero esto va mucho más allá de un llamado personal. Yahvé no le da a Jacob una visión solo para él. No. Le muestra una visión para una familia, una tribu y una nación. Porque el hiperindividualismo genera caos.

Los seres humanos estamos diseñados para vivir los unos para los otros. Estamos diseñados para encontrar identidad en la comunidad. Solo al adoptar una visión para su familia, Jacob podría hacerse responsable de una visión para sí mismo. Y solo al encontrar disciplina personal podría cumplirse la visión para la familia.

Esta es una relación maravillosamente simbiótica. Jacob tiene una visión de toda una familia dedicada a ser un portal para que la presencia divina invada la tierra. Y esa familia se convertirá en una tribu, y luego en una nación, llamada a ser una escalera que conecte a Dios con las naciones de la tierra. Este es el mensaje que se repite a lo largo de toda la Escritura.

En Éxodo 19, cuando Moisés y los descendientes de Jacob entran en pacto con Yahvé, Dios deja claro que ellos «serán para [él] un reino de sacerdotes» (versículo 6). El objetivo de Dios es que toda la nación, no solo los levitas, sean sacerdotes que sirvan de puente entre Yahvé y todas las naciones de la tierra. Más tarde, el profeta Isaías repite exactamente la misma visión (Isaías 61:6).

Y todo comienza con Jacob, una serpiente fugitiva que duerme sobre una piedra en medio de la nada. Un hombre atrapado en el caos. En medio del tribalismo, los celos, la competencia y las rivalidades entre hermanos, Yahvé quiere que Jacob imagine una nueva forma de ser humano. Una forma sacerdotal, una forma templada, una forma de construir puentes.

Sabemos que esta visión de la escalera no está limitada a una estructura física, sino que en realidad revela la vocación y la identidad de una persona, porque Jesús le habla a Natanael sobre la escalera de Jacob en Juan 1:51: «Les aseguro que ustedes verán abrirse el cielo, y a los ángeles de Dios subir y bajar sobre el Hijo del Hombre».

¿Por qué suben y bajan los ángeles sobre Jesús? Porque la escalera que Jacob vio siempre fue una persona, el ser humano ideal, el puente definitivo, el gran Sumo Sacerdote.

¿Cómo recuperó Dios la humanidad de Jacob, a pesar de que era una serpiente?

Del mismo modo en que recupera la nuestra: mostrándonos al ser humano ideal, mostrándonos a Jesús, el modelo completo de esta nueva forma de ser humano en el mundo.

Jacob vio a Jesús. Y una verdadera visión de Jesús lo cambia todo.

Ya mencioné que, probablemente, Jacob vio un zigurat en su sueño. Esto es importante porque Yahvé está usando aquí, con deliberación, la imagen de la torre de Babel. Estos dos textos de Génesis están en conversación el uno con el otro.

Los constructores de Babel dejan claro por qué están construyendo esta torre. En Génesis 11:4 se nos dice que declararon: «Vamos, edifiquémonos una ciudad y una torre cuya cúspide llegue al cielo; y hagámonos un nombre, por si fuéremos esparcidos sobre la faz de toda la tierra» (RVR1960).

La frase clave aquí es «hagámonos un nombre». Los nombres representan identidad y significado, y estos constructores de torres intentan con desesperación asegurarse de eso para sí mismos. Esto es el culmen del individualismo y la arrogancia. Esto es idolatría. Es el intento vano de la humanidad por usurpar la autoridad de Dios para crear identidad y significado. Sin embargo, la identidad y el significado solo pueden ser dados por Dios. Solo Él puede dar un nombre a alguien. Solo Él pudo engrandecer el nombre de Abraham. Y solo Él pudo cambiar el nombre de Jacob a Israel. Dios se opone a ese tipo de humanos que creen que pueden darse nombre a sí mismos y después promover los nombres elegidos.

Me pregunto si notas otra palabra clave en este pasaje sobre la torre de Babel: sus constructores quieren edificar este zigurat para no ser «dispersados». Temerosos de convertirse en errantes sin descanso, como Caín, están construyendo un *templo* para tener un hogar y descanso para sus almas. Quieren estar en *casa*. Quieren *estabilidad*. Así que intentan construir un templo falso para atraer y alcanzar el descanso que desean con desesperación. Pero ningún descanso verdadero puede lograrse en templos falsos, porque nuestro descanso depende del descanso de Dios, y Él no descansa en templos falsificados. Él no descansa en nuestra idolatría.

Aquí está la ironía: Génesis 11:5-9 muestra que, en lugar de atraer descanso, los constructores atraen la atención de Dios, y Él confunde sus lenguas. Inevitablemente son dispersados por el mismo caos que ellos provocaron.

Dado que los constructores de la torre están creando un templo falso, esencialmente son sacerdotes falsos. Nuestra cultura está llena de ellos. Recuerdo la primera vez que entré en un establecimiento de Urban Outfitters y vi piedras de chakra en exhibición casual para su compra. Llegué a la conclusión de que esa tienda era un punto de acceso oficial para el ocultismo. Y el amigo que te enseña a usar esas piedras de chakra de la tienda es un sacerdote falso.

Ese mentor que te está enseñando sobre las energías negativas: sacerdote falso.

El familiar que está involucrado con los horóscopos: sacerdote falso.

El compañero de trabajo que te está introduciendo en tu signo zodiacal: sacerdote falso.

La chica que te enseñó cómo hacer limpieza de energías con humo: sacerdote falso.

El tipo que metió a mi padre en el uso del crac: sacerdote falso.

En un intento por encontrar descanso para sus almas, los sacerdotes falsos ayudan a las personas a acceder al mundo espiritual, pero pasan por alto al único Dios verdadero. Los sacerdotes falsos construyen templos falsos. Si tienes personas así en tu vida, no estoy sugiriendo que las elimines, pero no les des peso a sus ideas o enseñanzas «espirituales».

Un último detalle sobre estos constructores de torres: en realidad temen otro diluvio. En Génesis 11:3 se proporcionan algunos detalles, al parecer aleatorios, sobre los materiales de construcción que eligieron para esta torre-templo.

La NVI dice que usaron: «ladrillos en vez de piedras y *asfalto* en vez de mezcla».

La RVA-2015 dice que usaron: «ladrillos en lugar de piedra, y *brea* en lugar de mortero».

Asfalto y brea.

Me pregunto si el asfalto y la brea son detalles aleatorios o migas de pan dejadas con deliberación por el autor para que podamos conectar algunos puntos. Me pregunto qué más se construyó con asfalto y brea...

Cuando Dios le pide a Noé que construya un arca (que funciona como un templo), le da instrucciones para que impermeabilice la embarcación, y es algo que tiene todo el sentido. Yahvé le indica a Noé en Génesis 6:14: «Constrúyete un arca de madera resinosa, hazle compartimentos y cúbrela *con brea* (*kō·per*) por dentro y por fuera».

Impermeabilízala con brea. Parece sabio. Voy a copiar y pegar aquí la definición de «brea» según un diccionario hebreo:

> 4109 II. כֹּפֶר (*kō·per*): sustantivo masc.; Str 3724; brea, es decir, una sustancia selladora de agua para grandes embarcaciones (Gn 6:14+), nota: no está claro de qué material orgánico estaba compuesta, posiblemente *alquitrán u otro material bituminoso.*[2]

Los constructores de la torre de Babel estaban impermeabilizando su templo falso.

Querían lo mejor de ambos mundos. Querían vivir sin Dios, pero deseaban la seguridad que solo se encuentra teniéndolo a Él en nuestras vidas. Anhelaban vivir estilos de vida *caóticos*, pero seguían exigiendo los beneficios del *orden*.

Jacob se queda dormido en Luz y recibe una visión de una nueva forma de ser humano en un mundo individualista y tribal.

Y esto es lo más loco: Pentecostés, el día en que nació la iglesia, fue una reversión de Babel.

> Primero, los creyentes estaban en un aposento alto. Un espacio elevado, como una torre.
>
> Segundo, estaban reunidos en unidad. Todos hablando un mismo idioma.
>
> Tercero, recibieron poder para hablar en las lenguas de los extranjeros.

En Babel, Dios confundió los idiomas del pueblo como una prueba.

En Pentecostés, Dios dio a las personas un don sobrenatural para entender los idiomas de los demás, también como una prueba. Quería ver si los discípulos de Jesús permanecerían en el caos del tribalismo y el individualismo, o si abrazarían la belleza de la diversidad y la construcción de puentes.

Hay un último detalle que conecta Babel con Pentecostés. ¿Por qué querían construir una torre que alcanzara el cielo? La frase clave está en Génesis 11:4: «Evitaremos ser dispersados por toda la tierra».

Por supuesto que no querían ser dispersados. La seguridad y la protección provienen de asentarse y construir. Construir con personas que se ven como nosotros, que hablan como nosotros y que piensan como nosotros. Dispersarse da miedo, y asentarse crea previsibilidad y seguridad.

La iglesia naciente de Jesucristo tampoco quería dispersarse. Casi comienzan a construir una torre en lugar de un templo. Pero luego, Hechos 8:1 nos dice: «Aquel día se desató una gran persecución contra la iglesia en Jerusalén y todos, excepto los apóstoles, se dispersaron por las regiones de Judea y Samaria». ¿Has notado algo con respecto al lugar adonde fue dispersada la iglesia de Jesús? A *Judea y Samaria*. Esos lugares suenan familiares.

Justo antes de ascender al cielo, Jesús comisionó a sus seguidores y les dijo que llevarían la buena nueva del evangelio a ciertos lugares específicos. En Hechos 1:8 se recogen las palabras de Jesús: «Pero cuando venga el Espíritu Santo sobre ustedes, recibirán poder y serán mis testigos tanto en Jerusalén *como en toda Judea y Samaria*, hasta en los confines de la tierra».

Después de decir esto, «fue llevado a las alturas hasta que una nube lo ocultó de su vista» (versículo 9).

Se le ordenó a la iglesia que llevara el mensaje del evangelio a «toda Judea y Samaria», pero los seguidores de Jesús se acomodaron en Jerusalén. Se quedaron atrapados en sus zonas de confort etnocéntricas. No querían dispersarse a territorios desconocidos ni mezclarse con extranjeros. Entonces, Dios usó una circunstancia desafortunada para llevar a Sus hijos al lugar donde Él les había ordenado ir.

¿Por qué se sirvió Dios de la persecución para dispersarlos? Para que no quedaran atrapados en su enclave tribal, monoétnica, o en una cámara de resonancia judía, sino que cumplieran su llamado como puentes, escaleras y sacerdotes.

Esto es lo que esta historia quiere que consideres:

¿Construiría Jacob otra torre o construiría un templo?
¿Construiremos nosotros torres de Babel o templos del Espíritu Santo?
¿Construiremos puentes para Dios o intentaremos construir torres para alcanzar a Dios?

Cada una de estas opciones representa una forma muy diferente de ser humano.

Jacob tiene una visión del tipo de ser humano que Dios lo ha llamado a ser. Sale de Luz sabiendo que está llamado no a ser un agarrador de talones, sino una escalera que Yahvé puede usar para transmitir gracia y *shalom* a la humanidad.

En este punto, Jacob podría haber dado la vuelta y actuado como el sacerdote que Dios lo había llamado a ser, regresando a casa y reconciliándose con su hermano, ya que la reconciliación y la expiación son las funciones principales de un sacerdote.

Tristemente, no fue lo que sucedió. A Jacob le costaría veinte años regresar por fin a casa y convertirse en el constructor de puentes que Dios había destinado. Aunque Jacob había encontrado una escalera en Luz, todavía tendría que luchar con una serpiente llamada Labán para poder empatizar con su hermano Esaú. Y esto nos lleva al paso siguiente en el viaje de Jacob para desprenderse de su piel de serpiente y convertirse finalmente en el verdadero descendiente de Eva.

Capítulo 11

Marcado por Labán

> [A Nabucodonosor] lo separaron de la gente y comió pasto como el ganado. Su cuerpo se empapó con el rocío del cielo; hasta el pelo le creció como plumas y las uñas como garras de águila.
>
> Pasado ese tiempo yo, Nabucodonosor, elevé los ojos al cielo y recobré el juicio. Entonces alabé al Altísimo; honré y glorifiqué al que vive para siempre.
>
> DANIEL 4:33-34

Nada más llegar a casa de Labán, Jacob se enamora de su hija más joven, Raquel, y acepta intercambiar siete años de servicio como siervo por recibir su mano en matrimonio. Jacob trabaja para Labán durante siete años, y una vez cumplido ese tiempo, exige la celebración de la boda. Esta parte de Génesis es divertida.

Génesis 29:20-21 dice: «Jacob trabajó siete años para poder casarse con Raquel, pero como estaba muy enamorado de ella le pareció poco tiempo. Entonces Jacob dijo a Labán: "Ya he cumplido con el tiempo pactado. Dame mi esposa para que me acueste con ella"».

Bastante directo Jacob. No es exactamente lo que yo le diría a mi futuro suegro. Pero ¿quién soy yo para juzgar?

Labán reúne a toda la comunidad, organiza un banquete y le entrega su hija a Jacob en matrimonio. Recuerda, no había electricidad, y en esa época las novias usaban velos durante la ceremonia. La pareja consuma su pacto matrimonial en la oscuridad de la noche y todo parece ir bien.

Pero llega la mañana. La luz del día revela que Labán ha actuado como una serpiente con Jacob y, desafortunadamente, este ha terminado casándose con Lea, la hermana mayor y menos atractiva, en lugar de Raquel, de quien está profundamente enamorado. Esto es desgarrador para todos los involucrados. Jacob, Lea y Raquel deben sentirse devastados.

Imagina que eres Jacob: engañado por un miembro de su familia, quien disfrazó a su hija mayor y la hizo pasar por su hermana menor. Algo en esta situación suena extrañamente familiar.

Isaac bendice al hermano equivocado: Jacob en lugar de Esaú.
Jacob se casa con la hermana equivocada: Lea en lugar de Raquel.

Isaac no puede deshacer la bendición de Jacob y dársela a Esaú.
Y Jacob no puede deshacer su matrimonio con Lea para casarse con Raquel.

Estas historias son paralelos intencionales. Y ahora Labán ha tomado el papel de la nueva serpiente. Por primera vez en su vida, Jacob puede empatizar con su hermano Esaú y finalmente comprender el dolor de ser engañado por un familiar de confianza. Jacob, como Esaú, ha experimentado una traición irreparable e irreversible.

Dios permite que Labán engañe a Jacob, pero no como una forma de venganza divina. Dios no es mezquino. La justicia divina es restaurativa por naturaleza, así que permite que Labán sea una serpiente en la vida de Jacob para traer sobriedad y compasión a su corazón. Por primera vez, Jacob puede ver a Esaú con ojos de sacerdote y no con ojos de competidor; con ojos de empatía en lugar de ojos de oportunismo.

Esta situación con Labán también le da a Jacob ojos de previsión. Cuando Jacob mira a Labán, puede ver su propio futuro: un hombre astuto y engañoso, despreciado por su familia. Labán rompe puentes y sus hijas solo quieren alejarse de él.

He aprendido algunos datos interesantes sobre las serpientes. En su mayoría, viven en soledad. Excepto durante el apareamiento y la hibernación, las serpientes son increíblemente solitarias. Labán tiene una familia, pero sus maneras manipuladoras y engañosas lo condenan a la soledad y al aislamiento.

Creo que Jacob se da cuenta de esto. Por fin no solo se ve reflejado en Esaú, sino también en Labán.

La temporada que Jacob pasa con Labán lo lleva a la conclusión de que es mejor arriesgarse con un hermano que quiere matarlo que quedarse con un tío que lo sigue engañando. Así que, después de veinte largos años, Jacob emprende el camino de regreso a casa para intentar reconectar con Esaú.

¿Por qué se arrastraría una serpiente de vuelta para enfrentarse a una muerte segura? Porque tal vez está cansada de ser una serpiente. Jacob decide que ha llegado el momento de confrontar a su hermano y reconciliarse. Esta es la decisión que marca, por excelencia, a los humanos que conservan su humanidad: la disposición a renunciar a sí mismos y convertirse en sacrificios.

La disposición a afrontar sus mayores miedos; a entrar en situaciones que no pueden controlar ni manipular; a ser finalmente las escaleras, los constructores de puentes; a rendir sus vidas y ser sacerdotes en lugar de bestias.

Una vez que Jacob decide entregarse a la posible venganza de su hermano y vivir como sacerdote, Dios lo encuentra de nuevo en el mismo camino que recorrió dos décadas antes. ¿Cómo sabemos que estas historias están conectadas? Para empezar, los ángeles han regresado.

Cuando Jacob decide por fin dejar de huir del llamado a ser sacerdote y puente, y se dirige de regreso a casa, Génesis 32:1 nos indica que «unos ángeles de Dios salieron a su encuentro». No es la primera vez que Jacob ve ángeles en este mismo trayecto, pero la última vez era mucho más joven y caminaba en la dirección opuesta.

Veinte años atrás, los ángeles estaban en un sueño.
Esta vez, los ángeles lo encuentran y se relacionan con él.

Veinte años atrás, Jacob fue enviado a Padán-Aram por su padre.
Esta vez, Jacob es enviado a Canaán por el Señor, su Padre celestial.

Veinte años atrás, estaba completamente solo.
Esta vez, envía a toda su familia por delante para poder estar solo nuevamente.

Veinte años atrás, Jacob cambió el nombre de un pueblo, de Luz a Betel.

Esta vez, Jacob será quien experimente un cambio de nombre.

El clímax de este regreso a Canaán es una lucha épica con una figura misteriosa: «Jacob se quedó solo en el campamento, y llegó un hombre y luchó con él hasta el amanecer. Cuando el hombre vio que no ganaría el combate, tocó la cadera de Jacob y la dislocó» (versículos 24-25, NTV).

Luchar es una forma extraña de interactuar con alguien, pero algo en ello tiene mucho sentido para el proceso de rehabilitación de Jacob. Durante toda su vida, Jacob ha actuado a espaldas de los demás para engañarlos. No es alguien que confronte a los demás de forma directa; más bien es un traidor pasivo-agresivo, excepto en esta lucha, porque hay algo extrañamente directo y profundamente honesto en luchar cuerpo a cuerpo. Luchar exige honestidad cara a cara. Requiere intimidad e integridad. Este encuentro obliga a Jacob a salir de su zona de confort por defecto.

El versículo 31 concluye la historia señalando que «El sol salía cuando Jacob dejó Peniel, y se fue cojeando debido a su cadera dislocada» (NTV). El resultado de esta lucha nocturna es que Jacob queda físicamente debilitado, pero parece que esa era exactamente la solución que necesitaba.

Durante la mayor parte de su vida, Jacob ha sido demasiado fuerte, demasiado independiente, demasiado autosuficiente y, por tanto, demasiado dependiente de sus propios trucos, astucia e ingenio. Ahora, se ve obligado a caminar con la fortaleza de la dependencia en lugar de con la debilidad de la independencia. La mayoría de los seres humanos consideran la autosuficiencia como fortaleza y la dependencia como debilidad. Pero en el reino inverso de Dios, la autosuficiencia y la independencia generan caos.

Jacob va camino de encontrarse con Esaú, y en vez de acercarse a su hermano con fuerza, se ve obligado a hacerlo con una cojera visible. No hay forma de esconder esta herida. He visto suficientes programas en National Geographic para saber que lo peor en la naturaleza salvaje es tener una herida visible y evidente. Los animales abandonan o atacan a otros animales que están sangrando o cojeando. Pero Dios está tratando de que Jacob actúe como un hombre, no como un animal.

De modo que Jacob debe cojear de regreso a casa para encontrarse con Esaú. Dios no le permite presentarse con fuerza, sino que lo hace regresar cojeando. Jacob tiene que confiar en que Dios lo protegerá y que, tal vez, su hermano ya no sea una bestia.

> Una vez que Jacob acepta que es una escalera y un
> sacerdote,
> una vez que ve su reflejo en el rostro de Labán,
> una vez que ve su propio dolor en el rostro de Esaú,
> una vez que ha aprendido la empatía y se ha visto
> forzado a la honestidad a través de la lucha,
> debe depender del Señor en cada paso.

Ahora la serpiente se ha convertido en humano. Ahora Jacob puede convertirse en Israel. E Israel puede cojear hacia Esaú y reconciliarse.

Es un momento hermoso que requirió dos décadas de trabajo paciente y deliberado por parte de Yahvé para trasladarlo con suavidad hacia una forma menos caótica de ser humano.

¿Qué nos ha enseñado este largo viaje?

Los humanos sin una visión para sí mismos y sus familias tienden a actuar como animales.
Los humanos sin un sueño de Dios suelen carecer de disciplina y dominio propio.
Los humanos atrapados en el tribalismo construyen torres, no templos.
Los humanos que carecen de empatía actúan más como depredadores que como sacerdotes.
Los humanos viven en comunidad, mientras que las serpientes viven en aislamiento.
Los humanos completamente dependientes de sus propios planes astutos rara vez se rinden ante Dios, porque perciben la forma de ser humano de Dios como débil y frágil.

Así es como Yahvé devuelve a Jacob a su verdadero yo, derrota a la bestia y rescata a Jacob.

Así es como nuestro Dios convierte monstruos en humanos.

Así es como Yahvé doma a la bestia que hay en todos *nosotros* y vence *nuestro* caos.

La historia de Jacob debería darnos esperanza a todos, porque demuestra que nadie, a este lado de la eternidad, está más allá de la sanidad y la restauración. La historia de Jacob es increíblemente similar a la del rey Nabucodonosor. Daniel 4 nos enseña que Dios hizo que Nabucodonosor se degradara hasta convertirse en un animal como consecuencia justa de su orgullo y su arrogancia, y al estilo oriental, la Biblia muestra en vez de decir.

Sus uñas se volvieron como garras de ave.

Comía pasto como un buey.

Su cabello creció como plumas de águila.

Sin embargo, la disciplina siempre estuvo diseñada para llevar a Nabucodonosor al arrepentimiento, y Yahvé restaura su cordura y su humanidad después de siete años.

El Dios de la Biblia no solo puede castigar nuestro orgullo, sino que la buena noticia es que también nos restaura cuando hay humildad y rendición. Él convierte a monstruos en hombres.

Esta no solo es la historia de Jacob.

No solo es la historia de Nabucodonosor.

También es nuestra historia… o al menos *puede* serlo.

Capítulo 12

Enjaulado sin ser una bestia

> Porque nuestra lucha no es contra seres humanos, sino contra poderes, contra autoridades, contra potestades que dominan este mundo de tinieblas, contra fuerzas espirituales malignas en las regiones celestiales.
>
> EFESIOS 6:12

Así como Jacob engañó a Isaac para ganarse el favor de su padre, los hijos de Jacob, que desprecian a su hermano José, traman su caída y engañan a su padre. Los domina la envidia, tal como ocurrió con Caín. Venden a su hermano como esclavo a los ismaelitas (pista, pista), pero tienen que inventar una historia para contársela a su progenitor. La Biblia sigue mostrándonos quiénes son los hijos de la Serpiente.

En Génesis 37:31-33 leemos: «Enseguida los hermanos tomaron la túnica especial de José, degollaron un cabrito y con la sangre empaparon la túnica. Luego la mandaron a su padre con el siguiente mensaje: "Encontramos esto. Fíjate bien si es o no la túnica de tu hijo". En cuanto Jacob la reconoció, exclamó: "¡Sí, es la túnica de mi hijo! ¡Seguro que un animal salvaje lo devoró y lo hizo pedazos!"».

Un animal feroz ha devorado a José. Un animal salvaje. Una bestia del campo. Un monstruo del caos.

Sabemos que, en realidad, José no fue devorado, así que, técnicamente, su padre está equivocado. Pero también sabemos que, dado que la Biblia habla en el lenguaje de símbolos cíclicos e imágenes recurrentes, Jacob tiene razón. José *sí* ha sido devorado por animales feroces y salvajes: sus propios hermanos. Esto revela que sus hermanos son la descendencia de la Serpiente.

Los hermanos de José son bestias, monstruos, reyes del caos. Y esto significa que José debe ser la descendencia de Eva y una especie de figura de Cristo, ¿verdad?

Veamos lo que nos muestra el texto sobre José:

José es vendido por unas monedas de plata (Génesis 37:28).
Es vendido por su hermano Judá (versículos 26-27). En griego, ese nombre es Judas.[1]
José es tentado por la esposa de Potifar, pero no peca (39:6-9).
Aunque inocente, es falsamente acusado y encarcelado (versículos 19-20).

¿Todavía no te suena familiar?

José es condenado con dos criminales. Uno se salvará y el otro no (40:1-3, 20-22).
Es despojado de su túnica y de su manto (37:23; 39:12).
Es llamado por Dios, pero sus hermanos no creen en él (37:8).
Se le cree muerto, pero sorprende a todos al estar vivo (37:33-34; 45:3-4).
Hacia el final de la historia, toda rodilla se dobla ante la autoridad de José, incluidos sus hermanos, que juraron que jamás se inclinarían ante él (42:6).

En esta historia, los hermanos de José son animales, bestias, descendientes de la Serpiente.

José es su presa, pero mantiene su humanidad. José es el descendiente de Eva, y toda su vida anticipa al hijo supremo de la mujer: Jesús.

Patrones. Símbolos. Imágenes. Ciclos.

Bienvenidos a leer la literatura oriental con ojos orientales.

Caín es un animal. Ismael es un animal salvaje. Ambos, Esaú y Jacob, son bestias.

Los hermanos de José son monstruos. Todos hijos de la Serpiente. Todos aplastados por el caos.

Este es el tema dominante y la lección de Génesis: es fácil para los humanos convertirse en animales. Nuestra humanidad es delicada y debe ser protegida con toda la sabiduría y fuerza que poseemos.

El pecado y el caos tienen una agenda: despojarnos de nuestra humanidad y convertirnos en monstruos. El pecado acecha y desea atacar (Génesis 4:7). Pero debemos dominar a la bestia, porque, si no la domesticamos, nos convertiremos en bestias. Los celos nos convierten en bestias violentas. La lujuria nos convierte en animales de instinto. Nuestros deseos desenfrenados nos convierten en monstruos. La ambición y la codicia nos intoxican hasta que perdemos nuestra humanidad. La venganza y la amargura explotan nuestra naturaleza original.

Abel muere a manos de Caín.

Isaac permite voluntariamente que su padre lo mate.

Jacob acaba entregando su vida y sus pertenencias.

José es víctima de los celos y las conspiraciones de sus hermanos.

La vida parece no ir bien para estos hijos de Eva.

Aquí hay un tema. La lección de Génesis es que mantenemos nuestra humanidad estando dispuestos a sacrificar nuestras vidas. Esta narrativa nos ofrece una elección: ¿queremos ser hijos e hijas de Eva o descendientes de la Bestia? ¿Qué línea de descendencia parece estar ganando en la vida? ¿Queremos modelar nuestras vidas según el caos de Caín o según el orden de Abel? Esa es la opción que se presenta a todo lector de Génesis que comprende el patrón.

Muerte. Entrega. Sacrificio. Poner la otra mejilla.

Odiar tu vida y salvarla.

O amar tu vida y perderla.

Esto es profundamente contraintuitivo, pero es fundamental para entender lo que Génesis está tratando de enseñarnos y, en última instancia, para comprender las enseñanzas de Jesús.

Recuerdo haber visitado la isla Robben cuando era un joven adulto; visité la celda de prisión donde estuvo Nelson Mandela, y leí sus pensamientos sobre la deshumanización de la opresión:

> Sabía muy bien que el opresor debía ser liberado con la misma certeza que el oprimido... El oprimido y el opresor, por igual, son despojados de su humanidad. Cuando salí de prisión, esa fue mi misión: liberar tanto al oprimido como al opresor.[2]

Esto fue lo que convirtió a Nelson Mandela en un héroe mundial. Él podía ver lo que muchos no pueden: que el caos deshumaniza a todos los involucrados. Mandela evitó la falsa dicotomía en la que la mayoría de las personas modernas cae, y que está profundamente arraigada en la psique de Occidente: la división marxista entre los que tienen y los que no tienen, los poderosos y los débiles. Mandela fue lo bastante valiente como para ver que, cuando reina el caos, todos son víctimas y el caos es el villano, pero, al mismo tiempo, todos somos responsables.

Tal vez la verdadera prisión no sea la encarcelación. Tal vez sea la victimización y la amargura.

El racismo despoja a todos de su humanidad, tanto al racista como a la víctima.
La pornografía despoja a todos de su humanidad, tanto al espectador como al ejecutante.
El sexo fuera del diseño de Dios despoja a todos de su humanidad, a todas las partes involucradas.
La codicia despoja a todos de su humanidad, tanto a los ricos como a los pobres.

Creo que los jóvenes pasan por tres fases más o menos relacionadas con sus padres. Inicialmente, los idolatramos. Nuestros padres no pueden hacer nada malo. Queremos emularlos lo mejor que podemos. Luego, los demonizamos. Se convierten en la razón de todo lo que va mal en nuestras vidas. Se convierten en nuestros principales antagonistas, y terminamos viéndolos como los villanos en el drama que se despliega en nuestras vidas. Finalmente, humanizamos a nuestros padres. Solo entonces podemos perdonarlos, tener compasión de ellos y construir relaciones saludables con ellos.

Una vez que humanicé a mi padre, finalmente pude perdonarlo por llevarme a una casa de drogas cuando tenía cinco años, olvidarse de recogerme de la escuela y descuidar a nuestra familia. Humanizarlo significaba que ya no podía verlo como el antagonista en mi historia. En cambio, el Dragón del Caos se convirtió en el villano que estaba en contra de mi padre y de toda mi familia.

Pablo entendió que puede ser difícil ver al verdadero enemigo. Por eso señala en Efesios 6:12 que «nuestra lucha no es contra seres humanos, sino contra poderes, contra autoridades, contra potestades que dominan este mundo de tinieblas, contra fuerzas espirituales malignas en las regiones celestiales».

Mi padre nunca fue el verdadero enemigo. El espíritu demoníaco de la adicción, que acechaba y lo atacaba constantemente, era la verdadera bestia. Papá necesitaba mi amor, mi empatía, mis oraciones y mi perdón. Y todo el odio y la ira que sentía en mi corazón tenían que ser dirigidos hacia el Dragón que había engañado a mi padre.

Nelson Mandela fue capaz de ver al verdadero enemigo, que no era el opresor, porque incluso los opresores son oprimidos. El verdadero enemigo siempre es el monstruo del caos que busca devorar tanto al opresor como al oprimido. Mandela fue encarcelado injustamente, pero se negó a ser victimizado. Entendió el secreto: cada vez que demonizo a otro ser humano, me victimizo a mí mismo.

De la misma manera, José, Jesús y Pablo fueron todos encarcelados injustamente, pero eligieron no jugar el papel de víctimas.

José explicó en Génesis 50:20: «Es verdad que ustedes pensaron hacerme mal, pero Dios transformó ese mal en bien para lograr lo que hoy estamos viendo: salvar la vida de mucha gente». Este tipo de perspectiva solo puede ser el producto de un alma bien ordenada, bien cultivada. Las emociones de José no lo dominaban; más bien, él eligió interpretar la vida con sabiduría.

En lugar de interpretar su vida como víctima, Jesús eligió activamente entregar su vida, declarando: «entrego mi vida para volver a recibirla. Nadie me la arrebata, sino que yo la entrego por mi propia voluntad» (Juan 10:17-18). Jesús, el Jardinero, hizo claramente un gran trabajo cuidando el jardín de su alma. Es probable que esta sea la razón por la que es tan increíblemente eficaz cuidando el jardín de *nuestras* almas.

Este es el secreto para preservar nuestra humanidad: retener nuestro poder y autoridad. El programa del Dragón consiste en dividir y vencer, por lo que estoy jugando directamente en sus manos cuando vilifico y demonizo a quienes me han lastimado. La razón por la que perdoné a mi padre es que estaba cansado de que él tuviera más poder sobre mí que yo mismo. Estaba harto de que la Bestia usara a mi padre para controlarme.

No somos víctimas impotentes. Somos humanos hechos a imagen de un Dios todopoderoso, y estamos llenos de poder.

Capítulo 13

Orejas perforadas y estómagos vacíos

> Muchos se comportan como enemigos de la cruz de Cristo. Su destino es la destrucción, su dios es el estómago.
>
> **FILIPENSES 3:18-19**

> Si Dios te habla principalmente a través de la pasión y del instinto; si lo único que necesitas hacer es examinar tus deseos para descubrir lo que Dios quiere de ti; si tu yo esencial se identifica fácil y naturalmente con tus pasiones, entonces, eres un animal.
>
> **RABINO DAVID FOHRMAN,**
> *THE BEAST THAT CROUCHES AT THE DOOR*

Génesis nos dice que todo es bueno, excepto una cosa: Adán está solo. No tan bueno. Incluso Dios admite que eso no es bueno. Pero Dios no crea a Eva de inmediato. Aquí es donde el texto se vuelve un poco extraño y comienza a ofrecer algunas pistas sobre las intenciones de la Serpiente. Esto es lo que la Biblia muestra que Dios decide hacer en Génesis 2:18-20:

> Luego Dios, el Señor dijo: «No es bueno que el hombre esté solo. Voy a hacerle una ayuda adecuada».
>
> Entonces Dios el Señor formó de la tierra toda ave del cielo y todo animal del campo. Se los llevó al hombre para ver qué nombre les pondría. El hombre puso nombre a todos los seres vivos y con ese nombre se les conoce. Así el hombre fue poniéndoles nombre a todos los animales domésticos, a todas las aves del cielo y a todos los animales del campo.
>
> Sin embargo, no se encontró entre ellos la ayuda adecuada para el hombre.

Antes de que Dios hiciera dormir a Adán para sacarle la costilla y crear a Eva, se nos proporciona este extraño relato en el que Adán nombra a los animales. ¿Por qué no creó a Eva de inmediato? ¿Por qué hacer desfilar a los animales salvajes por delante de Adán para concluir que entre ellos no había una ayuda adecuada? Esto parece fuera de lugar. ¿Por qué empieza la Biblia a hablarnos de animales justo en medio de los problemas relacionales de Adán?

La Escritura nos está enseñando, de una manera muy sutil y oriental, que los humanos y las bestias no están diseñados para ser compañeros. Adán fue creado para gobernarlos, no para asociarse con ellos. Adán pertenece al jardín. Las bestias del campo pertenecen a lo salvaje. Por eso, tanto Dios como Adán rechazan a todas las bestias como socios adecuados para la humanidad. Los humanos son humanos; las bestias son bestias. Son categóricamente diferentes en todos los sentidos, y Adán ha sido separado de las bestias del campo.

Sin embargo, una bestia es más astuta que las demás y se niega a aceptar un «no» por respuesta. Una de las bestias decide intentar nuevamente una alianza con la humanidad. Una bestia es lo bastante astuta como para desafiar el límite que Dios estableció entre las bestias y los humanos. Esta es la motivación de la Serpiente: demostrar que las bestias sí pueden asociarse con los humanos. La Bestia demuestra que tiene cualidades muy humanas. Después de todo, puede hablar y razonar. Entonces, ¿por qué no recibe los mismos privilegios que los humanos? Más aún, la Serpiente acabará demostrando que los humanos tienen muchas cualidades bestiales; entonces ¿cuál es la razón exacta de que reciban un trato especial?

¿Ves lo que está haciendo la Bestia? ¿Puedes oír los argumentos de la Serpiente?

«No somos tan diferentes».

«Ambos fuimos creados del polvo».

«Tenemos muchas similitudes».

«Deberíamos ser compañeros».

La Serpiente quiere explotar la bestia interior en cada ser humano, y cuando el caos ha cumplido su tarea, todos quedamos un poco menos humanos y un poco más monstruosos. No te equivoques: el Dragón quiere crear un espectro donde Dios ha puesto un límite sólido. El Dragón quiere borrar las líneas, porque el caos siempre busca destruir las definiciones y los límites.

Las preguntas fundamentales que Génesis nos implora enfrentar son profundamente filosóficas y teológicas. Preguntas como:

¿Qué significa ser verdaderamente humano?
¿Cuál es el propósito y la naturaleza de la humanidad?
¿Qué es lo que hace humano a un humano?
¿Cómo sabemos cuándo una persona ha perdido su humanidad?

Recuerda, la Serpiente está haciendo exactamente las mismas preguntas, pero con un tono mucho más cínico. Como un abogado que construye su caso, el acusador pregunta: «Exactamente, ¿qué los hace tan especiales? ¿Cuál es la diferencia entre nosotros? ¡Yo puedo hablar y razonar igual que ellos! ¡Se comportan como animales! ¡Deberíamos ser tratados con la misma medida de justicia, porque no hay nada único ni especial en estos humanos!».

Cuando la Serpiente recluta a Adán y a Eva para ser sus socios en el caos, en realidad hace afirmaciones interesantes sobre la naturaleza de la humanidad. Su pregunta a la pareja fue: «¿Conque Dios les dijo que no comieran de ningún árbol del jardín?» (Génesis 3:1).

La enseñanza más impactante que he escuchado sobre esto procede del rabino David Fohrman, un erudito hebreo que afirma que la redacción en esta sección de la Torá es muy inusual. Sugiere que una mejor traducción de este versículo sería: «Aunque Dios haya dicho: "No coman de ningún árbol del jardín", ¿qué importa?».[1]

¿Qué está insinuando exactamente el Dragón? Está sugiriendo que Dios habla de más de una forma. Sí, Dios habló a Adán y a Eva de manera audible y les prohibió comer de ese fruto. Pero ¿acaso Dios no nos habla también a través de nuestros deseos e instintos? ¿No hay una voz dentro de nosotros? ¿No es esa voz también la de Dios hablándonos?

Esta es una pregunta útil del rabino Fohrman que hizo que esta idea tuviera sentido para mí: «¿Cómo habla Dios a los animales?». Bueno, Él les habla a través de su naturaleza. Dios no les da mandamientos; simplemente obedecen y son guiados por sus instintos y deseos.[2]

El contenido del rabino Fohrman ha sido tan revelador sobre esto que resumirlo no le haría justicia, así que esto es lo que él escribe:

> El Todopoderoso no instruye a los animales intelectualmente, no les habla con palabras. No hay Biblia, no hay Torá revelada en la cima de una montaña para serpientes, aves y lagartijas… [sin embargo,] los animales siguen la Voluntad Divina con bastante fidelidad. La voz de Dios late palpable *dentro* de ellos. Dios les habla a los animales a través de las pasiones, los deseos y los instintos que encuentran en su interior. Cada vez que un oso caza salmones en un río de Alaska, cada vez que las abejas obreras expulsan a los zánganos de la colmena… cada vez que un animal actúa «naturalmente», obedeciendo la voz del instinto o del deseo en su interior, el animal sigue la Voluntad de su Creador.[3]

A diferencia de los animales, que son naturalmente caóticos porque provienen del suelo del desierto fuera del Edén, nosotros no actuamos naturalmente. Al contrario, actuamos intencionalmente.

Sin embargo, la Serpiente sugiere que las bestias y los humanos no son tan diferentes, que los humanos escuchan la voz de Dios a través de sus deseos igual que los animales. Dios prohibió comer del árbol, pero esa no es la única forma de hablar de Dios. Adán y Eva comen del árbol porque la Serpiente los convence de que Dios les está hablando igual que a los animales: no mediante mandamientos explícitos, sino mediante sentimientos, instintos, impulsos y deseos. Esa es la mentira. Y así es como pierden su humanidad: al tratar de oír a Dios como lo hacen los animales.

Si Dios habla principalmente a través de los impulsos,
a través de los deseos,
a través de los instintos,
a través de los sentimientos,
entonces todas estas cosas comienzan a funcionar como nuestros dioses.

Y eso es exactamente lo que ha ocurrido. Los impulsos, los deseos, los instintos y los sentimientos se han convertido en dioses. Como ahora son nuestras autoridades, sentimos que podemos desobedecer los mandamientos que Dios ha establecido realmente, porque los dioses que nos hablan desde dentro tienen más peso.

Incontables creyentes se han sentado en mi oficina y me han comentado que saben que, según las Escrituras, no deben salir con personas no cristianas, pero han decidido ceder porque simplemente no pueden sacudirse un sentimiento que tienen. Juran que Dios les está hablando a través de sentimientos místicos en lugar de la claridad de Su Palabra escrita.

Los temas específicos pueden variar. Pero la lucha entre lo que afirma la Biblia y lo que comunican los sentimientos personales de estos creyentes sigue siendo la misma.

El perdón. La atracción hacia el mismo sexo.
El diezmo. El sexo antes del matrimonio.
La asistencia y la participación en la iglesia.
La lista sigue y sigue.

Saben lo que dice la Biblia. Pero hay un sentimiento o impulso que no pueden ignorar. Así que ceden y obedecen a sus instintos, y para evitar la culpa y la vergüenza, comienzan a reinterpretar de manera inevitable, y después a malinterpretar las Escrituras para alinearlas con la forma en que «Dios» les habló a través de sus sentimientos.

¿Qué sucede cuando los humanos *creen* escuchar a Dios a través de sus impulsos e instintos? Lo adivinaste: caos. ¿Qué sucede cuando escuchan a Dios a través de Sus mandamientos establecidos en las Escrituras? Lo adivinaste: orden.

Tú y yo tenemos la oportunidad de afirmar nuestra humanidad al escuchar los mandamientos de Dios en vez de nuestros impulsos y deseos naturales. Pablo declara que está dando instrucciones a la iglesia de Corinto «para que Satanás no se aproveche de nosotros, pues no ignoramos sus artimañas» (2 Corintios 2:11).

Este es el plan de la Serpiente: hacer que Adán y Eva actúen como animales para poder probar que no hay nada tan especial en nosotros. Hacernos escuchar a Dios de la misma manera que lo hacen los animales, lo que nos incapacita para gobernarlos. Ese es el engaño.

No dejes que el Dragón te engañe. Porque conocemos sus artimañas. Pablo le dice a la iglesia en Filipos que «muchos se comportan como enemigos de la cruz de Cristo. Su destino es la destrucción, su dios es el estómago» (Filipenses 3:18-19).

Su dios es su estómago, sus deseos, sus impulsos naturales, sus instintos, sus anhelos.

Pero no sucede lo mismo con nosotros. No seguimos a nuestros estómagos; seguimos los mandamientos de Dios. Afirmamos nuestra humanidad al someternos al orden del Edén. Resistir el impulso de dejar que tus sentimientos y deseos te controlen te hace más humano, no menos.

El rabino Fohrman lo expresa brillantemente al escribir: «Si puedes situarte fuera de tus pasiones y *examinarlas críticamente*; si el deseo es algo que *tienes,* no lo que *eres*; si Dios se dirige a tu mente y te pide que te eleves por encima de tus deseos, o que los canalices de manera constructiva… entonces eres un ser humano».[4]

Es imperativo que los humanos puedan definir qué significa ser verdaderamente humanos, o de lo contrario estamos condenados a actuar como bestias. Y cuando los humanos actuamos como bestias, multiplicamos el caos. Una señal clara de humanidad es la capacidad de examinar nuestras pasiones de manera crítica. Eso nos hace *únicamente humanos*, y por medio de ello aplastamos el caos.

Éxodo 21 instruye a los amos a liberar a sus esclavos después de seis años. Pero si un esclavo no quería la libertad ofrecida y declaraba «no quiero recobrar mi libertad, pues les tengo cariño a mi amo, a mi mujer y a mis hijos» (versículo 5), el amo debía responder de una manera específica según la Torá. El versículo 6 indica: «el amo lo hará comparecer ante los jueces. Luego lo llevará a una puerta, o al marco de una puerta, y allí le perforará la oreja con un punzón. Así el esclavo se quedará de por vida con su amo».

El amo tenía que perforar la oreja del siervo en el umbral de la puerta. ¿Por qué la oreja? ¿Y por qué en el marco de la puerta? Era la oreja porque escuchar al amo y obedecer su voz era la marca de una verdadera devoción y servidumbre. La oreja perforada era una señal de lealtad a la voz del amo, en vez de a los deseos del estómago. Y las puertas representan singularidad y exclusividad en la Biblia. Para aquellos que elegían una vida de servidumbre, sus oídos eran la vía exclusiva por la cual debían escuchar a sus amos.

Esto explica por qué Pablo podía estar contento en medio de un encarcelamiento injusto. Existe una razón clara por la cual él tenía un enfoque singular, por qué su fin principal era glorificar a Dios, y por qué para él «vivir [era] Cristo y morir [era] ganancia» (Filipenses 1:21): Pablo era un esclavo del Señor Jesucristo.

Pablo usa la palabra griega *doulos* (*δοῦλος*) para autodescribirse varias veces a lo largo de sus cartas. Muchas traducciones optan por traducir esta palabra como «siervo» o «siervo por obligación», pero eso le resta el impacto intencional del término.

Pablo no quiso decir «siervo». Quiso decir «esclavo». Mi diccionario de griego-inglés favorito enseña que *doulos* procede de «δέω», que significa atar, unir, y se define como «un esclavo, hombre en condición servil... alguien que se entrega por completo a la voluntad de otro».[5] Otro diccionario lo define como «subordinado a, servil, esclavizado».[6] Me temo que las traducciones modernas han optado por una palabra más suave debido a la historia vergonzosa y traumática de la esclavitud en los Estados Unidos. Pero existe una palabra diferente para «siervo» en griego: *diakonos* (διάκονος).[7]

En resumen, Pablo dijo lo que dijo.

Pablo no se considera siervo.

Él se llama a sí mismo esclavo.

Y esto es porque Pablo conoce el camino secreto hacia la paz: el camino de morir al yo y someterse al gobierno y reinado de Dios. Muchos de nosotros no nos damos cuenta de que la ansiedad y la soledad son el precio que pagamos por perseguir una vida independiente y autónoma. Si tú y yo nos viéramos a nosotros mismos como esclavos de Cristo, tendríamos mucha más paz y mucha menos ansiedad.

Hace años, me invitaron a hablar en una gran y destacada conferencia cristiana, y la emoción acabó convirtiéndose en miedo y ansiedad por hablar frente a una audiencia tan grande. Mis pensamientos me saboteaban. Mi mente era caótica. Seguía pensando: «¿Y si tartamudeo o trastabillo con mis palabras? ¿Y si no me vuelven a invitar? ¿Y si a nadie le impresiona lo que tengo que decir? Esta oportunidad podría conducir a oportunidades incluso mejores, así que más vale que no la estropee».

Cuanto más pensaba en ello, más ansioso me sentía, y más sentía que me ahogaba en el caos. Recuerdo que el Espíritu Santo me hizo una pregunta crucial: «¿Quieres saber por qué estás tan nervioso?». Yo argumenté que estaba nervioso por la grandeza de la oportunidad. Defendí que era razonable estar ansioso dada la naturaleza del compromiso para hablar. Con amabilidad, el Espíritu Santo me indicó: «No. Estás ansioso porque te consumen pensamientos centrados en ti mismo. Tu ansiedad está arraigada en tu egoísmo».

Casi de inmediato me arrepentí delante del Señor. Y en lugar de pensar en *mi* sermón, en *mi* reputación, en *mi* carrera ministerial y en *mis* futuras oportunidades, reenfoqué mis pensamientos. Comencé a pensar en la pareja que estaría en la sala y cuyo matrimonio estaba al borde del divorcio. Empecé a pensar en la madre soltera, en el pastor desanimado, en el líder agotado y en el adolescente en lucha con la adicción a la pornografía. Comencé a pensar en Dios y en cómo Él quería que sirviera a esas personas con Su Palabra.

A medida que mi enfoque pasó de mí mismo a las personas que Dios me había llamado a ministrar, la ansiedad disminuyó y fue reemplazada por compasión, amor e indignación justa. Mis prioridades estaban fuera de orden, y esto creó caos en mi alma; y una vez que alineé mis pensamientos en el orden adecuado, la ansiedad se calmó de forma inevitable. El Espíritu

Santo no declaró paz sobre mí; habló una palabra de corrección para que pudiera reordenar mis pensamientos.

Por esta razón Pablo se llama a sí mismo esclavo, no solo de Cristo, sino también de los demás. Pablo le dice a la iglesia en Corinto: «Aunque soy libre respecto a todos, de todos me he hecho esclavo para ganar a tantos como sea posible» (1 Corintios 9:19). Esa fue la clave para aplastar mi caos. Tuve que hacerme esclavo de las personas a las que Dios me había llamado a servir predicando Su Palabra. Tuve que morir al yo y priorizar sus necesidades por encima de mis propias preocupaciones.

Vivimos en un mundo que dice que nos pertenecemos a nosotros mismos. Es un mundo de autocuidado, autoaceptación, amor propio y autorrealización. Sin mencionar la autoidentificación, la autoconciencia y la autoexpresión. Vivimos en una cultura obsesionada con el yo. Esto está fuera de orden. Va en contra de nuestro diseño. Estamos perdidos en el mar, en una tormenta caótica de egoísmo. No es de extrañar que la ansiedad y la soledad sean epidemias culturales. Son simplemente síntomas de una cultura de caos e individualismo expresivo.

Esta es una invitación a destronar al dios del yo. A entregar tu vida en servicio y amor al pueblo de Dios. Es tu oportunidad para dejar atrás la independencia y el egoísmo, para rechazar el individualismo desenfrenado, para perder tu vida y así poder encontrarla. Es tu invitación a ser verdaderamente humano. A dar un paso dentro del umbral metafórico y permitir que el Maestro del universo perfore tu oído y te marque como Suyo y solo Suyo, y que escuches Su voz con tus oídos y solo con los tuyos. Es tu invitación a reordenar tu vida y aplastar el caos.

AUNQUE LLUEVA A CÁNTAROS

SECCIÓN

3

Capítulo 14

Cuando Dios se sale del chat

> De no ser por el poder del Creador, por el cual fue creado el firmamento y se asignaron límites al mar, la tierra sería engullida por la confluencia de las aguas y regresaría al caos primitivo (cf. Gn 7:11; 8:2). Ningún lenguaje podría expresar con mayor fuerza la total dependencia del mundo respecto del Creador.
>
> BERNHARD W. ANDERSON, *FROM CREATION TO NEW CREATION*

Un domingo, mi pastor dio un ejemplo brillante en la iglesia. El pastor Robert Madu y su esposa, Taylor, tienen tres hijos pequeños. Como buenos padres, ellos proporcionan estructura, reglas y límites para su familia. Como la mayoría de los niños, sus hijos no siempre están encantados con el orden que han proporcionado y podrían decir cosas como: «Ojalá nos dejaran solos en casa para poder hacer lo que quisiéramos».

Después de presentar este contexto, el pastor Robert formuló una pregunta provocadora a nuestra congregación: «Supongamos que Taylor y yo hiciéramos caso al deseo de nuestros hijos y los dejáramos solos en casa. ¿Cuánto tiempo creen que pasaría antes de que convirtieran nuestro hogar en un verdadero infierno? Sin el orden que nosotros aportamos, ¿cuánto tardaría ese hogar en convertirse en un entorno peligroso para mis hijos?».

Cualquier progenitor sabe que esos niños no podrían sobrevivir ni un solo día sin el orden que sus padres establecen. Dios nos libre si intentaran cocinar, bañarse, se quemaran o treparan por algo y se cayeran. Aunque odian el orden parental, es precisamente ese orden el que los mantiene vivos. Si se les permitiera gobernarse a sí mismos, inevitablemente convertirían su hogar en su propio infierno.

Si el pastor Robert y Taylor respetaran los deseos de libre albedrío de sus hijos y abandonaran la casa, el caos total no tardaría en invadirlos. Dejar a la humanidad entregada a su propio caos es la forma más común de castigo y juicio divino a lo largo de la historia bíblica, y creo que la narrativa del Diluvio sigue ese mismo patrón.

La historia del Diluvio no es un relato sobre cómo Dios destruyó la tierra. Más bien, es una historia de cómo nosotros convertimos nuestro hogar ordenado en un infierno de caos, y solo nos tomó siete capítulos de la historia bíblica lograrlo. La humanidad deseó un mundo sin Dios, y cuando Él se retiró, la creación recuperó su estado original: el caos.

Por eso son tan importantes las primeras líneas de Génesis. Si la creación comenzó como la nada, y luego Dios la inundó, eso pone en tela de juicio el carácter divino. Sin embargo, si el estado original de la creación era un abismo profundo y agitado de caos acuoso, entonces el Diluvio no es más que una historia de reversión, en la que la creación vuelve a su *tehom* original.

En Génesis 7:11 leemos: «Cuando Noé tenía seiscientos años, precisamente en el día diecisiete del mes segundo, se reventaron las fuentes del mar profundo (*tehom*) y se abrieron las compuertas del cielo».

Conocemos muy bien ese *tehom* que se desbordó. Es el lugar donde habita Leviatán. Se menciona en el segundo versículo de la Biblia. Es el *tehom* del que habla Apocalipsis 21:1, cuando dice que un día desaparecerá.

¿Por qué se menciona el gran abismo en el segundo versículo de la Biblia? Porque la Escritura quiere dejar absolutamente claro que no es Dios quien lleva a la tierra de vuelta al caos; somos los humanos. Dios es bueno. Dios no mata de forma despiadada a los seres humanos ni desea destruir a la humanidad. Son los humanos quienes matan a otros humanos, y quienes toman decisiones que terminan destruyendo a la humanidad.

Yahvé no fue el responsable de que se rompieran las fuentes del gran *tehom*. Leviatán no fue el culpable de que la creación se precipitara de nuevo al caos. Solo los humanos tuvimos el poder de convertir nuestro hogar en nuestro infierno. Nosotros provocamos que la creación colapsara sobre sí misma.

Si el orden invita al descanso divino, el caos ahuyenta a Dios. Y dejamos muy claro que eso era lo que queríamos: un mundo sin Dios, un mundo de independencia y autonomía. Queríamos un mundo gobernado por los humanos, en lugar de uno gobernado por Dios a través de los humanos. Queríamos un mundo libre de las reglas «controladoras y autoritarias» de Dios.

Así que Dios nos dejó solos porque, afortunadamente, Dios respeta nuestras decisiones de libre albedrío. Nunca nos obligará a entrar en Su presencia. Si Dios no respetara nuestra libertad, sería el monstruo. Y si Dios fuera un monstruo, el resto de la Biblia no mercería ser leído.

Génesis está grabando estas ideas en la psique de su audiencia porque está en juego el carácter de Dios. Si Dios fuera un monstruo, obedecerle produciría tanto caos como desobedecerle. Por eso Génesis nos presenta una imagen de Dios en la que la humanidad pueda confiar. Porque debemos confiar en Su carácter antes de poder abrazar Su orden.

¿Qué ocurrió cuando Dios abandonó Su templo? Este volvió a su estado original: *tohu va-vohu* y *tehom*. Un abismo oscuro y caótico, inadecuado para la vida humana. La creación se replegó sobre sí misma y fue arrastrada de nuevo al caos que la había envuelto al principio de Génesis. Eso significa que el relato del Diluvio no trata sobre la ira activa de Dios, sino sobre Su ira pasiva.

En realidad, la ira pasiva de Dios se manifiesta en muchos lugares a lo largo de las Escrituras. Pablo describe a Dios como pasivamente iracundo en todo el libro de Romanos, al escribir: «Por eso Dios los entregó a los malos deseos de sus corazones, que conducen a la impureza sexual, de modo que degradaron sus cuerpos los unos con los otros» (Romanos 1:24).

Dios *los entregó*. Dios los soltó.

Dios los dejó a su suerte.

¿Los atacó Dios con deseos pecaminosos? No. Los entregó a sus propios deseos. Constantemente, Dios da a los seres humanos la libertad de buscar lo que quieren, y al hacerlo creamos un infierno viviente para nosotros mismos. Nos entrega al *tehom*. No es Él quien hace brotar las fuentes del gran abismo para ahogarnos; somos nosotros. Dios solo nos entrega a nuestros propios mecanismos de autodestrucción.

Esta compleja danza entre la ira activa y pasiva de Dios también se puede observar en la vida del rey Saúl, lo mismo que en el relato del Diluvio. La Biblia describe el trato de Dios con la maldad de este rey así: «El Espíritu del Señor se apartó de Saúl y en su lugar el Señor envió un espíritu maligno para que lo atormentara» (1 Samuel 16:14).

Ciertamente, el Espíritu del Señor se apartó de Saúl, pero yo argumentaría que esa fue toda la acción de Dios. Cuando el Espíritu de Dios dejó a Saúl, se creó un vacío y una oportunidad para que un espíritu maligno atormentara al rey. No creo que Dios necesitara enviar al espíritu maligno. Sin embargo, era inevitable que algo maligno llenara el vacío resultante de la retirada del Espíritu de Dios. Saúl quedó solo tras la salida de Dios, vulnerable a cada ataque del Dragón del cual Dios lo había estado protegiendo todo ese tiempo.

Es común que los seres humanos culpemos a Dios por las consecuencias naturales que siguen a Su ira pasiva. Mi interpretación de la vida del rey Saúl es que Dios se salió del grupo de chat y, entonces, las fuentes del gran *tehom* brotaron y ahogaron a Saúl con caos y maldad. La ira de Dios fue pasiva. Dios simplemente se fue. Entregó a Saúl a las consecuencias naturales del caos que él mismo había elegido.

El relato del Diluvio podría fácilmente pintar a Dios como un aguafiestas cósmico y un juez despiadado. Sin embargo, declara exactamente lo contrario: la humanidad va en camino a la autodestrucción, y Dios recluta a un hombre llamado Noé como su socio para salvar a la humanidad de la extinción total, mediante la creación de un templo flotante en medio de las aguas caóticas.

Es imposible confiar en el orden de Dios si no confiamos en Su carácter. Dios no ahoga a las personas; el caos lo hace. Y nosotros nos hemos aliado con el caos para nuestra propia ruina y caída. Todo lo que Dios tiene que hacer para castigarnos es simplemente levantarse e irse. Eso es todo. Cuando Dios se va, todo inevitablemente se hunde de nuevo en el caos.

Sin embargo, hay esperanza. Dios tiene un plan para salvar a la humanidad y restablecer el orden. El océano da miedo, pero el mar no tendrá la última risa ni la última palabra. Las consecuencias naturales del caos se desplegarán, y el tejido de la realidad ciertamente se deshará. Dios intervendrá, pero no evitando el Diluvio. En cambio, advertirá a Noé, un hombre justo, del desastre inminente.

Noé, el que ejerce autoridad sobre los animales salvajes.

Un hombre de la tierra, dice Génesis 9:20.

Un hombre que está desnudo en su viñedo.

¿Acaso no hemos visto ya a humanos desnudos que fueron formados del polvo y que tenían autoridad sobre los animales en el relato de Génesis?

Sí... sí, los hemos visto. Sus nombres eran Adán y Eva.

Así que Dios intervendrá, no evitando las consecuencias naturales del caos humano, sino insertando un nuevo Adán en la narrativa: una simiente de la mujer, un hombre de la tierra. Y con suerte, este segundo Adán será capaz de aplastar la cabeza del Dragón.

Lo descubriremos mientras seguimos avanzando en la historia.

Capítulo 15

El contexto del caos

Pero el SEÑOR dijo: «Mi espíritu no permanecerá en el ser humano para siempre porque no es más que un mortal; por eso vivirá solamente ciento veinte años.

GÉNESIS 6:3

Como muestra la historia bíblica, los seres humanos tienen el terrible poder de contaminar la tierra con su estilo de vida. Tienen *la capacidad de ejercer violencia* hasta tal punto que la tierra se ve amenazada con un retorno al caos.

BERNHARD W. ANDERSON, *FROM CREATION TO NEW CREATION*, ÉNFASIS AÑADIDO

El diluvio sirve para deshacer la obra de la creación en Génesis 1.

GORDON J. WENHAM, *EERDMANS COMMENTARY ON THE BIBLE*

Nunca olvidaré las lágrimas rodando por el rostro de mi esposa mientras expresaba la legítima frustración de sentirse incomprendida. Habíamos tenido un desacuerdo que se convirtió en discusión. Dos horas después de haber comenzado la conversación, se dio cuenta de que todo lo que estábamos discutiendo se basaba en un fracaso total en la comunicación. Las emociones la golpearon como una ola, y se quebró. Mi esposa tenía los motivos más puros y las intenciones más desinteresadas, pero yo la malinterpreté. Puedo decir con empatía que casi no hay nada más frustrante que eso. Después de diez años de matrimonio, puedo admitir sinceramente que la comunicación es difícil. Requiere atención y esfuerzo.

Tono. Lenguaje corporal. Distracciones.
Matices. Estado de ánimo. Tiempo.
Contexto.

La comunicación es un desafío, incluso cuando nos conocemos bien, hablamos el mismo idioma y hacemos preguntas de seguimiento. Mi esposa y yo no estamos separados por el idioma, la historia, la cultura ni la distancia, y aun así hay momentos en los que fallamos por completo. He aprendido que necesito ir más despacio, suponer menos, suponer lo mejor, dar el beneficio de la duda con frecuencia, mantenerme humilde y dejar de mirar el teléfono mientras mi esposa me está hablando. En serio.

Pocas cosas son más desmoralizantes que ser sacado de contexto. Cuando era pastor de jóvenes, hicimos una extensa serie de sermones sobre el miedo. Enseñé sobre la naturaleza del miedo durante casi dos meses. Hicimos llamados al altar invitando a las personas a enfrentar sus temores. Reprendimos el miedo. Tuvimos discusiones en grupos pequeños e hicimos que los estudiantes memorizaran versículos bíblicos que se enfocaban en el miedo. Abordamos el miedo desde todos los ángulos posibles.

Al final de la sexta semana de esta épica serie de sermones, una chica se me acercó con lágrimas corriéndole por el rostro, visiblemente conmovida. Me abrazó, me dio las gracias y comenzó a explicar cómo esta serie había cambiado su vida. Nunca lo olvidaré. Mientras se limpiaba las lágrimas, me dijo: «Pastor Manny, el Espíritu Santo realmente lo ha usado para liberarme del miedo durante estos últimos meses. Mi novio ha querido tener relaciones sexuales desde hace meses, pero yo tenía miedo. ¡Pero ya no más, Pastor Manny! ¡Estoy venciendo mi miedo! Voy a perder mi virginidad».

No me lo podía creer. Para ser sincero, me sentía mortificado.

Yo *nunca* alentaría el sexo prematrimonial entre adolescentes. Nunca. En ninguna circunstancia. Y pasé los siguientes veinte minutos hablando con ella y con la líder de su pequeño grupo sobre el malentendido. Este es un ejemplo clásico aunque hilarante del caos que puede surgir cuando las personas escuchan contenido *sin contexto.*

Las malinterpretaciones abundan.

He observado que, por lo general, las personas que sacan la Biblia de contexto también son de esa clase que sacan a otras personas de contexto. Existe un caos procedente de sacar tanto a las personas como a Dios de contexto, y suele estar arraigado en muchas suposiciones, en una falta de disposición para ser flexible, en un apego a ideas que nos resultan cómodas y un toque de testarudez.

He descubierto que, cuanto mejor interpreto a Moisés, David y Pablo, mejor interpreto a mi esposa, a mis empleados y a mis amigos. La paciencia, la humildad y la negativa a sacar conclusiones apresuradas sin conocer todos los detalles son habilidades transferibles. Por el contrario, el caos en el ámbito de la comunicación interpersonal tiende a generar caos en el ámbito de la teología.

La historia del Diluvio en las Escrituras puede sacarse fácilmente de contexto. No es difícil concluir que Dios es injusto y vengativo sin motivo. Pero antes de llegar a esa conclusión y generar caos, pongamos en contexto el *contenido* de Génesis. Primero, analizaremos el contexto lingüístico, ya que la Biblia no fue escrita en nuestro idioma, y por ende, en nuestro contexto cultural; esto exigirá que comparemos el relato del Diluvio en la Biblia con el relato del Diluvio en *La epopeya de Gilgamesh*.

Empezaremos traduciendo e interpretando Génesis 6:3, un pasaje que parece fácil de entender hasta que comenzamos a hacer algunas preguntas bastante orientales. En este, el prólogo revela los motivos de Yahvé para el Diluvio y Sus pensamientos sobre Su creación. Esto es lo que hace la RVA-2015 con este versículo: «El Señor dijo: "No contenderá (*dun*) para siempre mi espíritu con el hombre, por cuanto él es carne, y su vida será de ciento veinte años"».

Según esta traducción, Dios se niega a contender con los humanos para siempre, y esto es interesante, porque concuerdo en que somos un grupo conflictivo. No colaboramos fácilmente con Dios, y rara vez nos sometemos a Su voluntad. Puedo entender que resulte agotador. Sin embargo, no puedo mencionar un tiempo, en las Escrituras, en el que Dios realmente deje de contender con nosotros. Durante toda la historia de la Biblia, Dios está contendiendo con los humanos. ¡La cruz de Cristo es la contienda de Dios con los humanos, hasta la muerte!

Esta elección de traducción no logra revelar el verdadero significado del pasaje y tiene el potencial de presentar a Dios como un juez enojado, y no como el Creador lleno de gracia que Génesis retrata. Tal vez haya otra forma de traducir este pasaje que encaje de manera más coherente con el resto de las Escrituras.

La misma palabra hebrea, *dun*, que podría significar «contender» en un contexto, también podría significar «permanecer, habitar, residir o quedarse» en otro. Por lo tanto, otras versiones de la Biblia se apartan de la RVA-2015 y traducen la palabra de manera un poco diferente.

Uno de mis diccionarios hebreos favoritos argumenta que «permanecer en, habitar» es la mejor forma de traducir Génesis 6:3, afirmando: «"Mi espíritu no permanecerá en el hombre para siempre"... se adapta mejor al contexto».[1]

Otro recurso, *A Dictionary of Biblical Languages with Semantic Domains*, indica que *dun* significa «permanecer, habitar, es decir, residir en un cierto lugar (Gn 6:3)».[2] Génesis 6:3 es literalmente uno de los ejemplos que este diccionario usa como un contexto principal donde *habitar* es una traducción mucho más adecuada que *contender*.

Si Dios está declarando que ya no seguirá viviendo entre humanos que actúan de forma pecaminosa y violenta, todo lo que sigue a este anuncio tiene perfecto sentido: el cosmos colapsa por completo porque Dios no tiene más opción que salirse del chat.

Una sola palabra puede marcar toda la diferencia. Y es muy fácil leer ese versículo sin ningún contexto lingüístico y llegar a conclusiones realmente horribles e inexactas sobre el carácter de Dios. No solo es fácil; es común. Sin embargo, la humildad reconoce que la comunicación es difícil y que leer la Biblia es mucho más complejo de lo que muchos de nosotros fuimos llevados a creer en las clases de escuela dominical.

La mayoría de las personas interpretan las palabras de Dios en la segunda mitad de Génesis 6:3 como una limitación del tiempo de vida humano a 120 años, que es lo que yo creía cuando era niño. Sin embargo, Abraham vivió hasta los 175 años, y su hijo Isaac vivió hasta los 180, y ambos vivieron mucho después del Diluvio. Además, si echas un vistazo a la genealogía de Sem, que sigue al relato del Diluvio, verás que varias personas en la lista vivieron más de cuatrocientos años, y todos, menos uno, vivieron al menos doscientos años (Génesis 11:10-32). Así que tal vez esté ocurriendo otra cosa.

Los Rollos del Mar Muerto fueron producidos por una comunidad conocida como Qumrán. (Algunos estudiosos creen que Juan el Bautista pudo haber sido parte de esta secta, basándose en su vestimenta, su predicación y su pasión por bautizar personas). La secta de Qumrán no solo produjo copias y más copias de la Biblia hebrea, sino también comentarios sobre las Escrituras. En el rollo 4Q252, incluyen una interpretación fascinante de Génesis 6:3. Aquí tienes un fragmento:

> [En el] año cuatrocientos ochenta de la vida de Noé, llegó al final de ellos y Dios dijo: «Mi espíritu no habitará con el hombre para siempre; sus días serán determinados en ciento veinte años hasta que lleguen las aguas del diluvio». Y las aguas del diluvio vinieron sobre la tierra en el año seiscientos de la vida de Noé.[3]

La Biblia no nos dice cuántos años tenía Noé cuando Dios le dijo que construyera el arca, así que la comunidad de Qumrán añade ese detalle, escribiendo en su comentario que Noé tenía 480 años en ese momento. ¿Por qué importaría la edad de Noé cuando Dios le habló del Diluvio?

Bueno, Génesis 7:11 declara: «El *año seiscientos* de la vida de Noé… fueron rotas todas las fuentes del gran abismo (*tehom*), y las cataratas de los cielos fueron abiertas» (RVR1977). Así que Noé tenía seiscientos años cuando comenzó el Diluvio, y según los estudiosos bíblicos que vivían en las cuevas cerca del mar Muerto, tenía 480 cuando recibió el anuncio de parte de Dios. Al afirmar esto, la comunidad de Qumrán —que tenía una comprensión mucho más profunda de la Biblia hebrea que muchos de nosotros— estaba argumentando sutilmente que tomó 120 años construir el arca. Están ofreciendo una interpretación.

Esta comunidad judía no creía que Dios estuviera limitando la duración de la vida humana a 120 años. Más bien, creían que Dios le estaba dando a Noé 120 años para construir una casa para Su presencia, porque estaba programando Su salida de la tierra.

Así que, reunamos todas las piezas del rompecabezas. En Génesis 6:3, creo que Dios está diciendo: «Mi Espíritu no habitará con los humanos para siempre. Tienen ciento veinte años hasta que ya no habite aquí con ustedes». ¿Es posible que hayamos estado leyendo estos versículos mal en español?

Los traductores de Génesis han tomado otra decisión fascinante que, en mi opinión, retrata a Yahvé de una forma que no es coherente con el testimonio de las Escrituras. La NTV y la mayoría de las traducciones al español presentan Génesis 6:11-12 de esta manera: «Dios vio que la tierra se había corrompido y estaba llena de violencia. Dios observó toda la corrupción que había en el mundo, porque todos en la tierra eran corruptos».

Según todos los diccionarios hebreos que pude encontrar, la palabra usada aquí para «corrompido» (*sahat*) tiene otro significado que, en realidad, es más común y se usa con más frecuencia. Aproximadamente la mitad de las veces que la Biblia utiliza esta palabra, los traductores eligen traducirla como *arruinar*.[4] Así que esta palabra hebrea puede significar «corromper», pero también puede significar arruinar, destruir o dañar irreparablemente.[5] El contexto siempre determina qué significado tomará la palabra.

Hagamos un experimento con algunas opciones distintas, para ver si encajan con el contexto de este pasaje.[6] Podría estar comunicando lo siguiente: «Ahora bien, la tierra estaba arruinada, destruida y dañada irreparablemente ante los ojos de Dios, y estaba llena de violencia. Dios vio cuán arruinada, destruida y dañada irreparablemente se había vuelto la tierra, porque toda la gente en la tierra había arruinado, destruido y dañado irreparablemente sus caminos».

¿Y si Dios *vio* que la tierra estaba dañada irreparablemente?

¿Y si no fue Dios quien arruinó la tierra al inundarla con agua?

¿Y si los *humanos* fueron quienes arruinaron la tierra al inundarla con violencia y maldad?

¿Y si Dios vio que la tierra estaba destruida y, por lo tanto, decidió entregar a la humanidad a su propio caos y destrucción?

Una vez que Dios ve la destrucción de la tierra, le comunica a Noé Su solución frente a esta destrucción inducida por los humanos. Ojalá, a estas alturas, hayamos aprendido a no dar por sentado que entendemos el texto ni a tomar las Escrituras al pie de la letra.

Volvamos ahora nuestra atención a Génesis 6:13. La NVI lo traduce de manera muy diferente a otras versiones, y creo que eso genera una diferencia enorme en la imagen que el texto pinta sobre el carácter de Dios. Así es como los traductores de la NVI eligieron traducir este versículo: «Dios dijo a Noé: "He decidido acabar con toda la gente, pues por su causa la tierra está llena de violencia. Así que voy a destruir a la gente junto con la tierra». Esto suena mucho a una ira activa de parte de Dios. En un intento por hacer que el lenguaje sea más legible, la NVI ha retratado a Dios con un trazo que no creo que el autor original haya pretendido.

La RVA ofrece una traducción más fiel del versículo 13: «Y dijo Dios a Noé: "El fin de toda carne ha venido delante de mí; porque la tierra está llena de violencia a causa de ellos; y he aquí que yo los destruiré con la tierra».

La redacción de la NVI: «He decidido acabar con toda la gente» promueve una imagen de ira activa de parte de Dios.

La redacción de la RVA: «El fin de toda carne ha venido delante de mí» retrata una ira pasiva de Dios.

Esas frases están a mundos de distancia. El hebreo original sugiere que Dios ha visto cómo se desarrollará el escenario. Ya ha observado la destrucción que los humanos han provocado en la tierra, y ahora la destrucción de los propios humanos está ante Sus ojos. Dios simplemente está diciendo que ha visto el final —cómo los humanos se autodestruirán finalmente— y ha decidido no intervenir, sino permitir que su caos los sobrepase y los ahogue.

Creamos caos cuando damos por hecho que entendemos el *significado* de un texto solo por lo que *dice*. A menudo hay una gran brecha entre lo que se dice y lo que se quiere decir. Y las palabras de Dios son demasiado importantes como para que saltemos a conclusiones o nos aferremos a interpretaciones que ignoran el contexto.

Históricamente, la Iglesia ha multiplicado el caos al aferrarse a interpretaciones por el bien de la tradición, en lugar de considerar el contexto histórico. En junio de 1633, Galileo fue condenado como hereje por atreverse a creer que la Tierra orbitaba alrededor del sol, ya que esta afirmación se consideraba contraria a las Escrituras. La Inquisición romana consideró que sus ideas eran insostenibles y «lo sentenció a arresto domiciliario, donde permaneció hasta su muerte en 1642».[7] Quienes condenaron a Galileo sostenían una interpretación literal de las Escrituras, sin tener en cuenta el contexto lingüístico ni cultural, y cambiaron para siempre la relación entre la ciencia y la religión. Eso sí que es caos.

Cuando los jueces cristianos que supervisaban el caso de Galileo lo condenaron, basaron parte de su argumento en el Salmo 93:1, que dice:

> ¡El Señor reina! Se ha vestido de magnificencia.
> El Señor se ha vestido de poder y se ha ceñido.
> También afirmó el mundo, *y no se moverá* (RVA-2015).

La Iglesia católica romana no pudo reconciliar lo que Galileo había descubierto a través de su telescopio con lo que parecía una enseñanza clara de la Biblia: que el mundo «no se moverá jamás». Una interpretación literal de esa frase y de otros pasajes llevó a que una de las mentes más brillantes de la historia estuviera bajo arresto domiciliario durante casi una década. Eso es caos. Es fundamentalismo. Los inquisidores entendieron lo que *decía* el salmo, pero no entendieron lo que *significaba*. Al optar por la lectura más simple y directa del pasaje, no supieron apreciar la belleza y complejidad de la Palabra de Dios.

Para quienes creen que las interpretaciones literales de las Escrituras son cosa del pasado… esperen a conocer a un terraplanista que les cite el Salmo 104:5.

El 10 de mayo de 1845, los bautistas blancos del sur de Estados Unidos rompieron relaciones con sus contrapartes del norte basándose en sus interpretaciones bíblicas sobre la práctica de la esclavitud.[8] Los grupos abolicionistas apelaban al contexto y a la narrativa general de las Escrituras. Sin embargo, los bautistas del sur, a favor de la esclavitud, defendían el *significado literal de las Escrituras*,[9] y Richard Furman, presidente de la Convención Bautista del Estado de Carolina del Sur, escribió anteriormente que «el derecho a tener esclavos está *claramente* establecido en las Sagradas Escrituras, tanto por precepto como por ejemplo».[10]

Claramente establecido. *Claramente*. La seguridad con la que se hizo esa afirmación me deja sin palabras.

Esclavizar a grandes grupos de personas ya es perverso, pero justificarlo con la Palabra de Dios y con interpretaciones fuera de contexto ha creado más caos en esta nación del que podemos medir. Los seres humanos han estado malinterpretando las Escrituras y pasando por alto el contexto desde hace mucho tiempo.

Tratar las Escrituras de esta manera ha llevado a muchas personas a alejarse de la iglesia de Jesús, porque no pudieron distinguir entre el bebé y el agua de la bañera; es decir, entre lo que Dios dijo y cómo fue interpretado. Así que abandonaron el barco y ahora se están ahogando en el caos del secularismo.

A lo largo de mi camino como pastor, he observado que las personas que quieren discutir sobre el terraplanismo, que son muy argumentativas sobre la letra de la ley, que toman la Biblia de manera extremadamente literal y que se ponen nerviosas al aprender sobre contexto, historia y lenguaje, esas personas no suelen ser las mejores para relacionarse con sus hijos, navegar temas complejos o compartir a Cristo. Esos cristianos no son los que ganan a sus compañeros de trabajo para la fe. Es muy difícil compartimentar hábitos rotos de comunicación. Y aquí está la ironía: tienen tanto miedo del caos de la incertidumbre y del misterio, que terminan creando el caos del control y de la religiosidad basada en el miedo. A veces, al tratar de evitar el caos, lo creamos. Porque el fundamentalismo es un tipo de caos que suele engendrar el caos de la deconstrucción dañina en la siguiente generación.

Si prefieres un enfoque más literal de las Escrituras, entiendo tus miedos. Tus intenciones son buenas. Tienes miedo de que, si interpretamos la Biblia usando símbolos, contexto e historia, terminemos por hacer que diga cualquier cosa. Entiendo ese temor, pero no es nuevo, y crea caos. Por eso te estoy invitando a explorar la hermosa complejidad de la Biblia dentro de los límites seguros del cristianismo confesional y ortodoxo.

Si has escapado del caos del fundamentalismo, pero ahora te sientes perdido y vagando en el desierto de una interminable y tóxica jornada de deconstrucción, también entiendo tus miedos. Confiaste en líderes, confiaste en lo que te dijeron, y traicionaron esa confianza al darte sus *interpretaciones* de la Biblia como si tuvieran autoridad. Ahora no sabes en quién confiar ni qué creer. Lo entiendo, y te estoy invitando a enamorarte nuevamente de las Escrituras y a encontrarte con ellas de una manera renovada. El orden de Dios no se parece al fundamentalismo del que escapaste. Tus miedos son válidos, pero no te dan una excusa de por vida para huir de Dios.

Ya sea que estés atrapado en el caos del literalismo o en el caos del secularismo y la deconstrucción, la invitación es la misma. Te estoy invitando a contemplar la belleza de las Escrituras desde su contexto cultural, histórico y lingüístico, y a descubrir por ti mismo lo que Dios *ha dicho* y, más importante aún, lo que Él *quiere decir* con lo que ha *dicho*.

Hay una pieza final de contexto, porque los babilonios tenían su propia versión de la historia del diluvio. Tiene mucho sentido estudiar la historia a la que la narrativa bíblica podría estar respondiendo.

La historia del diluvio en *La Epopeya de Gilgamesh* es muy similar a la que tenemos en Génesis. Utnapishtim es esencialmente la versión babilónica de Noé. Tanto Noé como Utnapishtim construyen barcos muy grandes para salvar a la humanidad, reúnen animales de todas las especies para cargarlos en sus arcas, usan aves para encontrar tierra después del diluvio, sus arcas descansan sobre montañas a medida que las aguas bajan, ofrecen sacrificios al salir del arca, y se les promete que esto no volverá a suceder.[11]

No ignores las similitudes. Estoy convencido de que los escritores de la Biblia sabían que los textos bíblicos tendrían más sentido cuando los lectores entendieran los contextos culturales que rodeaban las Escrituras. Sin embargo, aunque las similitudes están allí para captar nuestra atención, no son el enfoque. Las *diferencias* son el enfoque, y son impactantes.

En *La Epopeya de Gilgamesh*, la razón por la cual se construye el arca es algo engañoso y escandaloso. Se construye a espaldas del dios principal que quiere inundar a los humanos: Enlil. Utnapishtim construye el arca, y al final de la historia, Enlil se entera de que sus planes para exterminar a los humanos han sido frustrados.

En la historia bíblica, Dios revela Su plan a Noé. Noé no tiene que ir a escondidas de Dios para salvar a la humanidad. Nadie quiere salvar a los humanos más que Dios mismo, y como ama a la humanidad, le da a Noé una advertencia con 120 años de anticipación sobre su plan.

En *La Epopeya de Gilgamesh*, los dioses deciden inundar la tierra porque los humanos hacen demasiado ruido y perturban la paz y el descanso de los dioses. Estos dioses no dicen nada sobre la moralidad, el pecado o el mal. La fibra moral del ser humano ni siquiera está en su radar.

En la historia bíblica, Dios no es mezquino. No le importa si los humanos hacen ruido. Le importa la moralidad, el carácter y el mal. El Dios de la Biblia se preocupa por mantener el caos a raya, y por la capacidad y disposición de los humanos para participar con Él en la creación de belleza y orden.

Solo se puede llegar a estas conclusiones cuando el libro de Génesis se contextualiza y se compara con sus contemporáneos. Y creo que estas son precisamente las conclusiones que el autor de Génesis quería que su audiencia sacara. Génesis está diseñado para corregir la narrativa y revelar el carácter amoroso y paciente de Dios. Génesis está diseñado para la meditación cuidadosa. Tiene mucho más sentido cuando se pone en contexto. A veces, cuando leemos la Biblia, existe una brecha entre lo que se *dice* y lo que se *quiere decir*. Eso no es un defecto de diseño; es una característica intencional del diseño, porque estos textos no fueron diseñados para ser leídos de manera casual o descuidada, sino para ser estudiados por discípulos fieles y diligentes que valoran tanto lo que los textos quieren decir como lo que literalmente dicen.

Así que, el caos de la humanidad ha causado que Dios se aparte de Su creación, lo cual inevitablemente deshace el orden y desata el Caos de Génesis 1:2. ¿Hará Noé algo para traer de vuelta la presencia de Dios a la creación? ¿Podrá Noé lograr que la presencia divina vuelva a descansar sobre la tierra? ¿Proveerá Dios una forma para que podamos construir un nuevo templo, de modo que podamos albergar Su presencia y restaurar el orden?

Si yo estuviera leyendo esto por primera vez, esas serían las preguntas que surgirían en mi mente. Así que, veamos qué nos dice la Biblia acerca del barco que Noé construye.

Capítulo 16

El templo de Noé

> Los escritores bíblicos veían tanto el tabernáculo como el arca [de Noé] como instrumentos para la preservación de la humanidad.
>
> GORDON J. WENHAM, *EERDMANS COMMENTARY ON THE BIBLE*

> La información sobre la estructura del arca y la cronología del diluvio… confirma la homología con el [templo judío] y el culto [del templo].
>
> JOSEPH BLENKINSOPP, *CREATION, UN-CREATION, RE-CREATION: A DISCURSIVE COMMENTARY ON GENESIS 1-11*, ÉNFASIS AÑADIDO

Las palabras iniciales de la Biblia insinúan que la creación era un desastre caótico e indómito, y que el Espíritu del Señor se cernía sobre la superficie de ese mar agitado y salvaje. Una imagen bastante épica, si me preguntas. Dios toma el caos y hace algo profundo que a menudo pasa desapercibido: Dios no trae paz; Él trae orden al caos de la creación sin forma y desolada.

Dios trae orden al caos creando espacios-templo. Del caos de la creación, Dios plantó un jardín-templo. Y del caos del Diluvio, Dios hizo que Noé construyera un templo flotante que sostuvo la vida humana en medio de las aguas caóticas del diluvio.

Sin embargo, la Biblia no nos *dice* que el arca de Noé era un templo. Nos lo *muestra*.

¿Por qué es crucial construir un templo? Porque todo el Diluvio es consecuencia de que Dios se rehúsa a habitar con su pueblo. Por lo tanto, un templo es necesario para que la presencia de Dios pueda regresar a su lugar central de importancia.

El texto nos da muchas pistas de que esta arca no es un barco cualquiera, sino un espacio sagrado y ordenado que permite que Dios habite con la familia de Noé. Examinemos estas pistas, comenzando con las instrucciones que Dios le da a Noé para construir el arca:

> Constrúyete un arca de madera resinosa, hazle compartimentos y cúbrela con brea por dentro y por fuera. Dale las siguientes medidas: trescientos codos de largo, cincuenta de ancho y treinta de alto. Hazla de tres pisos con una abertura a un codo del techo y con una puerta en uno de sus costados (Génesis 6:14-16).

Primero, ¿alguien notó que faltan algunos elementos no negociables en este barco? No tiene timón, quilla, proa, mástil ni popa. Un barco… interesante.

Segundo, el barco debe construirse con tres secciones distintas: cubierta superior, cubierta media y cubierta inferior. Dios manda a Noé a construir el arca con una proporción de tres en uno. ¿Quizá algo similar al atrio exterior, el lugar santo y el lugar santísimo?

Tercero, la palabra *codos* suena un poco familiar. Comparemos lo que tenemos aquí en Génesis con la construcción del templo.

En Génesis 6:15, Dios le dice a Noé que haga el arca de:

trescientos codos de largo,
cincuenta de ancho y
treinta de alto.

En 1 Reyes 6:2, la Biblia dice que la casa que el rey Salomón construyó para Yahvé medía:

sesenta codos de largo
por veinte de ancho
y treinta de alto.

Obtenemos medidas en codos para largo, ancho y alto tanto del arca como del templo. ¿Será que la Biblia está tratando de mostrarnos que Noé construyó un templo? Gordon J. Wenham, en *Eerdmans Commentary on the Bible*, comenta que «el arca de Noé tiene la forma reconocible de un barco, y cada cubierta tenía la misma altura que el tabernáculo y tres veces el área del atrio del tabernáculo». Wenham, un erudito respetado, no cree que estas dimensiones sean una coincidencia, y nosotros tampoco deberíamos creerlo.[1]

Además, también vemos que el codo se utiliza como unidad de medida en el arca del pacto (Éxodo 25:10; 37:1); la mesa del tabernáculo (Éxodo 25:23; 37:10); el altar de los holocaustos (Éxodo 27:1; 38:1); el altar del incienso (Éxodo 30:1-2; 37:25); las bases portátiles en el templo (1 Reyes 7:27); el altar de bronce en el templo (2 Crónicas 4:1), y una plataforma de bronce en el atrio exterior (2 Crónicas 6:13). Todos estos elementos se relacionan con un templo o con la casa de la presencia de Dios en algún sentido, y demuestran una correlación entre el arca y el templo.

Cuarto, aunque no obtenemos detalles sobre un timón o quilla para este barco, la puerta sí es claramente importante. ¿Qué otro edificio le da una importancia masiva a su puerta?

Mmm… Ah, sí. El templo.

¿Quién es el cumplimiento definitivo de esa puerta? En Juan 10:9, Jesús indica que la imagen de la puerta del templo era simplemente un tipo o una sombra que apuntaba a la verdad de Su realidad: «Yo soy la puerta; el que por mí entra, será salvo; y entrará y saldrá, y hallará pastos» (RVC).

¿Había múltiples puertas para abordar el arca? No.

¿Había múltiples puertas hacia los lugares santos del templo? No.

¿Hay múltiples caminos hacia Dios? No.

Juan 10:9 declara que Jesús es la única puerta hacia la salvación.

Quinto, el término *arca* es una elección muy interesante. En hebreo, la palabra es *tevah*, y es un préstamo de otra cultura: Egipto. La mayoría de los idiomas, incluido el español, tienen estas palabras prestadas. Por ejemplo, la palabra *bautizar* es un préstamo del griego, donde el término es pasivo. Pero en lugar de crear un equivalente, simplemente adoptamos la palabra griega por completo.

Lo mismo ocurrió con la palabra egipcia *tevah*,[2] que los hebreos incorporaron a su propio idioma. En hebreo, significa «canasta» o «caja», y es lo que la madre del bebé Moisés preparó y donde lo colocó para que no se ahogara en el Nilo.[3] Sin embargo, en su contexto egipcio original, una *tevah* era más que una simple caja o canasta; podía referirse a un cofre, santuario sagrado o ataúd que contenía imágenes e ídolos de los dioses egipcios y que se usaba en un templo con fines de adoración.[4] Según el erudito Abraham Yahuda, en ciertos festivales, estas arcas (*tevahs*) que contenían imágenes de los dioses «eran llevadas por el Nilo, de una ciudad-templo a otra».[5]

La audiencia original del Génesis estaba formada por esclavos liberados empapados en la cultura egipcia; estaban familiarizados con la versión egipcia de *tevah*; habían visto estos santuarios llenos de ídolos flotando por el Nilo. En la reinterpretación de esta historia por el autor de Génesis, ¿por qué Dios haría que Noé construyera un barco con el mismo nombre que una morada egipcia para dioses e ídolos? Quizá Dios quiere llenar Su *tevah* con criaturas hechas a Su imagen. Quizá esto es más que un barco. Quizá Noé está construyendo un templo que será llevado sobre las aguas embravecidas del Diluvio.

Sexto, Dios le ordena a Noé llevar alimento al arca con él. En Génesis 6:21, Dios dice: «Recoge además toda clase de alimento y almacénalo para que a ti y a ellos les sirva de comida».

Ahora veamos la instrucción de Dios a Moisés sobre el alimento para el tabernáculo. En Éxodo 16:32, Él le manda a Moisés que guarde algo de maná «para las generaciones futuras». Entonces Moisés le dijo a Aarón: «Toma una vasija y pon en ella un gómer de maná. Colócala después en la presencia del Señor» (versículo 33). Más adelante, la vasija con maná fue colocada en el arca del pacto, que se albergaba en el tabernáculo (Hebreos 9:2-4).

La palabra *colocar* en Éxodo 16:33 es un término hebreo fascinante que, en realidad, debería interpretarse como «reposar».[6] ¿Por qué es esto importante? Porque el nombre de Noé (נֹחַ, *Noach*)… sí, significa «reposo».[7] Es casi como si quienes escribieron esto hubieran tenido ayuda del Espíritu Santo o algo así. Es más que bueno.

Séptimo, Noé realiza uno de los holocaustos más grandes registrados en las Escrituras (Génesis 8:20). ¿Quién realiza holocaustos? Los sacerdotes. ¿Qué función está cumpliendo Noé? La de un sacerdote administrando un templo.

Creo que siete correlaciones entre la construcción del arca de Noé y la construcción del templo son suficientes para que cualquiera considere que la Biblia quiere mostrarnos algo. Pero, por si acaso, aquí va una octava. Una vez que Noé termina de construir el arca, esto es lo que dice la Escritura en Génesis 6:22: «Y Noé hizo todo según lo que Dios había mandado». Una vez que Moisés termina de construir el tabernáculo, esto es lo que dice Éxodo 40:16: «Moisés hizo todo tal y como el SEÑOR se lo mandó».

Y si alguien necesita una novena correlación, el arca descansa sobre una montaña. ¿Dónde se le ordena a Abraham sacrificar a Isaac? En una montaña. ¿En qué se convierte ese lugar exacto? En el Monte del Templo, donde Salomón construye una morada para Dios.

Tal vez el arca sea más que un barco. Quizá sea una morada para Dios. Podría ser que el mundo necesitaba un espacio sagrado y ordenado para que pudiéramos habitar nuevamente con Dios.

Quizá sientes que Dios te está ofreciendo un templo cuando tus circunstancias gritan que lo que necesitas es un bote. Tal vez necesitas restaurar el orden en tu vida caótica y no ves cómo un templo tiene algo que ver con tus problemas. Permíteme ayudarte: el orden de Dios precede a Su presencia, y Su presencia siempre nos lleva hacia más orden.

Te prometo que, si construyes una morada para la presencia de Dios, levantarás la vista y te darás cuenta de que el templo que has edificado puede protegerte del diluvio. Con razón el autor del Salmo 46:1-3 testifica:

Dios es nuestro amparo y fortaleza,
nuestro pronto auxilio en las tribulaciones.
Por tanto, no temeremos, aunque la tierra sea removida,
y se traspasen los montes al corazón del mar;
aunque bramen y se turben sus aguas,
y tiemblen los montes a causa de su braveza (RVR1960).

¿Puedes leer entre líneas este salmo? El autor está diciendo esencialmente: «Aunque haya un diluvio de caos a nuestro alrededor, aunque las aguas bramen y el mar devore la creación, no temeremos al diluvio. ¿Por qué? Porque Dios es nuestro refugio. Nuestra esperanza no está en un barco; está en un Dios que es ayuda siempre presente en medio de la angustia».

Creo que este escritor estaba reflexionando sobre la historia del Diluvio cuando escribió estas palabras. Noé construyó una morada para la presencia divina; simplemente ocurre que el templo que edificó fue un barco. Génesis enfatiza este navío como un templo, pero eso solo es visible con ojos orientales.

Tengo la sospecha de que, si nos presentáramos diligentemente como templos de la presencia divina, Dios habitaría en nosotros, y Su sabiduría comenzaría a traer orden a nuestro caos. Y juntos, podríamos traer orden al cosmos, y la tierra se llenaría nuevamente de la gloria de Dios.

Capítulo 17

La ira pasiva y la gracia activa

> Has tenido tantas razones para irte
> Oh Dios, estoy agradecido.
>
> LETRA DE «YOU REMAIN», INTERPRETADA POR TODD GALBERTH Y ESCRITA POR CHANDLER MOORE

Creo que deberíamos preguntarnos si la interpretación del Diluvio que estoy presentando encaja con la imagen que el resto de las Escrituras pinta acerca del carácter de Dios. Ya hemos visto en la Biblia que Dios castigó a Adán, Eva y Caín, así que hay un historial que podemos revisar.

Dios dejó muy claras las consecuencias asociadas con comer del árbol del conocimiento del bien y del mal en Génesis 2:17: «El día que de él comas, sin duda morirás». No hay confusión ahí.

Una vez que Adán y Eva comieron del árbol, ¿los mató Dios? No, no lo hizo.

Cero actos de pena capital inmediata.

Cero ejecuciones en la escena del crimen.

Ninguna cabeza rodó.

¿Qué hizo Dios en su lugar? Los apartó de Su presencia y revocó su acceso al árbol de la vida. La ira activa habría requerido su muerte inmediata, según las consecuencias que Dios había dejado claramente establecidas. Sin embargo, simplemente los expulsó del Jardín, y como ya no podían comer del árbol de la vida, se vieron obligados a enfrentar la realidad de su muerte eventual. En el jardín, Adán y Eva experimentaron la ira pasiva de Dios en lugar de Su ira activa. Dios eligió la gracia en lugar del juicio. Hay una diferencia monumental entre matarlos activamente y, simplemente, quitarles el acceso a una fuente de vida a la que nunca tuvieron derecho en primer lugar.

El primer acto de juicio de Dios establece un patrón. Dios opta por la ira pasiva en lugar de la ira activa. Combina una cantidad saludable de misericordia con Su justicia.

¿Cómo maneja Dios entonces el asesinato de Abel? Según la ley de Moisés, Caín debió haber sido ejecutado. ¿Recibió Caín la consecuencia de la pena capital? No. En cambio, Caín fue exiliado de la presencia de Dios. Esta es la misma consecuencia que recibieron Adán y Eva. Esta es nuevamente la ira pasiva de Dios. Exilio en lugar de muerte.

A lo largo de la narrativa bíblica hasta ahora, Dios aún no ha mostrado Su ira activa, y a pesar de lo que podrías pensar, yo sostengo que la historia del Diluvio no es diferente. Dios sigue el patrón que ya ha establecido. En lugar de matar a los humanos, Dios simplemente se retira del «grupo de chat». El Diluvio es una forma de exilio, solo que, en lugar de que la humanidad sea exiliada, Dios se exilia a Sí mismo, y la humanidad tiene que enfrentar las consecuencias de su caos. Ira pasiva.

La noción de que el Antiguo Testamento es legalista en contraste con el Nuevo Testamento, centrado en la gracia, no tiene fundamento. La gracia de Yahvé está plenamente presente a lo largo de toda la Biblia hebrea, si tienes ojos para ver y oídos para oír. Cuando Dios se aparta de Su creación o se retira de nuestras vidas, es inevitable que todo se derrumbe y vuelva al caos. Así es como funciona la ira pasiva de Dios. Pero debemos reconocer la otra cara de la moneda: la gracia activa.

Una de las muchas razones por las que amo a Dios con todo mi corazón es que han sido tantos los momentos en que ha podido irse... pero no lo hizo; tantas etapas en las que mi pecado debió haberlo alejado; tantos momentos en los que contaminé Su templo con caos y Él tenía todo el derecho de abandonarme. Pero en lugar de eso, Él se quedó.

Permaneció. Mantuvo todo unido. No permitió que todo se derrumbara y colapsara.

Tantas veces, como David en el Salmo 51:11, he orado con estas palabras: «No me alejes de tu presencia ni me quites tu Santo Espíritu». La oración de David es, esencialmente, decir: «No me eches de Tu jardín, y no te eches a Ti mismo fuera de mi vida».

Quizá David entiende las historias de Adán, Eva y Noé. Tal vez David entiende que la presencia de Dios y el orden de Dios son una misma cosa. David es conocido a lo largo de la historia como un líder y rey que da prioridad a la adoración y la presencia de Dios. Tiene celo por la casa de Dios y desea construir un lugar de habitación para la presencia divina. Es un nuevo Noé, sentando las bases para construir la casa de Dios y para priorizar Su presencia en Israel.

Esto explica la reacción de David cuando su esposa Mical piensa que él está actuando de una forma indigna de un rey al adorar públicamente con pasión y entusiasmo. La perspectiva de Mical es que el rey de Israel debe comportarse de manera reservada y respetable. Pero David ha puesto en primer lugar la presencia divina, y responde a la crítica de su esposa diciendo: «seguiré bailando en presencia del Señor, y me rebajaré más todavía, hasta humillarme completamente» (2 Samuel 6:21-22). Estas palabras brotan del corazón de un verdadero adorador.

Para David, la presencia de Yahvé es el elemento no negociable más importante en la vida.

La adoración verdadera tiene la capacidad de abrirse paso en medio del caos. Una auténtica priorización de la presencia de Dios comienza a recalibrar nuestras vidas y restaurar el orden. Cuando construimos y centralizamos un templo para que Dios habite en él, el caos no puede vencernos.

A veces experimentamos la ira pasiva de Dios cuando Él se aparta y todo el infierno se desata tras Su ausencia. Pero otras veces experimentamos la gracia activa de Dios cuando Él se queda, a pesar de que podría haberse ido, y nos gana de nuevo con Su gracia, paciencia y amor entrañable.

Una cosa que une inequívocamente a David con Noé es que Yahvé hace un pacto con ambos. Solo hay cuatro momentos en toda la Biblia hebrea en los que Yahvé elige establecer y fortalecer Su pacto con Su pueblo. Honestamente, si alguien pudiera recordar solo cuatro nombres e historias de toda la Biblia hebrea, probablemente serían estos:

Noé
Abraham
Moisés
David

Es el monte Rushmore del Antiguo Testamento.

Cuando Yahvé hace un pacto con Noé en Génesis 9:12-16, esto es lo que dice:

> Esta es la señal del pacto que establezco para siempre con ustedes y con todos los seres vivientes que los acompañan: He colocado mi arcoíris en las nubes, el cual

> servirá como señal de mi pacto con la tierra. Cuando yo cubra la tierra de nubes y en ellas aparezca el arcoíris, me acordaré del pacto que he establecido con ustedes y con todos los seres vivientes. Nunca más las aguas se convertirán en un diluvio para destruir a todos los mortales. Cada vez que aparezca el arcoíris entre las nubes, yo lo veré y me acordaré del pacto que establecí para siempre con todos los seres vivientes que hay sobre la tierra.

¿Puedes notar alguna palabra repetida en el discurso de Dios a Noé? En estos cinco versículos breves, la palabra *arcoíris* se repite explícitamente o se alude a ella al menos cinco veces. Esto significa que debe ser realmente importante. Sin embargo, no existe una palabra para «arcoíris» en hebreo. Deja que eso se asiente un momento.

La palabra hebrea utilizada en este pasaje es *qeset*,[1] pero no equivale a «arcoíris». Sin embargo, eso es lo que dice la traducción de la NVI. Entonces, ¿qué está pasando?

Así es como la RVC traduce los versículos 13-15: «He puesto mi arco en las nubes, el cual servirá como señal de mi pacto con la tierra. Cuando yo haga venir nubes sobre la tierra, entonces mi arco se dejará ver en las nubes y me acordaré de mi pacto, el pacto que he hecho con ustedes y con todo ser vivo, de cualquier especie; no volverá a haber un diluvio de aguas que destruya a todo ser vivo».

«He puesto mi *arco* (*qeset*) en las nubes». *Qeset* simplemente significa «arco».[2] Y la imagen que Yahvé quiere evocar es la de un arco de arquero. «La palabra *qeset* denota el arma del cazador… y del guerrero… con la cual se disparan flechas».[3]

En ese momento, los traductores de la NVI tenían las buenas intenciones de hacer el texto más comprensible, pero esos buenos propósitos pueden borrar a veces el conjunto de imágenes que la audiencia original habría tenido en mente.

El arco es un arma, y Yahvé está utilizando esta imagen para comunicar algo importante sobre Su carácter y Su pacto. Si imaginas un arcoíris como un arma de arquero en las nubes, algo se vuelve muy claro: la flecha está apuntando lejos de la tierra y hacia los cielos.

Si alguna vez has tenido un arma apuntándote, entonces entiendes la ansiedad intensa e inmediata que surge al estar cara a cara con una amenaza letal. Cuando yo era un pastor juvenil inmaduro y trabajaba en uno de los estados del sur de EE. UU., usé una escopeta como ilustración para un sermón. No había absolutamente ninguna bala en el arma, pero la apunté al público para demostrar un punto, y el caos del pánico se apoderó de la sala de inmediato. Miedo instantáneo. Ansiedad instantánea.

Fue muy memorable y probablemente también traumático, pero gracias a Dios no hay evidencia en video de eso. Y gracias a Dios mi pastor principal no me despidió. Ahora soy más sabio, lo aseguro.

Podríamos habernos ahorrado la demostración en vivo y el posible trauma que causó, pero la ilustración fue poderosa. Porque la mayoría de nosotros vivimos bajo el miedo paralizante y la ansiedad de que el arco de Dios esté apuntándonos directamente. Navegamos por la vida como si estuviéramos en la mira de Dios, y ese miedo subconsciente a Su ira y castigo crea una cultura colectiva de ansiedad. La mayoría sentimos como si estuviéramos mirando directamente el cañón de la escopeta del cielo, esperando a que caiga el otro zapato. Puede que no te des cuenta, pero el caos de tu ansiedad está alimentado por un miedo latente y subconsciente al rechazo y la ira de Dios. Pero la verdad es que la paz de Dios normalmente no puede materializarse hasta que aceptas que estás en paz *con* Dios y, quizás más importante aún, que Dios está en paz contigo.

Para algunos de nosotros, este es el anuncio que ni siquiera sabíamos que necesitábamos, pero por favor escúchame: Dios colgó Su arco hace mucho tiempo.

La festividad nacional conocida como *Juneteenth*[4] o Día de la Emancipación es un reconocimiento público y un símbolo del hecho de que muchas veces hay una brecha entre la verdad y nuestra experiencia vivida. Abraham Lincoln anunció la Proclamación de Emancipación el 1 de enero de 1863. Robert E. Lee se rindió al ejército de la Unión el 9 de abril de 1865, y el departamento militar confederado que cubría Texas se disolvió el 26 de mayo de ese año.

Sin embargo, no fue hasta el 19 de junio de 1865 —novecientos días después de que la Proclamación de Emancipación entrara en vigor y dos meses después del fin de la guerra— que el General de División Gordon Granger llevó la noticia de la libertad a los estadounidenses esclavizados en Texas. Esos hombres y mujeres eran libres, pero simplemente no les había llegado la noticia. La guerra había terminado, eran libres, pero aún no lo sabían.

El arco de Dios no está apuntándote. Dios colgó Su arco hace mucho tiempo. Vertió toda Su ira sobre Su Hijo hace mucho tiempo, pero tal vez las buenas noticias apenas te estén llegando ahora.

Dios está en paz contigo. Desea caminar en pacto contigo. Y el caos de ansiedad que rodea tu relación con Dios por fin puede ser calmado.

Los estudiosos a menudo se han preguntado cómo es posible que tantas culturas en todo el mundo antiguo hayan registrado historias sobre un diluvio catastrófico. Grupos de personas de todo el mundo tienen en común estas historias prehistóricas de inundaciones. Esto señala algún tipo de memoria traumática en la psique colectiva humana. La humanidad en su conjunto siempre ha conocido la ansiedad y el miedo tras el Diluvio. Por eso, Dios ha mostrado Su arco en las nubes para que todos los pueblos lo vean y sean constantemente recordados sobre las buenas nuevas de nuestro tratado de paz con Dios.

Yahvé le está diciendo a Noé y a toda la humanidad: «La próxima vez que inunde la tierra con agua, será porque la flecha me atravesó a mí, no a ustedes». La prueba de que la humanidad y Yahvé están en pacto es el hecho de que Él está dispuesto a ser el receptor de la flecha del arquero, en lugar de hacernos pagar la penalidad de nuestro pecado. Su pacto con Noé es, esencialmente, que Yahvé está diciendo: «Esto me va a doler más de lo que les va a doler a ustedes», y realmente lo está diciendo en serio.

El arco del arquero que Dios ha puesto en las nubes está puesto de manera que la flecha lo atraviese a Él en lugar de a la humanidad, lo cual es exactamente lo que está ocurriendo en la cruz. Jesús es elevado sobre la tierra, y Juan 19:34 nos dice que «uno de los soldados le abrió el costado con una lanza y al instante brotó sangre y agua».

La flecha del arco del arquero finalmente fue liberada cuando Jesús colgaba en la cruz del Calvario. Y cuando la flecha atravesó la Divinidad, un torrente de agua y sangre salió para limpiar la tierra y perdonar a la humanidad. Eso es gracia activa.

No hay mucha ira activa en el texto bíblico. Y no hay mucha gracia pasiva. Cuando hay ira, es pasiva. Cuando hay gracia, es activa. Ya sea que estemos estudiando un diluvio de lluvia en el Antiguo Testamento o un diluvio de agua y sangre que sale de un Salvador traspasado en el monte Calvario, vemos ira pasiva y gracia activa.

Capítulo 18

Moisés y su dragón

> He aquí yo estoy contra ti,
>
> Faraón rey de Egipto,
> el gran dragón que yace
> en medio de sus ríos,
> el cual dijo: Mío es el Nilo,
> pues yo lo hice.
>
> EZEQUIEL 29:2-3, RVR1960.

Durante toda mi vida, creí que Beren*stein* Bears era la forma correcta de escribir el nombre de la serie de libros que leía y disfrutaba de niño. Puedes imaginarte mi confusión y completo asombro al descubrir que nunca se ha escrito así. De acuerdo con todas las búsquedas en internet —y el sitio web oficial—[1] siempre ha sido Beren*stain* Bears.

Me da vergüenza admitir que mi reacción inicial fue pensar que había algún tipo de teoría conspirativa. Alguien debió haber eliminado todas las copias con la ortografía original de mi infancia y reemplazarlas con esta nueva, rara. No soy el único, por cierto. Millones de personas recuerdan incorrectamente cómo se escribe el nombre de esta serie de libros. Lo sé porque todos nos hemos encontrado en internet.

Existe un término para este fenómeno, cuando una parte significativa de la población recuerda incorrectamente un evento o comparte un recuerdo de algo que en realidad nunca ocurrió. Se llama el efecto Mandela.

¿El logo de *Fruit of the Loom* tuvo algo que ver con el cuerno de la abundancia del que se derramaba la fruta?
¿La cola de Pikachu tiene la punta negra?
¿El Sr. Monopoly usa monóculo?

Si has respondido «sí» a cualquiera de estas preguntas, es probable que estés bajo la influencia del efecto Mandela[2], porque la respuesta correcta a todas esas preguntas es no. Sin embargo, millones de personas recuerdan que el logo de *Fruit of the Loom* tenía un cuerno de la abundancia, que la cola de Pikachu tenía la punta negra y que el Sr. Monopoly usaba un monóculo. Estos son ejemplos muy populares de recuerdos falsos compartidos.

La mayoría de las personas piensan que Darth Vader dijo: «Luke, yo soy tu padre» en *El Imperio contraataca*, pero la frase real es: «No, yo soy tu padre». La frase: «Si lo construyes, ellos vendrán», atribuida a *El campo de los sueños*, es en realidad: «Si lo construyes, él vendrá». Y muchos recuerdan que la reina malvada de *Blancanieves y los siete enanitos* dice: «Espejito, espejito en la pared…», pero en realidad dice: «Espejo mágico en la pared…».[3]

Todos estos son ejemplos famosos del efecto Mandela. Sin embargo, este fenómeno va más allá de la cultura pop. Por una multitud de razones, muchos cristianos tienen recuerdos colectivos falsos sobre historias y eventos bíblicos. Por ejemplo, que Moisés lanzó su vara delante del faraón y esta se convirtió en serpiente. Ese es un recuerdo falso compartido. Y todo, desde la interpretación de Charlton Heston como Moisés hasta *El Príncipe de Egipto*, refuerza esta idea. Pero ¿qué fue lo que realmente ocurrió?

Éxodo 7:10 registra: «Moisés y Aarón fueron a ver al faraón y cumplieron las órdenes del SEÑOR. Aarón tiró su vara al suelo ante el faraón y sus funcionarios, y la vara se convirtió en [*tanín*]».

Un *tanín*. Un dragón.

Un dragón del caos.

Un monstruo marino.

¡Vaya giro en la trama!

Moisés y Aarón lanzan una vara, y esta se convierte en un dragón. Ese solo detalle cambia la historia de la mejor manera imaginable, una pista que transforma cómo interpretamos el carácter de Moisés y toda la historia del Éxodo.

El relato del Éxodo comienza con un faraón malvado, paranoico y sin nombre que esclaviza al pueblo de Israel y decreta que todos los niños varones hebreos sean arrojados al Nilo y ahogados. Pero una madre decide desafiar al faraón y esconde a su hijo durante tres meses. Finalmente, cuando ya no puede ocultarlo más, hace un arca para su hijo. En lugar de lanzarlo al caos para que se ahogue, lo coloca dentro del arca y luego la pone en el agua.

El destino quiso que fuera la hija del faraón quien encontrara a este bebé misteriosamente a salvo entre los juncos del Nilo. La Biblia nos dice en Éxodo 2:10 que la hija del faraón lo llamó *Moisés*, diciendo: «Lo saqué del agua» (NTV), y Moisés termina viviendo en la misma casa del hombre que había ordenado su muerte. Una ironía total.

Recapitulemos.

Tenemos un famoso río que aparece de manera prominente, un arca utilizada como medio de salvación a través del agua, un niño que recibe su nombre por su asociación con el agua, y eventualmente un bastón que puede convertirse en un dragón. Apenas estamos en las primeras páginas de la historia de Éxodo, y ya tenemos suficientes pistas para comenzar a armar este rompecabezas, porque algo me dice que la historia de Éxodo podría tratar sobre el caos y el orden.

Ya hemos visto todas las imágenes y símbolos que han representado el Caos a lo largo de la historia bíblica hasta ahora. Agua. Dragones. Inundaciones. Arcas. Todos los sospechosos habituales están presentes en Éxodo. Y ahora que tenemos las herramientas para interpretar los patrones antiguos y los símbolos orientales, es hora de dejar atrás nuestros recuerdos colectivos erróneos y reemplazarlos con artefactos del camino antiguo.

De nuevo, Éxodo comienza con un nuevo faraón que se siente intimidado por el crecimiento y la fortaleza de los israelitas. Él decide esclavizar y oprimir al pueblo de Dios, amargándoles la vida con un trabajo arduo y obligándolos a trabajar en «todas las labores del campo» (Éxodo 1:14).

El libro de Génesis ya nos ha equipado para interpretar lo que describe Éxodo. Génesis nos dijo que Adán y Eva fueron engañados por una bestia del campo, y que Caín sacó a Abel al campo y actuó como una bestia violenta hacia su hermano. Génesis describió a Esaú como un hombre del campo.

La Serpiente. Luego Caín. Luego Esaú. Habitantes del campo y, por lo tanto, bestias y agentes del caos. Un patrón muy claro y reconocible. El faraón ha llevado al pueblo de Israel al campo de la misma manera en que Caín llevó a su hermano al campo. El faraón no es solo un rey; es un rey del Caos.

¿Recuerdas cómo la Serpiente era la más astuta de las bestias? Esa palabra *astuta* en hebreo es *arum*[4] y significa «sabio», «astuto» o «sagaz».[5] Bueno, mientras el faraón está pensando en una solución para la creciente población de israelitas, él dice en Éxodo 1:10: «Vamos a tener que manejarlos con mucha astucia».

Astuto. Justo como la Serpiente.

Hay un personaje poco conocido en la Biblia llamado Nimrod. Está enterrado dentro de una genealogía y rara vez se habla de él, pero es extrañamente muy importante. Génesis 10:8 nos dice que Nimrod es «conocido como el primer gran guerrero en la tierra». Los versículos 10-12 muestran que él está en el desierto, moviéndose hacia el este de Edén, construyendo ciudades en la tierra de Sinar. Él construye Babel. Él construye Nínive. Y el texto dice que eso fue «el comienzo de su reino» (versículo 10, RVR1960). Un personaje fascinante, aunque relativamente desconocido y poco popular.

Cuando llegamos a la historia de Babel, aprendemos que Nimrod y su gente están usando ladrillos y mortero para construir su ciudad. Ladrillos y mortero. No vemos estas palabras con frecuencia a lo largo de la Torá. De hecho, solo las veremos una vez más.

Éxodo 1:11-14 dice que el faraón oprimió a los israelitas y que «los egipcios llegaron a tenerles miedo; por eso les imponían trabajos pesados y los trataban con crueldad. Les amargaban la vida obligándolos a hacer mezcla, ladrillos y todas las labores del campo». Los israelitas construyeron «las ciudades de almacenaje Pitón y Ramsés».

Ladrillo. Mortero. Construcción de ciudades. Mmm. Parece que el faraón es un nuevo Nimrod.

El faraón es la nueva Serpiente. El nuevo Caín. El nuevo Nimrod. El faraón es una bestia astuta, un asesino despiadado y un constructor de imperios. El faraón es la trifecta del Caos. El faraón es un rey del Caos, un dragón del Caos.

El escritor de Éxodo insinúa esto, pero los profetas Ezequiel e Isaías lo afirman claramente. Yahvé ordena a Ezequiel profetizar contra el faraón, diciendo: «Pon tu rostro contra el faraón, rey de Egipto, y profetiza contra él y contra todo Egipto; habla y di: Así dice el Señor Dios: Yo estoy contra ti, faraón rey de Egipto, el gran dragón que se extiende en medio de sus canales, diciendo: "Mío es el Nilo, pues yo lo hice» (Ezequiel 29:2-3, RVR1960).

Un momento. ¿Acaso Yahvé acaba de llamar al faraón un gran dragón?

Sí. Eso es exactamente lo que ocurrió.

El faraón ha desatado un nivel de caos que aún no hemos visto en la narrativa bíblica. El escritor de Éxodo lo vincula a los patrones de caos que ya hemos visto, mientras destaca que también está sucediendo algo sin precedentes en la historia. Nunca hemos visto a una superpotencia internacional esclavizar a un grupo étnico entero, a innumerables bebés ahogados en el Nilo por un tirano, ni a un líder mundial que afirme ser la encarnación de un dios.

Hemos visto el caos, pero no de esta forma.

Cuando Dios divide el mar Rojo y el faraón los sigue para volver a capturar a los israelitas como esclavos, Dios hace que las ruedas de sus carros se queden atascadas, lo que da tiempo para que Israel pase completamente por el mar Rojo de manera segura. Luego, Éxodo 14:28 indica: «las aguas volvieron a su lugar y cubrieron todos los carros y a sus conductores; el ejército completo del faraón. No sobrevivió ni uno de los egipcios que entró al mar para perseguir a los israelitas que los había seguido en el mar; no quedó ni uno de ellos» (NTV).

En Isaías 51, el profeta está meditando sobre este momento exacto. Está reflexionando sobre cómo Yahvé liberó a su pueblo de Egipto cuando estaban atrapados entre los ejércitos del faraón y el mar. Esto es lo que escribe Isaías:

> ¿No eres tú el que secó el mar,
> las aguas del gran abismo;
> el que transformó en camino
> las profundidades del mar
> para que los redimidos pasaran? (versículo 10, RVR1960).

El profeta Isaías está claramente narrando un momento específico de la historia: el pueblo de Israel cruzando milagrosamente el mar Rojo sobre tierra seca. Y es fascinante ver lo que escribe en el versículo 9:

> Despierta, despierta, vístete de poder, oh brazo del Señor.
> Despierta como en los días de antaño, en las
> generaciones pasadas.
> ¿No eres tú el que despedazó a Rahab,
> El que traspasó al dragón? (Isaías 51:9, NBLA).

Isaías dice que Dios, a través del juicio del mar Rojo, «despedazó a Rahab» y «traspasó al dragón». Rahab era un famoso dragón del caos conocido por su nombre en todo el mundo antiguo, pero aquí Isaías usa este nombre como sustituto del faraón. Isaías ve al faraón a través del lente de una cosmovisión antigua, y ahora nosotros también podemos hacerlo.

Los autores bíblicos ven al faraón como un dragón. Moisés, Ezequiel, Isaías... Todos lo ven de esta manera.

Entonces, ¿con qué equipa Yahvé a Moisés mientras se dirige a confrontar al líder humano más poderoso del planeta? Lo adivinaste: con una vara que puede convertirse en un dragón, porque el faraón será consumido por el mismo caos que él ha creado.

Capítulo 19

Las plagas del caos

> El orden que Dios introdujo al caos en Génesis 1 ahora está cediendo, en lo que respecta a los egipcios, al caos una vez más. De hecho, las plagas y el incidente del mar Rojo no son más que una serie de inversiones de la creación.
>
> PETER ENNS, *EXODUS, THE NVI APPLICATION COMMENTARY*

A primera vista podría parecer que Yahvé está siendo injusto, extremo e innecesariamente cruel mientras las plagas arrastran a Egipto de nuevo al caos. Pero debemos desenterrar el contexto subyacente antes de sacar conclusiones precipitadas. La narrativa del Diluvio ya ha establecido que Yahvé es amoroso, lleno de gracia, bondadoso y misericordioso, y este relato de las plagas no puede borrar ni socavar eso.

Así que debemos hacernos una pregunta importante: ¿quién era el faraón según el panteón religioso egipcio?

El faraón se proclamó a sí mismo como la encarnación del dios egipcio Horus, y se creía que era el hijo de Ra, el dios del sol. Representaba a todo el panteón de dioses para el pueblo egipcio. Dicho de manera simple, el faraón era un dios.

Este detalle lo cambia todo. Porque Yahvé va a enfrentarse con este dios autoproclamado como si realmente fuera un dios. Y al final de la narrativa, el faraón sabrá que no es la encarnación de Horus ni el hijo de Ra, sino un simple mortal cuya arrogancia ha provocado la ira del único Dios verdadero.

Dado que una deidad debería ser capaz de evitar que su creación caiga en el caos, Yahvé demostrará al faraón que él es un simple humano enviando plagas de *des*creación y caos sobre la tierra de Egipto. La respuesta de Yahvé al faraón es compleja, brillante y está diseñada para demostrar que el faraón es completamente dependiente del único Dios que puede sacar a la creación del caos y mantener el orden.

Recuerda: la creación es el proceso por el cual Yahvé estableció el orden en medio del caos. Las plagas son simplemente una reversión de ese proceso.

En la creación, las aguas se reúnen. Génesis 1:9-10 dice: «Y dijo Dios: "Que las aguas debajo del cielo *se reúnan* en un solo lugar, y que aparezca lo seco". Y así sucedió. Dios llamó a lo seco "tierra" y a *la reunión de las aguas* llamó "mares"». En las plagas, Aarón y Moisés levantan la vara sobre todos los «estanques [o *reuniones*] de agua» de Egipto, y se convierten en sangre (Éxodo 7:19-20, RVR1960). La palabra hebrea utilizada aquí para describir las reuniones o estanques de agua es «*miqweh*», que es exactamente la misma palabra del capítulo inicial de Génesis cuando Dios crea los mares.[1] ¿Coincidencia? No lo creo.

En la creación, Yahvé trae el orden creando una clara frontera entre el agua y la tierra, separando estos dos reinos entre sí. En las plagas, esa frontera se borra a medida que las ranas invaden la tierra. Las ranas habitan tanto en la tierra como en el agua y representan la anulación de la clara frontera de Yahvé desde Génesis.

En la creación, Yahvé trae a la humanidad del polvo de la tierra. En las plagas, ese polvo se convierte en una infestación de mosquitos que cubren todo ser viviente con el polvo de su propia mortalidad. (Espero que estés viendo cómo emerge un patrón).

En la creación, Dios trae la vida vegetal en el tercer día. Génesis 1:11 dice: «Luego dijo Dios: "¡Que haya vegetación sobre la tierra"… Y así sucedió». En las plagas de granizo y langostas, toda la vegetación en Egipto es destruida.

En la creación, Yahvé trae la luz. En las plagas, Egipto se cubre con una espesa oscuridad.

Las plagas son una reversión de la creación. Al final de ellas, el orden de la creación ha sido completamente deshecho y Egipto es sumergido nuevamente en el caos de *tohu va-vohu*. El faraón es impotente para evitar que esto suceda o para sacar a Egipto del caos. Las plagas son la consecuencia medida para un ser humano que se atreve a creer que es divino y digno de adoración.

En lugar de «Hablemos de hombre a hombre», Yahvé le dice esencialmente a este mero mortal que se ha exaltado a sí mismo al lugar de dios: «Manejemos esto de Dios a dios». Yahvé no está tratando al faraón como un ser humano, sino que lo juzga según el estatus que él mismo se ha atribuido.

La mayoría de nosotros no somos tiranos genocidas que poseemos esclavos y nos proclamamos como deidades. Sin embargo, todos luchamos con la arrogancia, la autosuficiencia, la idolatría y las tendencias narcisistas. La historia del Éxodo deja claro que esas cualidades crean caos, porque a pesar de lo que nos digamos a nosotros mismos, nosotros como humanos no tenemos el poder de mantener el orden con nuestra propia fuerza. Fuimos diseñados para depender del único Dios verdadero que crea y mantiene el orden y frena el caos.

Hay un pequeño faraón en todos nosotros. Todos deseamos ser exaltados, incluso a costa de otros. Y todos hemos experimentado el desmoronamiento del orden y el despliegue del caos. Todos hemos experimentado una plaga de caos en algún momento. Un caos que nos pone de rodillas y nos insta a arrepentirnos humildemente y a reconocer nuestra completa y desesperada dependencia del Creador de la vida y del orden.

Hay dos pistas que nos llevan a creer que debemos ver al faraón no como un individuo, sino como un representante de todo el cargo.

La primera es que nunca nos dan el nombre de este faraón. Claramente, Moisés conocía el nombre de este hombre. Por ende, la omisión de esta información es intencional por parte del autor. A lo largo de la historia de Egipto, gobernaron alrededor de 170 faraones. Yahvé está juzgando la idolatría de cada faraón que alguna vez se atrevió a exaltarse a sí mismo al estatus de dios, y no solo las acciones del gobernante individual que está frente a Moisés y Aarón.

Nuestra segunda pista se encuentra en Éxodo 12:12, que declara el propósito de Yahvé para las plagas: «Esa misma noche pasaré por la tierra de Egipto, y heriré de muerte a todos los primogénitos, tanto de personas como de animales, y ejecutaré mi sentencia contra todos los dioses de Egipto. Y soy el SEÑOR». Números 33:3-4 da testimonio del mismo hecho: «Un día después de la Pascua, los israelitas partieron de Ramsés. Marcharon con aire triunfal a la vista de todos los egipcios, mientras estos sepultaban a sus primogénitos, a quienes el SEÑOR había herido entre ellos. El SEÑOR también dictó sentencia contra los dioses egipcios».

Yahvé envía las plagas como juicio por la idolatría, juicio sobre todos los dioses de Egipto, incluyendo al faraón. En pocas palabras, la idolatría siempre resultará en caos.

¿Por qué está juzgando Yahvé a estos dioses? ¿Acaso se toma en serio a estos ídolos y falsas deidades? La respuesta sencilla es sí.

Yahvé se los toma en serio porque la Biblia no opera desde una perspectiva monoteísta. Si creciste aprendiendo que el judaísmo, el cristianismo y el islam son religiones monoteístas, esto puede sorprenderte y causar algo de confusión. Francamente, los autores bíblicos nunca promueven el monoteísmo ni profesan una cosmovisión monoteísta. (Ten paciencia). El monoteísmo es la *creencia* en un solo dios. En cambio, los autores bíblicos promueven y profesan la monolatría o una cosmovisión monolátrica.

¿Y qué es la monolatría? La *adoración* exclusiva de un solo Dios.

Yahvé se toma en serio a los dioses de Egipto porque son reales. Somos necios si no creemos que existen ángeles caídos, fuerzas demoníacas, poderes, principados y poderosos seres regionales de maldad que reciben adoración como dioses.

Hathor.
Isis.
Osiris.
Heket.
Hapi.
Horus.
Faraón.

Estos seres son reales. Estos seres tienen poder. Son fuerzas espirituales caídas y corruptas, no una invención de la imaginación humana. Realmente se han aparecido ante los humanos, impresionado a los humanos con su poder sobrenatural y desviado a los humanos del camino. El apóstol Pablo toma estos seres en serio cuando da instrucciones a la iglesia de Corinto para ayudar a traer orden a sus caóticas vidas. Esta iglesia está llena de caos. Un hombre está durmiendo con la esposa de su padre. Hay demandas frívolas y facciones divisivas. La gente se embriaga durante la comunión, y las personas luchan entre sí y compiten por dar palabras proféticas durante el servicio de adoración.

Esta iglesia en Corinto es un desastre. Así que Pablo escribe para ayudar a establecer el orden tan necesario. Y gran parte de ese orden está basado en que los corintios se aparten de los ídolos y den su lealtad y devoción exclusiva a Jesús. Esto es lo que Pablo dice en 1 Corintios 10:20-21 (TLA):

> Cuando los que no creen en Cristo ofrecen algo, se lo dan a los demonios y no a Dios. ¡Y yo no quiero que ustedes tengan nada que ver con los demonios! Ustedes no pueden beber de la copa que se usa en las ceremonias donde se honra a los demonios. Tampoco pueden participar en la Cena del Señor y, al mismo tiempo, participar en las fiestas para los demonios.

Pablo no minimiza la gravedad de la idolatría, sino que la llama por su nombre: adoración de demonios. Él tiene una visión monolátrica del mundo y entiende que los ángeles rebeldes y caídos están activamente reclutando seguidores humanos.

Zeus.
Afrodita.

Poseidón.

Seres reales con poder real.

El caos encuentra una puerta abierta en nuestras vidas a través de fuerzas demoníacas que apelan a los apetitos de nuestra carne. Afrodita sabe que, para tener seguidores leales y devotos, debe tener miles de prostitutas del templo vagando por las calles de Corinto. Las prostitutas son simplemente carnada para que los humanos adoren a los demonios.

La mayoría de las personas buscan placer sexual, no una experiencia religiosa, por lo que el ser demoníaco que los griegos llamaban Afrodita, cubre y camufla la devoción religiosa bajo el disfraz del éxtasis sexual. Es una estrategia brillante.

Cuando pienso en el mundo posmoderno y en la sexualidad desenfrenada de nuestra era, es evidente que innumerables personas han invitado al caos en sus vidas a través de la puerta de la indulgencia y expresión sexual. Yo llamo a esto el «efecto caballo de Troya». El caos entra por la puerta de nuestras almas sin ser detectado porque nunca se presenta como un ejército de soldados armados para aniquilar. El caos siempre se disfraza de regalo, pero una vez que ese regalo está seguro detrás de las murallas de nuestras almas, el caos sale del caballo y nos damos cuenta de que hemos sido engañados.

Pablo quiere que los cristianos de Corinto estén alerta. Lo que podría parecer una fiesta inocente con algo de carne sacrificada a Atenea o Hermes podría realmente invocar la presencia manifiesta de poderes demoníacos que inevitablemente desencadenarán una plaga de caos.

Un encuentro inocente en Tinder fácilmente puede llevar a un lazo espiritual que trae un caos inimaginable a tu vida, porque mientras nuestros cuerpos están embriagados con el placer, nuestras almas se mezclan. He aconsejado a innumerables adultos que misteriosamente empezaron a luchar contra la depresión, y logramos rastrear el origen de esa forma de caos cuando comenzamos a examinar el punto de entrada de experiencias sexuales en sus vidas.

Nuestra cultura está llena de puntos de acceso demoníacos que abren la puerta al caos:

Sexo sin preocupaciones ni compromiso.
Piedras de chakra que puedes comprar en Urban Outfitters.
Música de artistas que experimentan con lo oculto.
Visualización regular y desenfrenada de pornografía.
Rituales de limpieza con salvia y humo.

La lista es interminable. Todas son formas de idolatría que, en última instancia, traen una plaga de caos.

A medida que el pueblo de Israel deja Egipto, Dios sabe que necesitan desesperadamente restaurar el orden en sus vidas. Han vivido como esclavos en una cultura de inmoralidad, injusticia e idolatría durante siglos. Así que, una vez que han cruzado el mar Rojo y han experimentado la salvación y liberación de Yahvé, es hora de que Moisés les entregue la Ley.

Esto no es legalismo ni está en contra de la gracia. El legalismo es poner la obediencia antes de la salvación. Si Yahvé hubiera dado los Diez Mandamientos en tablas de piedra mientras el pueblo estaba frente al mar Rojo y los hubiera obligado a aceptarlos bajo presión, eso sería legalismo. Pero Yahvé no hace eso. Yahvé los salva y los libera de la esclavitud y *luego* les da la Ley y los mandamientos, una vez que ya ha eliminado sus cadenas de esclavitud.

Este es el mismo patrón que sigue Jesús. Él nos libera de la esclavitud del pecado y de la muerte por su obra expiatoria y sacrificial en la cruz. Y una vez que ponemos nuestra fe en este Rey Jesús, Él dice en Juan 14:15: «Si ustedes me aman, obedecerán mis mandamientos».

Yahvé siempre libera a su pueblo no solo del pecado de la esclavitud, sino también de la esclavitud al pecado, tanto entonces como ahora.

Cruzar el mar Rojo no es el final de la narración del Éxodo. ¿Qué sucede durante los veintiséis capítulos restantes?

Después de catorce capítulos de caos, finalmente es el momento de establecer el orden. El resto del Éxodo se centra en la Ley que regirá el comportamiento de esta nueva sociedad y en el tabernáculo para albergar la presencia de Dios, porque sin ley y presencia, no tenemos ninguna posibilidad de conquistar el caos ni de crear el orden.

Sigamos rastreando la historia y aplastando el caos.

Capítulo 20

Un portal de regreso al Edén

> Las dimensiones precisas y perfectas del tabernáculo indican un sentido de orden en medio del caos.
>
> **PETER ENNS,** *EXODUS, THE NIV APPLICATION COMMENTARY*

> Pensar en el tabernáculo como un acto de recreación cósmica es precisamente lo que pretendía transmitir originalmente la construcción del tabernáculo...
>
> En medio de un mundo caído, en exilio del jardín del Edén —el «cielo en la tierra» original— Dios lleva a cabo otro acto de creación, un proyecto de construcción que no es nada menos que un regreso al esplendor previo a la Caída.
>
> **PETER ENNS,** *EXODUS, THE NIV APPLICATION COMMENTARY*

> El deseo del escritor bíblico es que el lector vea la construcción del tabernáculo como un acto de creación.
>
> **PETER ENNS,** *EXODUS, THE NIV APPLICATION COMMENTARY*

Una vez que Dios guía a Su pueblo a través del caos del mar Rojo, es el momento de traer orden a sus vidas. Es el momento de llevarlos de regreso al jardín, un espacio ordenado y santificado donde Dios puede habitar entre ellos. Entonces, Dios les da instrucciones para construir una tienda para Su presencia: un tabernáculo diseñado para restaurar la cohabitación entre Dios y la humanidad.

Cuando llegamos a Éxodo 25 y comenzamos a leer las instrucciones para esta tienda, es fácil quedarse atrapado en los detalles: cubiertas exteriores de pieles de carnero y cabra; cortinas de lino tejidas con diseños azules, púrpuras y rojos; un candelabro dorado montado en el suelo con siete lámparas; un gran altar de bronce hecho de un marco de madera de acacia con cuernos en las esquinas.

De hecho, hay tantos detalles que deberían hacer que el lector curioso se pregunte si hay algo más ocurriendo aquí que la simple construcción de una tienda. Primero, Dios habla siete veces en Éxodo[1] para dar a Moisés las instrucciones del tabernáculo. ¿Puedes pensar en otra ocasión en la que la construcción de algo se haya dividido en un proceso de siete partes? Sí, el relato de la creación en Génesis. Peter Enns señala en su innovador comentario sobre Éxodo que: «los comentaristas durante siglos han notado que la frase "el Señor le dijo a Moisés" aparece *siete* veces… Parece claro que el propósito de este arreglo es ayudar al lector a hacer la conexión entre la construcción del tabernáculo y los siete días de la creación, en tanto ambos involucran seis actos creativos que culminan en un descanso en el séptimo día».[2]

Para la audiencia antigua, la instrucción en siete partes que encontramos en Éxodo claramente se correlaciona con el relato de la Creación, pero para los lectores modernos, esta conexión probablemente es poco clara, y eso es porque estamos tan alejados de este estilo general de comunicación.

En segundo lugar, un candelabro en el atrio interior de esta tienda tiene seis ramas (Éxodo 25:32-35). ¿Pero por qué ramas? Tal vez porque el candelabro debería hacernos pensar en un árbol. ¿Por qué un árbol? ¿Puedes pensar en una ocasión en Génesis cuando un árbol fue el centro de la historia? Sí, el jardín del Edén.

En tercer lugar, este candelabro también da luz. De hecho, tiene siete lámparas sujetas a esas seis ramas y al poste central (versículo 37). Pensemos un momento. ¿Cuándo fue la luz una parte crucial de una historia que giraba en torno al número siete? El relato de la creación en Génesis.

En cuarto lugar, el tabernáculo tiene una gran fuente de bronce en el atrio exterior (30:18), porque no podemos hablar de la creación sin hablar de agua.

Quinto, los diseñadores de esta tienda están llenos de sabiduría, lo cual es fascinante. Esto es lo que Dios le dice a Moisés en Éxodo 31:3-5 sobre Bezalel, quien construirá el lugar ordenado y el santuario de Dios: «lo he llenado del Espíritu de Dios, de sabiduría, inteligencia y capacidad creativa para hacer trabajos artísticos en oro, plata y bronce, para cortar y engastar piedras preciosas, para hacer tallados en madera y realizar toda clase de artesanías».

¿Por qué exactamente Bezalel necesitaría sabiduría? Bueno, la Sabiduría en realidad tiene un discurso en Proverbios donde comparte su perspectiva desde los días de la creación. Proverbios 8:22-24 (NTV) registra:

> El Señor me formó desde el comienzo,
> antes de crear cualquier otra cosa.
> Fui nombrada desde la eternidad,

en el principio mismo, antes de que existiera la tierra.
Nací antes de que los océanos fueran creados,
antes de que brotara agua de los manantiales.

¿Por qué los constructores del tabernáculo necesitan la sabiduría que Dios tenía cuando creó el mundo, específicamente el jardín del Edén? Tal vez el tabernáculo sea un regreso al Edén. De la misma manera en que Dios sacó la creación del caos y creó un refugio donde Su presencia podía habitar con los humanos, tal vez el tabernáculo se supone que sea un santuario en medio del caos del desierto.

Sexto, cuando la construcción del tabernáculo se completa en Éxodo, el lenguaje refleja la finalización de la creación en Génesis. El autor humano de estos textos quiere que veamos algo. Así es como la Biblia nos enseña teología: obligándonos a cavar en busca de tesoros, mirando los textos hasta que notemos los paralelismos. En Éxodo, Moisés ve el trabajo del tabernáculo y pronuncia una bendición; en Génesis, Dios ve el trabajo de la creación y pronuncia una bendición.

A continuación, veamos un diagrama que muestra cómo se reflejan los pasajes entre sí:

Tabernáculo	**Creación**
«Moisés inspeccionó la obra, y al ver que la habían hecho tal como el SEÑOR se lo había ordenado, los bendijo» (Éxodo 39:43).	«Y vio Dios todo lo que había hecho, y he aquí que era bueno en gran manera» (Génesis 1:31, RVR1960). «Y los bendijo Dios» (versículo 28).

Tabernáculo	Creación
«Así terminó Moisés la obra» (Éxodo 40:33)	Fueron, pues, acabados los cielos y la tierra, y todo el ejército de ellos. Y acabó Dios en el día séptimo (Génesis 2:1-2, RVR1960).

Por último, Dios le dijo a Moisés que tejiera querubines en las cortinas del tabernáculo y que colocara dos querubines sobre el arca del pacto.

Ya hemos visto querubines antes, ¿no es así? ¿Dónde? En el jardín del Edén. Esto es lo que dice Génesis 3:24: «Luego de expulsarlo [al hombre], puso al oriente del jardín del Edén a los querubines y una espada ardiente que se movía por todos lados para custodiar el camino que lleva al árbol de la vida».

Los querubines fueron puestos en la entrada del Edén para proteger el árbol de la vida de Adán y Eva. Ahora, los querubines del tabernáculo están dando la bienvenida a los hijos de Adán y a las hijas de Eva de regreso a la presencia de Dios con un nuevo árbol de la vida.

Mientras el pueblo de Dios reserve un espacio ordenado para la presencia divina, es como si los efectos de la Caída fueran neutralizados. Dios ha ofrecido a Su pueblo un camino para experimentar el orden restaurado.

La construcción del tabernáculo no trata de construir un edificio. Trata de una nueva creación, y el mismo Creador que sacó este mundo del caos está obrando nuevamente con una nueva nación de esclavos liberados. La construcción del tabernáculo trata de cómo el orden domina al caos: descanso sabático, reingreso al Edén y Dios proveyendo refugio para su pueblo en medio de aguas caóticas y un desierto voraz.

Bienvenido al mundo de las Escrituras. Donde el arca de Noé en realidad trata sobre el tabernáculo. Pero luego descubres que el tabernáculo en realidad trata sobre la creación. Esto significa que el arca de Noé también trata sobre la creación, porque cada ciclo da un nuevo significado al ciclo anterior, y hay más ciclos aquí que en una montaña rusa de un parque de diversiones.

Bienvenido al misterio.

Bienvenido a la búsqueda de sabiduría que dura toda la vida.

Bienvenido a una forma oriental de interactuar con el texto.

EL PRÍNCIPE DE PAZ

SECCIÓN

4

Capítulo 21

Se rompe el ciclo del caos

> En los evangelios... se presenta a Jesús como figura creadora que confronta los poderes del *caos.*
>
> DOMINIC RUDMAN, «THE CRUCIFIXION AS CHAOS-KAMPF»

El segundo versículo de la Biblia está cargado de imágenes intencionales. En este breve versículo, encontramos el Caos de *tohu va-vohu*, seguido por las aguas profundas del *tehom*, y culminando con el viento de Dios (*ruaj*) que se movía sobre la superficie de las aguas caóticas.

Caos. Agua. Viento.

Tohu va-vohu. Tehom. Ruaj. En ese orden específico. Solo vamos por el segundo versículo del texto bíblico, y ya estamos a mitad de un patrón que persistirá y se filtrará a lo largo de toda la narrativa de la Biblia.

En el siguiente versículo, Dios habla, y la autoridad de Su palabra hablada mueve la creación del caos al orden. Durante los siguientes días de la creación, Dios impondrá Su orden divino, mientras el caos se inclina y se somete a la voluntad y sabiduría del Creador.

El orden nunca ocurre por accidente o por casualidad. El orden requiere intencionalidad.

Hasta ahora, tenemos caos, agua, viento, palabra y orden. Hemos avanzado cinco pasos en nuestro patrón de seis pasos, y el patrón siempre terminará con una prueba.

Esto es porque los límites no son verdaderos límites hasta que se ponen a prueba. Dios pondrá a prueba a Adán y a Eva para ver si elegirán asociarse con Él a fin de extender los límites del orden divino o si decidirán asociarse con el Dragón y convertirse en agentes del caos.

Alerta de espóiler: fallan la prueba, y la creación se hunde nuevamente en el caos. Cinco pasos hacia adelante. Seis pasos hacia atrás. Y el ciclo comienza otra vez.

Este patrón de seis pasos aparecerá una y otra vez:

Caos.
Aguas profundas.
Viento o Espíritu de Dios.
La voz de Yahvé.
Orden divino.
Una prueba fallida.
Repetición.

Este es exactamente el patrón del relato del Diluvio en Génesis. Al inicio de la narrativa del Diluvio, la sociedad ha descendido al caos. Génesis 6:5 describe el caos moral y cultural de la siguiente manera:

> El Señor vio que la maldad del hombre era mucha en la tierra, y que toda tendencia de los pensamientos de su corazón era de continuo solo al mal (RVA-2015).

Cuando hay humo, hay fuego. Y cuando hay caos, hay agua. Entonces, ¿qué sucede justo después de que el texto describe el caos moral y cultural del cosmos? Las fuentes del gran abismo se rompen. Aguas del diluvio. Seguidas por el Espíritu de Dios flotando sobre las aguas caóticas.

Así es como lo describe Génesis 8:8: «Luego soltó una paloma para ver si las aguas que cubrían la tierra ya se habían retirado». Recuerda, el texto nos muestra mediante imágenes y símbolos. Rara vez nos lo dice directamente. Pero si tenemos ojos para ver, sabremos exactamente lo que representa la paloma.

Hasta ahora tenemos: Caos, aguas profundas, Espíritu de Dios. Ya conocemos el patrón, así que sabemos qué esperar.

Como un reloj, la voz de Yahvé ordena a Noé salir del arca (Génesis 8:15-16). Y nuevamente, Yahvé mueve la creación del caos al orden, creando un mundo seguro y habitable para Noé y su familia.

Sin embargo, el ciclo no está completo sin una prueba. Esta prueba para Noé y su familia ocurre en una viña, en lugar de un jardín, pero lamentablemente eso no cambia los resultados.

Fallan la prueba. Y, una vez más, damos cinco pasos hacia adelante y seis hacia atrás. Noé y su familia no pueden sostener el orden de Dios en el cosmos, y la humanidad continúa cayendo en más y más Caos.

Al leer el texto, es natural comenzar a sentirse atrapado en este ciclo interminable de caos, donde nos acercamos a liberarnos de la fuerza gravitacional que este ejerce sobre la raza humana, pero finalmente fallamos la prueba final que nos otorgaría un orden duradero y una paz permanente.

Pero la Biblia está lejos de terminar con este patrón. A continuación, tenemos al pueblo de Israel esclavizado por un faraón narcisista y paranoico. Esto es un caos sin precedentes. Y luego hay aún más caos cuando Yahvé envía una serie de plagas que deshacen por completo el orden de la creación.

Así que, naturalmente, Dios guía a Su pueblo al mar Rojo, porque las aguas profundas siempre son el segundo paso en este ciclo del que la humanidad parece no poder escapar.

Aquí va un dato curioso antes de observar el tercer paso en el ciclo del caos: la palabra hebrea para «Espíritu», *ruaj*, también significa «viento» y «aliento». Viento. Aliento. Espíritu. Exactamente la misma palabra.[1]

Ahora leamos lo que sucede a continuación. Éxodo 14:21 nos dice:

> Moisés extendió su brazo sobre el mar, y toda la noche el SEÑOR envió sobre el mar un recio viento del este (*ruaj*) que lo hizo retroceder, convirtiéndolo en tierra seca.

Por supuesto que hubo viento. Tenemos un patrón que mantener, y los autores bíblicos toman estos patrones muy en serio. Es la misma palabra del segundo versículo de Génesis, donde el viento de Dios se movía sobre la superficie del abismo. Hasta ahora, en esta historia, tenemos: Caos, aguas profundas, y luego el *ruaj* de Dios.

Como un reloj, Dios habla, y las aguas regresan a su posición original. Lo que luego activa el siguiente paso de la secuencia: el orden.

> La Ley. Mandamientos. El pacto mosaico en el Sinaí.
> Levítico. Deuteronomio. Los Diez Mandamientos.
> Instrucciones para construir un tabernáculo.

Códigos legales. Estructura gubernamental.
Burocracia. Jueces.
Orden divino. Todo en el desierto.

Y luego tenemos múltiples pruebas fallidas en el desierto.

Las aguas amargas de Mará. El becerro de oro.
La negativa a confiar en el buen informe de Josué y Caleb.
La rebelión de Coré. Las quejas interminables.
El deseo por la comida que comían en Egipto.

La lista sigue y sigue.

Yahvé dice en Números 14:22-23 que Israel no solo falló múltiples pruebas mientras estaba en el desierto, sino que en realidad le dio la vuelta a la situación y lo puso a prueba a Él diez veces. Le dice a Moisés:

> Ninguno de los que vieron mi gloria y las maravillas que hice en Egipto y en el desierto y aun así me desobedecieron y me pusieron a prueba diez veces, verá jamás la tierra que, bajo juramento, prometí dar a sus antepasados.

Yahvé puso a prueba a la generación que salió de Egipto y les ordenó invadir la tierra de Canaán, pero solo Josué y Caleb confiaron en que Yahvé entregaría a los cananeos en sus manos. Solo Josué y Caleb tuvieron fe. Así que toda la generación de esclavos liberados falló la prueba de Dios, y murieron en el desierto.

Recapitulemos:

> Caos total.
> Aguas profundas.
> Viento de Dios.
> La voz de Yahvé.
> Orden divino.

Esto no es una coincidencia. Es un modelo de seis partes, y toda la Biblia lo sigue. Estudiemos un ejemplo más.

La tierra de Canaán había descendido al caos moral y cultural. Así que Dios guía a Israel al río Jordán mientras está en temporada de inundación. Aguas profundas. Josué 3:15-17 dice:

> Las aguas del Jordán se desbordan en el tiempo de la cosecha. A pesar de eso, tan pronto como los pies de los sacerdotes que portaban el arca tocaron las aguas, estas dejaron de fluir y formaron un muro a gran distancia, más o menos a la altura del pueblo de Adán, junto a Saretán. A la vez, dejaron de correr las aguas que fluían en el mar del Arabá, es decir, el mar Muerto, y así el pueblo pudo cruzar hasta quedar frente a Jericó. Por su parte, los sacerdotes que portaban el arca del pacto del Señor permanecieron de pie en tierra seca, en medio del Jordán, mientras todo el pueblo de Israel terminaba de cruzar el río por el cauce totalmente seco.

¿Notaste ese detalle sobre el Jordán en temporada de inundación? Muy intencional. El autor quiere que vinculemos esta narrativa con todas las demás historias de inundación en las Escrituras, porque no quiere que pasemos por alto el patrón.

Además, ¿qué representa exactamente el arca del pacto? La presencia del Dios viviente. Y mientras los sacerdotes llevan el arca, la presencia de Yahvé está flotando sobre las aguas crecidas del Jordán. ¿Coincidencia? En absoluto. Los autores de la Biblia están siguiendo un patrón.

¿Qué suele seguir al espíritu o la presencia de Yahvé? Su palabra. Entonces, ¿qué sucede después? Josué 4:1 registra: «Cuando todo el pueblo terminó de cruzar el río Jordán, el Señor dijo a Josué…». Yahvé le habla a Josué, y las cosas comienzan a ordenarse.

El pueblo de Israel conquista Jericó de una manera ordenada. Siguen las órdenes de Yahvé respecto al ritmo y patrón de cuándo y cómo marchar alrededor de los muros de la ciudad. Ponen a los sacerdotes en la posición adecuada. Como un solo cuerpo, guardan silencio cuando se les ordena y gritan cuando se les manda. Y juntos, en una unidad organizada, toman Jericó. Eso sí que es orden.

Hasta ahora en esta historia tenemos: caos, aguas profundas, Espíritu de Dios, voz de Dios y orden divino. Lo que significa que se avecina una prueba. Y como un reloj, aparece un hombre llamado Acán, que toma para sí lo que no tenía autorización de tomar. El orden dura poco, porque el relato en Josué 7:1, justo después de la batalla de Jericó, nos dice: «los israelitas desobedecieron al Señor conservando lo que él había decidido que fuera destinado a la destrucción, pues Acán… de la tribu de Judá provocó la ira del Señor contra los israelitas».

Acababan de experimentar la unidad del orden divino. Marchar al unísono. Obedecer la orden de Dios a través de Josué. Gritar juntos en el día final. Y luego, un solo soldado rebelde quiso robar parte del botín de guerra. Esto es el caos del individualismo desenfrenado. Aunque las cosmovisiones orientales son más orientadas al grupo, aún existía la tentación del egoísmo y del enfoque en uno mismo.

Fíjate cómo la Biblia nos dice que Israel (*un pueblo*) pecó contra Yahvé. Pero luego nos dice que un hombre llamado Acán (*una persona*) fue quien pecó.

Para el lector occidental moderno, esto naturalmente parece una contradicción. Pero para el lector oriental antiguo, esto tenía perfecto sentido. Todo el ejército sufre las consecuencias del pecado de Acán porque, en realidad, estamos unidos de una manera misteriosa y un tanto inexplicable. La Biblia está advirtiendo sobre el caos que se desata cuando vivimos de forma egoísta y egocéntrica.

Los israelitas no solo fallan esta prueba en la ciudad de Hai, sino que también fracasan en tomar plena posesión de toda la extensión de la tierra prometida. Josué 13:1-2 nos dice: «Cuando Josué era ya bastante anciano, el SEÑOR le dijo: "Ya estás muy viejo y todavía queda mucho territorio por conquistar". Esta es la tierra que aún falta por conquistar».

Y no solo el pueblo de Israel no toma plena posesión de su herencia prometida, sino que, como nos dice Jueces 2:7-11, la generación de Josué también fracasó en pasar la antorcha de la fe a la siguiente generación:

> Durante toda la vida de Josué, el pueblo sirvió al SEÑOR… Josué, hijo de Nun, siervo del SEÑOR, murió a la edad de ciento diez años… También murió toda aquella generación y surgió otra que no conocía al SEÑOR ni sabía lo que él había hecho por Israel. Esos israelitas hicieron lo malo ante los ojos del SEÑOR y adoraron a los ídolos de Baal.

Eso sí que es una prueba fallida tras otra. Jueces es la historia triste y deprimente de cómo el caos logra establecerse en la nación de Israel, y cómo ese punto de apoyo se convierte en una fortaleza. Al final del libro de Jueces, el caos ha invadido completamente la tierra, y este proceso se repetirá una y otra vez:

> Caos → Aguas profundas → *Ruaj* o el Espíritu que se cierne → Yahvé que habla → Orden divino → Una prueba fallida.

Cinco pasos hacia adelante. Seis pasos hacia atrás. Atrapados en un ciclo interminable de Caos.

Este ciclo de caos, copiado y pegado exactamente, puede encontrarse a lo largo de todo el Antiguo Testamento. Podría darte más ejemplos, pero ya entiendes el punto. Si hay algo que el Antiguo Testamento repite una y otra vez, es este ciclo de caos en seis partes.

Ponte en los zapatos de la audiencia original de Mateo. Mateo está escribiendo para judíos que conocen muy bien las Escrituras hebreas y, sin duda, están conscientes de este ciclo del caos.

Imagina lo que piensan cuando escuchan y leen que Jesús entra en las aguas profundas del Jordán para ser bautizado por Juan; que el Espíritu del Dios todopoderoso desciende sobre Jesús en forma de paloma, cerniéndose sobre las aguas profundas; que una voz del cielo comienza a hablar mientras Jesús está en las aguas del caos, con el Espíritu revoloteando sobre las profundidades… Imagina lo que sienten al saber que Jesús se bautiza no para ser limpiado del pecado, sino para hacer lo que es correcto: para establecer el orden y cumplir con toda justicia.[2]

Y por último, imagínalos escuchando con el corazón en un puño cuando Jesús es llevado inmediatamente al desierto para ser probado. Este es el punto donde siempre todo se tuerce. Este es el momento en que siempre retrocedemos seis pasos después de haber avanzado cinco pasos firmes.

El estado de toda la humanidad es caos total. Jesús entra en las mismas aguas profundas que Israel al conquistar Canaán. Luego, la misma paloma del relato de Noé comienza a cernirse. La misma voz que ordenó a la creación entrar en orden habla. Jesús obedece un bautismo que no necesita, para que las cosas se hagan como deben hacerse, con orden. Y luego, Jesús es llevado al mismo desierto donde Yahvé puso a prueba a Israel.

Y el único elemento que falta en esta iteración del patrón es un ser humano que falle la prueba de Dios. Este momento con Jesús es el único en el que tenemos el ciclo del caos completo, pero no tenemos una prueba fallida que haga que el sistema se reinicie desde el principio. Finalmente. Seis. Pasos. Adelante.

> Caos → Aguas profundas → Espíritu de Dios → Voz de Dios → Orden divino → Prueba superada.

Por primera vez en la historia humana, hemos llegado al final de este ciclo de seis pasos del caos y, en realidad, hay esperanza. ¿Qué habría entendido la audiencia de Mateo a partir de esta historia? Que Jesús ha venido para poner un fin definitivo al caos y proporcionar un camino para que tú y yo podamos finalmente asociarnos con Dios en traer orden sostenido al cosmos.

La audiencia original habría sentido cómo el peso del caos y la desesperanza se les levantaba de los hombros. Vagar en un ciclo interminable es agotador y deprimente. Sentirse condenado a ser arrastrado bajo el agua por la corriente del caos es abrumador. Sentir la vergüenza de fallar una y otra vez puede ser devastador.

La audiencia de Mateo habría escuchado esta historia y sabido que su Mesías por fin había llegado. El mismo Dios que hizo que el caos se inclinara en Génesis 1 ahora estaba aquí en carne y hueso, y había logrado lo que nosotros éramos completamente incapaces de hacer. Y ahora Él nos ha capacitado para seguir Sus pasos. Y esto es exactamente lo que Mateo quiere. El Evangelio de Mateo tiene un énfasis en el discipulado: Jesús no solo debe ser adorado como Dios, sino también imitado como Hombre.

Esta historia del Evangelio de Mateo es un recordatorio: el ciclo ha sido roto, y no estamos atrapados sin esperanza por el caos o la confusión. Tenemos una invitación para caminar en la libertad del orden y la sabiduría de Dios.

Cuando la mayoría de nosotros leemos la historia del bautismo de Jesús, no vemos inmediatamente que es una narrativa de caos y orden. Sin embargo, las audiencias antiguas habrían reconocido el patrón, y esto ahora nos da licencia para ver el resto del ministerio de Jesús a través del lente de una hermenéutica antigua.

Jesús tiene una misión: conquistar el caos, domar a la Bestia y extender el orden de Dios. Esa es la misión. El Nuevo Testamento usa un lenguaje diferente al del Antiguo Testamento para hablar del caos y el orden, por lo que a veces es difícil discernir que Jesús tiene la misma misión.

Todas las sanidades físicas. Todos los exorcismos. Las enseñanzas de Jesús sobre la Ley. Su predicación del Reino. Todos los milagros. Todo esto encaja dentro del paradigma de caos y orden.

Este relato del bautismo y la prueba en el desierto está diseñado para ser nuestra primera impresión de Jesús y Su ministerio. Y cuando interpretamos esta primera impresión según una hermenéutica antigua, esta historia comienza a dar color a todas las demás historias de Jesús en los Evangelios.

Las primeras impresiones perduran, para bien o para mal. Afectan cada interacción posterior, por lo que es vital que comprendamos esta primera impresión de Jesús, basada en la intención del autor y las pistas contextuales culturales que tenemos a nuestra disposición.

A medida que nos acercamos a otros momentos de la vida y el ministerio de Jesús, recordemos que todo Su ministerio comenzó al estar de pie en las aguas crecidas del Jordán como un agente del orden de Dios y Príncipe de Paz. Todo lo que Jesús hace después está teñido por ese momento inaugural de Su bautismo y Su posterior prueba en el desierto. Jesús es el Destructor del caos. Jesús es el domador de Bestias, el vencedor del Dragón, el Mesías que aplasta el caos. Nacido como la descendencia de la mujer para aplastar la cabeza del Dragón. Nacido para romper el ciclo del caos, para que todos los hijos de Dios puedan ser libres.

Bienvenido seas al Nuevo Testamento.

Bienvenido seas a la persona y al ministerio de Jesús.

Bienvenido seas a la invitación de asociarte con Dios en la construcción de un Reino de paz y orden.

Capítulo 22

El dragón saqueado

> Al resistir las tentaciones de Satanás, *Jesús ató a Satanás*... y pudo comenzar a *saquear* la casa de Satanás, liberando a las personas de su dominio... *El cosmos ordenado estaba venciendo al caos.*
>
> **SIDNEY GREIDANUS,** *DEL CAOS AL COSMOS*

> Un dragón no es una fantasía ociosa. Cualquiera que sea su origen, ya sea en hechos o invención, el dragón en la leyenda es una creación poderosa de la imaginación humana, más rica en significado que su túmulo en oro.
>
> **J. R. R. TOLKIEN,** *LOS MONSTRUOS Y LOS CRÍTICOS Y OTROS ENSAYOS*

Si los dragones son reales *literalmente* o no, es un debate para otros libros. Pero lo que sí sé con certeza es que J. R. R. Tolkien comprendía su importancia. Él sabía que los dragones eran vitales por lo que *representaban*.

Como profesor en Oxford, Tolkien era lo suficientemente brillante como para escribir y publicar comentarios y libros sobre teología. Sin embargo, eligió situar ideas teológicas y la cosmovisión cristiana dentro de la fantasía narrativa porque el acto de capturar la imaginación es la forma más segura de influir en la mente. Y su apuesta fue un éxito.

Parece seguro decir que más personas han interactuado con la obra de Tolkien que con los escritos de cualquier teólogo que yo conozca. Karl Barth y Tomás de Aquino fueron absolutamente brillantes. Pero nunca he conocido personalmente a alguien que no haya leído o visto *El Señor de los Anillos* o *El Hobbit*. He conocido a docenas de no cristianos que han leído y visto toda la saga de *El Señor de los Anillos*, y jamás he conocido a un no cristiano que esté familiarizado con G. K. Chesterton, Juan Calvino o Martín Lutero. La narrativa y la fantasía no hacen que la teología sea menos seria; en realidad, hacen que sea *más* efectiva.

Tolkien y Lewis sabían que no podían enseñar teología de una manera verdaderamente bíblica sin dragones. Sin embargo, el personaje de Tolkien que conocemos como Smaug no fue creado *ex nihilo*, sino que se inspiró en la historia de Fafnir.

Según la mitología nórdica, el padre de Fafnir entra en posesión de un enorme tesoro de oro y un anillo mágico. Fafnir, lleno de celos y codicia, asesina a su padre para apoderarse del tesoro. Con el tiempo, al consumirse por el oro y el anillo, Fafnir se transforma en un dragón. La leyenda dice que Fafnir huye al exilio con el anillo y el tesoro, se sienta sobre él… y se convierte en un dragón.[1]

El hermano de Fafnir, Regin, quiere vengar la muerte de su padre. Así que Regin vuelve a forjar una espada para el héroe Sigurd y lo convence de matar a Fafnir. Sigurd acepta y se esconde en un pozo para asestarle un golpe letal a Fafnir en su vientre vulnerable, al tiempo que este pasa por encima de su escondite. Mientras Fafnir está muriendo, comienza a utilizar su astuto encanto sobre Sigurd para descubrir quién está realmente detrás de su muerte.[2] La conversación entre Fafnir y Sigurd se refleja en los diálogos entre Bilbo Bolsón y Smaug.[3] Tanto Smaug como Fafnir son ingeniosos, poéticos, encantadores y astutos. Leer los diálogos de estos dragones me hace pensar inmediatamente en el encanto poético y engañoso que Lucifer ejerció en el jardín.

Algunos han descrito a Smaug, el dragón de Tolkien, como «astuto e inteligente, vanidoso y codicioso, excesivamente confiado y orgulloso»[4], y como «aterrador, pero sorprendentemente comprensible»[5] y poseedor de «la inteligencia más sofisticada»[6] por otros comentaristas.

Cuantas más descripciones leo sobre Smaug de parte de especialistas en Tolkien, más me doy cuenta de que este autor había dado vida al Dragón de Génesis. El dragón de Tolkien es astuto.

La caída de Fafnir por una avaricia obsesiva se refleja en el personaje de Tolkien, Gollum. Ambos son inducidos al asesinato por su deseo de poseer un tesoro (en ambos casos, un anillo mágico) y huyen al desierto para protegerlo. Como en el caso de Fafnir, el tesoro que Gollum codicia tanto se convierte en la fuente de su ruina. La obsesión de Gollum se convierte en su maldición. Ambos personajes son vistos degradándose hasta convertirse en criaturas malvadas, menos que humanas, viviendo únicamente para los tesoros que han consumido su mente y que se han convertido en sus ídolos, hasta que aquello que más valoran los consume por completo.[7]

Tanto Gollum como Fafnir se convierten en bestias. Ambos pierden por completo su humanidad.

Esto es lo que Tolkien pudo demostrar a través de su literatura, y es exactamente lo que la Biblia ha estado comunicando desde Génesis.

Caín se convierte en una bestia. Ismael es un asno salvaje.

Jacob y Esaú nacen ambos como descendencia de la Bestia, del Dragón.

Los hermanos de José son despojados de su humanidad por los celos, la envidia y la venganza.

Pero uno de los relatos más dramáticos de un humano que se degrada a un estado animal es la descripción del rey Nabucodonosor hecha por el profeta Daniel. En este punto de nuestro recorrido, ya hemos desarrollado la capacidad para interpretar lo que la Biblia significa a través de lo que nos muestra. Daniel 4:33 registra: «En ese mismo instante se cumplió esta sentencia sobre Nabucodonosor, y éste fue expulsado de entre los hombres y se alimentaba de *hierba, como los bueyes*, y su cuerpo se empapaba con el rocío del cielo, hasta que el pelo le creció como *plumas de águila*, y las uñas como las *garras de las aves*» (RCV).

Por causa de la arrogancia, el orgullo y la falta de reconocimiento del Señor, Nabucodonosor pierde la cordura y se convierte en un animal salvaje. Se vuelve una bestia. La Biblia no nos lo *dice* directamente, sino que nos lo *muestra* a través de imágenes y símbolos.

Mientras tanto, el personaje que ofrece un contraste literario a Nabucodonosor es Daniel. Mientras Nabucodonosor se degrada a la condición de una bestia salvaje, Daniel tiene una autoridad sobrenatural sobre las fieras que deberían devorarlo. Daniel 6:22-23 registra el testimonio de Daniel sobre la liberación que le da Yahvé, diciendo:

> Mi Dios envió a su ángel, quien cerró la boca a los leones.
> No me han hecho ningún daño, porque Dios bien sabe
> que soy inocente. ¡Tampoco he cometido nada malo
> contra Su Majestad!

> Sin ocultar su alegría, el rey ordenó que sacaran del foso a Daniel. Cuando lo sacaron, no se le halló un solo rasguño, pues Daniel confiaba en su Dios.

Daniel en realidad es parte de un patrón. La Biblia no presenta a muchos humanos como teniendo autoridad sobre los animales salvajes, y muestra a esos mismos humanos como teniendo autoridad sobre sus propias *pasiones*, *deseos* e *instintos*. La autoridad externa sobre las bestias está diseñada para reflejar la autoridad interna sobre la bestia que reside en todos nosotros.

Cuando conocemos a Daniel por primera vez, está mostrando autoridad sobre su apetito físico. Daniel 1:8 dice que él «decidió no contaminarse con la comida y el vino del rey, así que pidió permiso al oficial en jefe para no contaminarse». La vida de Daniel demuestra que domar a los leones hambrientos en la cueva comienza con dominar tus apetitos y deseos.

En el Antiguo Testamento, solo tres humanos demuestran la habilidad de domar y vivir en paz con animales salvajes. Adán es el primero. La Biblia nos dice que «el hombre fue poniéndoles nombre a todos los animales domésticos, a todas las aves del cielo y a todos los animales del campo» (Génesis 2:20). El proceso de dar nombre a estos animales da por supuesto que Adán vive en paz con ellos, ejerciendo autoridad ordenada por Dios sobre ellos. Una vez que Adán se rebela contra Dios y obedece su apetito, ya no puede dominar a los animales salvajes. Pierde poder sobre las bestias externas porque perdió poder sobre la bestia interna.

El segundo humano que doma animales salvajes es Noé. La Biblia dice que «para salvarse de las aguas del diluvio, [Noé] entró en el arca junto con sus hijos, su esposa y sus nueras. De los animales puros e impuros, de las aves y de todos los seres que se arrastran por el suelo, *entraron con Noé* por parejas, el macho y su hembra, tal como Dios se lo había mandado» (Génesis 7:7-9).

Daniel es el tercer personaje en el Antiguo Testamento que doma bestias salvajes y está seguro entre ellas. Esto es un símbolo a lo largo de la Biblia. Los humanos que han domado sus monstruos interiores tienen autoridad para habitar en paz con las bestias del campo.

Y ese es el contexto que necesitamos para apreciar la descripción de la narrativa de la tentación de Jesús que se encuentra en el Evangelio de Marcos. Los relatos de Mateo y Lucas están llenos de detalles sobre la naturaleza de las tentaciones y las conversaciones entre Jesús y el Dragón. Sin embargo, en el Evangelio de Marcos solo tenemos dos versículos. Marcos prefiere mostrar en lugar de contar. Marcos 1:12-13 nos presenta esta escena: «Enseguida, el Espíritu lo impulsó a ir al desierto, y allí fue tentado por Satanás durante cuarenta días. *Estaba con las bestias salvajes, y los ángeles lo servían*».

Adán.
Noé.
Daniel.
Jesús.

En un mundo donde los celos, la avaricia, la lujuria, la venganza y la idolatría han despojado a los humanos de su humanidad y los han convertido en bestias, Jesús estaba en el desierto domando a las fieras salvajes y demostrando su capacidad para dominar su propio apetito.

Mateo y Lucas nos *dicen* que Jesús ayunaba y tenía hambre, pero se negó a convertir las piedras en pan para alimentarse.

Marcos nos *muestra*, al incluir a las fieras salvajes en el relato, que estas son dominadas por la autoridad de Jesús.

Muchos de nosotros hemos intentado domar leones, pero nunca hemos domado nuestros propios deseos. Hemos intentado calmar tormentas, pero nunca hemos calmado nuestras almas. Deseamos controlar a los demás, pero carecemos del mejor tipo de control: el dominio propio. Y cada vez que nos obsesionamos con controlar lo externo en lugar de atender lo interno, creamos caos. Gran parte de nuestra ansiedad nace de ese deseo de controlar cosas que no están y nunca estarán bajo nuestro control.

El legado del dragón conocido como Fafnir vive tanto en Smaug como en Gollum, quienes tienen un botín a cuya protección han dedicado su vida: oro, joyas, anillos, riqueza.

Toda su atención, enfoque y devoción están dirigidos en una sola dirección: proteger el botín que tanto les costó acumular. Y en este sentido, Fafnir, Smaug y Gollum tienen mucho en común con nuestro Dragón de Génesis.

Satanás también tiene un botín. Ha saqueado de manera engañosa la autoridad dada a los portadores de la imagen divina y ha mantenido a los humanos cautivos bajo el poder del caos y del pecado. El Dragón del jardín también ha huido al desierto para proteger su botín. Y en cuanto Jesús emerge de las aguas del caos en su bautismo, se dirige al desierto para saquear al antiguo Dragón.

Jesús no solo va al desierto para demostrar su autoridad sobre la carne y para domar a los animales salvajes siguiendo el patrón establecido por Adán, Noé y Daniel. Jesús también entra al desierto para confrontar al Dragón. Jesús se adentra en el desierto para domar a las bestias, aplastar el caos y saquear al Dragón, robándole sus ganancias mal conseguidas.

Jesús es expulsado al reino del caos para enfrentarse al Dragón en la confrontación que hemos estado esperando desde Génesis 3:15. El Espíritu impulsa a Jesús a confrontar al Dragón en su *propio terreno*.

Jesús no está a la defensiva.

Jesús busca confrontar el caos de frente.

En la primera y fundamental sección de este libro, establecimos que el desierto estaba directamente asociado con el caos. El desierto era el reino del *tohu va-vohu*, por lo que tiene todo el sentido que el desierto fuera una prioridad para Jesús. Jesús está aplastando el caos.

Uno de mis estudiosos favoritos, Craig Keener, dice: «Muchos creían que los demonios se sentían especialmente atraídos por lugares como templos paganos, cementerios y *desiertos*. Por lo tanto, los lectores percibirían la tensión mientras Jesús luchaba contra Satanás en el *propio territorio de Satanás*».[8] El escenario es una pista sobre la identidad de Jesús y la naturaleza de su ministerio. Los estudiosos coinciden en que «el *desierto* se considera un reino de demonios y muerte... su *carácter* demoníaco y salvaje se asemeja al *caos* primitivo de la creación».[9] Jesús está siguiendo el plan trazado por el Padre: mover el cosmos del caos hacia el orden.

Esto es un asunto de suma importancia. Jesús deja claro a sus discípulos en Marcos 3:27 que «nadie puede entrar en la casa de alguien fuerte y arrebatarle sus bienes a menos que primero lo ate. Solo entonces podrá robar su casa». En esencia, Jesús está atribuyendo el éxito de su ministerio al exitoso encadenamiento del Dragón que ocurrió en el desierto.

Hay una frase en *El Hobbit* que me encanta. Smaug empieza a tener un efecto claro sobre Bilbo, y el pasaje dice: «Ese es el efecto que tiene el *lenguaje de los dragones* sobre los inexpertos.

Por supuesto, Bilbo debería haber estado en guardia; pero Smaug tenía una personalidad bastante abrumadora».[10]

Al resistir el discurso del dragón del Enemigo, Jesús no solo vence la tentación, sino que también ata a Satanás para poder saquear eficazmente al Dragón de su posesión más valiosa: las personas.

Esta es la gran inversión de los Evangelios. Jesús ata a Satanás para liberar a las personas. Jesús saquea al saqueador.

Hay otro detalle que conecta el lenguaje del caos de Génesis con el Evangelio según Marcos. Génesis 3:24 dice: «Luego de expulsarlo [al hombre], puso al oriente del jardín del Edén a los querubines y una espada ardiente que se movía por todos lados para custodiar el camino que lleva al árbol de la vida». El detalle al que debemos prestar atención aquí es cómo Dios sacó al hombre del Edén. Dios *lo expulsó*.

La imagen es intencionalmente física y agresiva. Lo echó. Lo expulsó. Lo arrojó fuera, *ekballo (εκβαλλω)*[11] en la Septuaginta, la traducción griega del Antiguo Testamento.

Este detalle tiene poca importancia… hasta que lees el relato de Marcos sobre la vida de Jesús. Marcos escribe: «Enseguida, el Espíritu *lo impulsó* al desierto y allí fue tentado por Satanás durante cuarenta días. Estaba entre las fieras y los ángeles lo servían» (1:12-13).

Exactamente la misma descripción de cómo Adán y Eva fueron echados del Edén. Lo impulsó. Lo expulsó. Misma palabra griega (*ekballo*) usada en Génesis 3:24, y una elección muy intencional por parte de Marcos. Jesús pasa por las aguas del caos en el bautismo y es expulsado inmediatamente al desierto. ¿Por qué? Para poder someter al caos en nuestro lugar y que así todos podamos recuperar el acceso al jardín.

Aquel que no conoció pecado fue tratado como pecado para que nosotros fuésemos hechos justicia de Dios en Él (2 Corintios 5:21). Esta es la escandalosa transacción y la gran inversión del evangelio: el que era perfecto fue tratado como pecador para que los pecadores pudieran ser tratados como perfectos.

Adán y Eva son expulsados del jardín.
Jesús es impulsado al desierto.

Adán y Eva comen el fruto del jardín.
Así que Jesús ayuna en el desierto.

Adán y Eva no son capaces de sojuzgar al animal dentro del jardín.
Por ende, Jesús tiene que sojuzgar al animal dentro y fuera, en el desierto.

Jesús fue expulsado para que nosotros pudiéramos ser traídos de vuelta. El desierto no es nuestro destino. No estamos atrapados en el desierto. Podemos regresar al jardín; podemos entrar y encontrar descanso para nuestras almas.

Justo después de atar al Dragón en el desierto, Jesús comienza a predicar las buenas noticias. La Cruz aún no ha ocurrido, pero el anuncio del evangelio —de libertad y liberación— puede salir como un llamado claro y fuerte porque la derrota del Dragón ya ha comenzado. Satanás ha sido atado, y ahora Jesús comenzará a liberar cautivos y, al hacerlo, saqueará al Dragón.

A continuación, Jesús llama a sus primeros discípulos. Mientras están en Cafarnaún, en el día de reposo, un hombre poseído por un demonio comienza a gritar y a cuestionar a Jesús.

Marcos 1:25-26 registra la respuesta: «¡Cállate! —lo reprendió Jesús—. ¡Sal de ese hombre! Entonces el espíritu impuro sacudió al hombre violentamente y salió de él dando un alarido».

En nuestras traducciones, nada en este pasaje llamaría especialmente nuestra atención. Sin embargo, en el idioma original del Evangelio de Marcos, ocurre algo tanto profundo como sutil. Cuando se consulta un diccionario griego para la frase que Jesús declara, se vuelve evidente que Él no simplemente dice «cállate» al demonio que poseía al hombre. La palabra griega usada aquí es *phimoō* (φιμόω), y significa «cerrarle la boca con un bozal, poner un bozal».[12]

¿Quién necesita un bozal? Las bestias.

Los secuaces de un Dragón saqueador necesitan bozales. Los animales salvajes, indomables, y los dragones necesitan bozales. Un *tanín* necesita un bozal. Marcos está usando intencionalmente el lenguaje del caos.

Y Marcos no se detendrá aquí.

Marcos insiste en presentar a Jesús como el hijo supremo de Eva, aquel que pone bozal a los monstruos, saquea al Dragón, doma a la Bestia interior y exterior, restaura el camino hacia el orden del Edén y aplasta el caos.

Sigamos explorando los Evangelios y descubriendo a la persona de Jesús.

Capítulo 23

El tentador y la tormenta

> Jesús puede controlar las fuerzas primitivas del *caos* que reside en los mares.
>
> GARY M. BURGE Y GENE L. GREEN,
>
> *EL NUEVO TESTAMENTO EN LA ANTIGÜEDAD,*
>
> ÉNFASIS AÑADIDO

No solo el éxito de Jesús en el desierto rompió el ciclo del caos para la humanidad, sino que, ocultas dentro del relato, hay perlas de sabiduría que también tienen el poder de romper nuestros propios ciclos individuales. Aquí hay un «truco secreto», así que adentrémonos en el desierto de la tentación de Jesús para poder salir marchando de nuestro caos y confusión personal.

Mateo 4:1-11 es un relato bastante detallado y extenso del cara a cara en el desierto entre Satanás, el tentador, y Jesús, el Príncipe de Paz y orden que mata dragones y conquista el caos.

Tengo tres observaciones sobre este texto en Mateo 4, y la primera es simple pero profunda. Voy a exponer los versículos que más me llamaron la atención mientras los leía. Veamos si puedes notar la misma observación que me impactó a mí.

Versículo 3: «Y vino a él [Jesús] el tentador, y le *dijo*...».
Versículo 6: «Y le *dijo*: Si eres Hijo de Dios, échate abajo».
Versículo 9: «Y le *dijo:* Todo esto te daré, si postrado me adorares» (RVR1960).

Típico lenguaje de dragón.

Puede parecer increíblemente obvio, pero parece que hablar es crucial para la capacidad del Tentador de tentar a Jesús. Sin la capacidad de entablar una conversación activa con nosotros, sería imposible que el Tentador generara caos o confusión en nuestra vida. Si tan solo hubiera una forma de silenciar o amordazar a este Tentador, entonces su poder e influencia quedarían completamente neutralizados.

Cuanto más tiempo le concedemos al Dragón para hablar y conversar con nosotros, más se llenan nuestras vidas de caos y confusión. Ser capaces de discernir la voz y la influencia del Dragón es vital para crear y mantener almas y vidas ordenadas.

En segundo lugar, este Dragón retuerce y distorsiona las palabras de Dios. El Dragón ha estudiado las Escrituras y conoce tan bien las palabras de Yahvé que es capaz de usarlas a su favor. Esta tergiversación de la verdad es la forma más diabólica y definitiva del caos. El Dragón es un maestro en entretejer mentiras con verdades, y eso es peligrosísimo.

Sé que parece mucho pedir, pero tenemos que ser personas de la Palabra si queremos establecer el orden de Dios en nuestras vidas. Eva fue engañada porque parecía no conocer realmente los detalles de lo que Dios le había dicho a Adán. Tal vez Adán no se lo comunicó bien. Tal vez Eva no escuchó con atención cuando Adán le transmitió los mandamientos que Dios le había dado. Sea como sea, las medias verdades son muy difíciles de detectar cuando no eres un experto en conocer la Verdad.

Por último, la Bestia a la que Jesús está resistiendo y venciendo en el desierto desea desesperadamente adoración. El Dragón pide explícitamente que Jesús se arrodille y lo adore a cambio de gobernar los reinos de la tierra. Satanás, de algún modo, se delata en esta última tentación, y ahora tenemos información valiosa sobre los motivos de esta Bestia que no conocíamos en Génesis. Él desea adoración.

Mateo pinta un cuadro fascinante de este Dragón y Tentador: su estrategia dominante es la conversación. Tiene un conocimiento increíble de las Escrituras y de las palabras habladas de Dios. Y, por último, pero no menos importante, quiere adoración.

Esta misma historia está registrada en Mateo, Marcos y Lucas. La versión de Lucas es casi idéntica a la que tenemos en Mateo, excepto por una pequeña adición al final de la historia. Lucas 4:13 dice: «Cuando el diablo terminó de tentar a Jesús, lo dejó hasta la siguiente oportunidad» (NTV).

Un momento… ¿hasta la siguiente oportunidad? ¿Me estoy perdiendo de algo? Yo supuse que el hecho de que Jesús pasara estas tres pruebas pondría fin para siempre a la lucha entre Él y el Dragón. Supuse que esta era una victoria decisiva. Sin embargo, la Biblia nos enseña una de las lecciones más valiosas sobre el caos y su ciclo a través de este detalle en el Evangelio de Lucas.

En mi propio viaje para conquistar el caos, he aprendido que a veces es simple *conseguir* orden, pero siempre es difícil *mantener* el orden, porque cada vez que eliges el orden por encima del caos, la Bestia te deja en paz y… simplemente espera un momento oportuno. No hay una prueba definitiva que Dios dé a ninguno de nosotros para asegurar un orden permanente en nuestra vida.

Un momento de debilidad. Un momento de duda.
Cuando estás cansado. Cuando estás abrumado.
Como un cazador experto acecha a su presa, la Bestia observa y espera.

El doctor Lucas nos dice que Satanás se va del desierto con un plan para tentar a Jesús más adelante, en un momento más oportuno. Sin embargo, Lucas no identifica explícitamente para su audiencia cuándo llega ese momento oportuno. En lugar de señalarlo claramente para sus lectores, Lucas lo deja ambiguo y abierto a debate, como un clásico narrador oriental.

Así que nos corresponde a nosotros reflexionar y meditar. ¿Será que el momento en el jardín de Getsemaní, cuando Jesús suda sangre y entra en pánico, es ese momento oportuno para que Satanás lo tiente? Ese momento de debilidad suena como una oportunidad para mí.

Tal vez Satanás aparece cuando Pedro introduce la idea de que el Mesías no tiene por qué morir en una cruz romana. La Biblia nos dice que «Jesús se volvió y dijo a Pedro: «¡Aléjate de mí, Satanás! Quieres hacerme tropezar; no piensas en las cosas de Dios, sino en las de los hombres» (Mateo 16:23). Jesús parece discernir en las palabras de Pedro una influencia que va mucho más allá del apóstol.

Quizás hubo un momento privado de tentación y prueba que ni siquiera fue registrado en las Escrituras. O tal vez ese momento oportuno al que alude Lucas es increíblemente sutil y fácil de pasar por alto.

Tal vez el momento que Satanás esperaba aparece durante una tormenta feroz mientras Jesús y su grupo están en el mar de Galilea. Los tres evangelios sinópticos cuentan la historia de Jesús durmiendo durante la tormenta y luego despertando para reprenderla inmediatamente, pero Marcos proporciona un detalle adicional que Mateo y Lucas deciden omitir. Marcos registra las palabras exactas que Jesús le dice al caos: «Se levantó, reprendió al viento y ordenó al mar: "¡Silencio! ¡Cálmate!". El viento se calmó, y todo quedó completamente tranquilo» (Marcos 4:39).

Jesús habla a las olas. Y Marcos registra que Jesús dice: «¡Silencio! ¡Cálmate!».

Esta es una elección de traducción interesante. Y por interesante, ciertamente quiero decir inexacta. Nuestras traducciones al inglés (y al español) son increíblemente confiables, pero en mi opinión, este versículo es una oportunidad perdida.

La palabra griega aquí para «cálmate» es *phimoō* (*φιμόω*), un término que encontramos al final del capítulo anterior. Una simple búsqueda revela otros lugares donde esta palabra aparece en la Biblia. En 1 Timoteo 5:18 y 1 Corintios 9:9, se usa cuando Pablo cita: «No pongas bozal al buey mientras esté sacando el grano». Así que *phimoō* se traduce como «bozal» en esos versículos, pero como «cálmate» en Marcos 4:39.

Según el *Diccionario Conciso* de Strong, esta palabra significa «poner bozal».[1]

Según el *Greek-English Lexicon* de Liddell y Scott, también significa «poner bozal».[2]

Según todos los recursos disponibles en *Logos Bible Software*, significa «poner bozal».[3]

Por lo tanto, Marcos 4:39 debería leerse así: «Jesús se levantó, reprendió al viento y dijo a las olas: "¡Silencio! ¡Te pongo bozal!". Entonces el viento se calmó y todo quedó completamente tranquilo».

Como señalamos en el capítulo anterior, las bestias, los animales salvajes y los dragones son los que necesitan bozales. Los *tanín* necesitan bozales. Una vez más, Marcos está usando deliberadamente el lenguaje del caos.

Marcos está utilizando intencionalmente la palabra *phimoō* para evocar una imagen específica en la mente de sus lectores. Está representando a Jesús como el gran domador de dragones, mientras que simultáneamente retrata la tormenta como un monstruo del caos.

Jesús tiene un tipo de autoridad que no hemos visto desde que Yahvé separó las aguas para que surgiera la tierra en el segundo día de la creación, o puso a los *tanines* en el océano abierto en el quinto día. Jesús da órdenes al mar y a los monstruos marinos, y ambos obedecen Su palabra hablada.

Pero creo que algo más está ocurriendo justo debajo de la superficie del texto, algo que añade una dimensión a lo que ya hemos planteado. Hay otra capa en el acto de poner bozal a las olas y al salvaje caos. ¿Y si, al poner bozal a la tempestad, Jesús en realidad está poniendo bozal al Tentador? ¿Y si las historias del desierto y del mar están conectadas?

Cuando examinamos la prueba de Jesús en el desierto, nos dimos cuenta de que lo único que Satanás hizo durante toda la narrativa fue hablar. Eso fue todo. Hablar es lo único efectivo que hemos visto hacer a Satanás. En ese sentido, Satanás se parece mucho a Goliat.

Piénsalo: Goliat no salía al centro del campo de batalla todos los días para luchar contra otros guerreros filisteos. No. Goliat simplemente hablaba con arrogancia. Nunca demostró una pizca de comportamiento brutal o bárbaro. Todo lo que tenía Goliat eran palabras, pero solo con palabras logró infundir miedo en el corazón de toda una nación.

Satanás no es diferente. Satanás tiene un solo superpoder: las palabras. Así es como crea confusión y caos, y logra que sus ideas se incrusten en nuestras mentes. Así fue como pudo deshacer el orden de Dios y usurpar la autoridad de Adán y Eva en el jardín: con palabras. El Dragón no hizo milagros para Adán y Eva ni los impresionó con poder o fuerza. Simplemente, los engatusó para sacarlos del orden y conducirlos directamente al caos.

El Tentador solo tiene una carta que jugar. Es, en el fondo, un especialista limitado, un artista de un solo truco. Solo una pieza en la caja de herramientas. Solo un arma en su arsenal: las palabras.

Así que sí, las bestias necesitan bozales. Y sí, los dragones necesitan bozales. Pero un tentador que maneja con destreza el poder de las palabras también necesita un bozal. Y un tentador que tal vez se esconde bajo el camuflaje de una tempestad furiosa, definitivamente necesita un bozal.

Si el arma principal de tu enemigo para hacerte la guerra son sus palabras, entonces ponerle un bozal parece una excelente estrategia. Entonces, ¿qué hace Jesús? Le pone bozal al Tentador hablador y a las tempestades furiosas.

Quizás este sea el momento oportuno al que Lucas se refería al final del relato de la tentación. Sin embargo, si esta tormenta fue la oportunidad que Satanás estaba esperando, entonces le salió el tiro por la culata. Porque esta historia se parece más a una oportunidad para que Jesús finalmente le ponga bozal a la Bestia que a una ocasión para que la Bestia domine a Jesús con tentación.

Necesitamos atar un cabo suelto antes de seguir adelante, y tiene que ver con el momento en que el Dragón invita a Jesús a postrarse y adorarlo. Ese momento en el desierto es extraño y fascinante. Es más, creo que este detalle aparentemente insignificante puede ser el eslabón perdido que conecta la historia de la tentación de Jesús con la historia de Jesús calmando la tormenta. (Por cierto, no hay detalles insignificantes cuando se estudia el texto bíblico. Solo llaves para desbloquear misterios que se camuflan como detalles sin importancia).

Comencemos considerando estos versículos:

Marcos 4:39 dice que Jesús «se levantó, reprendió al viento y dijo al mar: "¡Silencio! ¡Cálmate!". El viento se calmó, y todo quedó completamente tranquilo».

Lucas 8:24 dice que Jesús «se levantó y reprendió al viento y a las olas; la tormenta se apaciguó y todo quedó en calma».

Mateo 8:26 dice que Jesús «se levantó, reprendió a los vientos y a las olas, y todo quedó completamente tranquilo».

Hay ligeras diferencias, pero un hecho que permanece constante en los tres relatos es que Jesús reprende a la tormenta. Y eso, francamente, es raro. Porque la tormenta solo está haciendo lo que las tormentas se supone que deben hacer: ser una tormenta. La última vez que lo verifiqué, el viento y las olas fueron programados para soplar y agitarse. La naturaleza no está haciendo nada antinatural aquí, así que es extraño que Jesús reprenda a la tormenta por comportarse como tal.

Todos los buenos padres son muy conscientes de que la ignorancia y la naturaleza no pueden ser reprendidas ni disciplinadas. Solo la rebeldía puede ser reprendida. La ignorancia requiere instrucción. No puedo reprender con justicia a mis hijos si ni siquiera son conscientes de que están haciendo algo mal. Personalmente, no tengo la costumbre de reprender a mi hijo de dos años por comportarse como un niño de dos años.

Por lo tanto, si Jesús está reprendiendo al viento y a las olas, algo más está ocurriendo, y tengo una corazonada sobre qué podría ser. En el Antiguo Testamento, Israel es constantemente atraído a adorar a un dios falso, un ídolo llamado Baal.

Y, curiosamente, Baal es el dios cananeo de la tormenta. Generalmente se lo representa montado sobre las nubes, con el poder de controlar los vientos y la lluvia.

Este es el principal ídolo que aleja a Israel de Yahvé. Muchos de nosotros podríamos sentir la tentación de juzgar a los israelitas por adorar al dios cananeo de la tormenta en lugar de a Yahvé, pero deberíamos tener cuidado antes de lanzar piedras a otros. Tal vez deberíamos preguntarnos si hemos pecado de la misma manera. Porque yo sostendría que, cuando Satanás quiere nuestra adoración, no llega a nuestra puerta con un tridente y cuernos saliéndole de la frente.

No. Yo creo que, cuando Satanás quiere adoración, hace exactamente lo que hizo en el Antiguo Testamento. Se envuelve en los vientos, las olas y las tormentas proverbiales de la vida, y, al igual que los discípulos en la barca con Jesús, estamos completamente convencidos de que esas tormentas tienen poder absoluto sobre nuestra vida.

Tormentas de enfermedad.
Desempleo.
Agitación política.
Inestabilidad social.
Hijos e hijas pródigos.
Infertilidad y abortos espontáneos.
Ansiedad y depresión.
Tormentas de caos.

Esas tormentas hablan. Y a menudo también podemos escuchar la voz del Tentador a través de las tempestades que se desatan fuera de control en nuestras vidas personales. Honestamente, somos más vulnerables y susceptibles a su voz durante las temporadas en que las tormentas rugen a nuestro alrededor. Hay algo en una tormenta que genera incertidumbre dentro de nosotros.

Hay una serie de libros muy popular que varios de mis amigos llevan años insistiendo en que lea. Gracias a Dios la adaptaron para televisión, porque jamás iba a leer *La rueda del tiempo*. Pero absolutamente amo la serie en Amazon Prime.

En una escena, todos los protagonistas caminan por un antiguo pasadizo mágico y son atacados por una entidad conocida como Machin Shin, «Viento Negro». Es un enjambre de criaturas voladoras parecidas a insectos que susurran mentiras oscuras a cada personaje en su mente. Aunque todos están juntos, el enjambre dice algo diferente a cada persona, y nadie puede escuchar lo que el Viento Negro le está diciendo al que tiene al lado.

Me imagino la tormenta en el mar de Galilea, y todas las tormentas, como algo muy parecido al Viento Negro en *La rueda del tiempo*. Mi esposa y yo pasamos juntos la pandemia del COVID-19, pero lo que la tempestad le susurró a ella fue distinto de lo que me susurró a mí. Y lo mismo ha ocurrido con cada tormenta que hemos enfrentado juntos.

La realidad es que las tormentas hablan. Pero la buena noticia es que Jesús ha puesto bozal tanto al Tentador como a la tempestad, lo que significa que tú también tienes el poder para silenciar al Dragón cuando el caos se vuelve insoportable. En lugar de entretener mentiras, usa el poder que tienes a tu disposición y vuelve a ponerle el bozal al Dragón del engaño.

El Dragón ha sido amordazado. Así que, si estás escuchando su voz, de algún modo le has quitado el bozal, y la verdad es que sus palabras solo agravarán el caos en tu vida. No siempre puedes controlar el caos, pero sí puedes silenciar la voz de aquel que quiere robarte la paz y la alegría en medio de él.

La vida está llena de tormentas, y yo argumentaría que detrás de cada tempestad está la voz del Tentador. Un tentador cuyas palabras pueden escucharse a través del viento y las olas. Un tentador que nos dice que nuestro Dios es incapaz de rescatarnos o, peor aún, que sí es poderoso, pero que no le importa lo suficiente como para hacerlo.

Por eso Jesús reprende la tormenta. Porque la tormenta está reclamando para sí una gloria que solo le pertenece a Dios. Porque la tormenta busca obtener nuestra adoración y lealtad.

Por eso las tormentas necesitan bozales.

Cuando Lucas relata esta historia, incluye una pregunta muy crucial y penetrante que Jesús les hace a sus discípulos: «¿Dónde está la fe de ustedes?» (Lucas 8:25). Jesús no está diciendo que no tengan fe. Está reconociendo que, de hecho, tienen mucha fe, pero esa fe está alimentando el vehículo equivocado.

El problema no es la medida de su fe, sino la ubicación de ella.

¿Dónde está su fe? Es obvio. Observa sus palabras: «¡Maestro! ¡Maestro! ¡Nos vamos a ahogar!» (versículo 24). Ellos creen más en el poder de la tormenta que en Jesús.

Su fe está en la tormenta. Su fe está en el nuevo Baal reempaquetado, el dios de la tormenta.

Porque la tormenta nunca podrá obtener tu adoración sin primero obtener tu fe.

Y la tormenta no puede obtener tu fe sin primero captar tu atención y enfoque.

¿Dónde debería estar su fe? En las palabras que Jesús ya les ha dicho. Antes de que llegue la tormenta, Jesús se asegura de hablar con los discípulos, y esas palabras deberían haber sido el ancla de su fe. Jesús dice en el versículo 22: «Crucemos al otro lado del lago». Esas no son simplemente indicaciones. En ellas está incrustada una promesa.

Jesús dice que el destino es el otro lado del lago, lo que significa que la tormenta está mintiendo cuando dice que el viaje terminará en el fondo del mar.

El Tentador es un maestro en saber exactamente lo que Dios ha dicho. Es un sabiondo de la Biblia.

Y esto significa que las palabras de Dios deben ser mi ancla cuando los vientos y las olas me dicen que debo creer en los susurros de miedo, duda y ansiedad.

Creo que esta tormenta es el momento oportuno, porque Satanás sabe que, si logra llegar al corazón de los discípulos de Jesús, el movimiento no sobrevivirá a su Maestro. La prueba en el desierto fue para tentar a Jesús. Pero creo que este momento en el mar de Galilea es una guerra por los corazones y las mentes de los hombres que han prometido lealtad a Jesús, pero no saben cómo enfrentar los vientos y las olas del caos.

Y esta historia prueba que Jesús nunca nos dejará enfrentar el caos solos. Él aparece para ponerle bozal al Tentador y a la tempestad, para que «con temor y asombro» nosotros, como los discípulos, podamos decir: «¿Quién es este que manda aun a los vientos y al agua, y le obedecen?» (Lucas 8:25).

Capítulo 24

Un pequeño paso para el hombre

> Al *caminar* sobre el mar, Jesús vence los poderes del caos.
>
> **W. D. DAVIES Y DALE ALLISON,**
> ***MATTHEW 8-18, INTERNATIONAL CRITICAL COMMENTARY,***
> **ÉNFASIS AÑADIDO**

> El mar embravecido representa a los poderes del caos, del mal y de la muerte... Que Jesús camine sobre el mar simboliza la omnipotencia divina sobre los poderes del caos, del mal y de la muerte.
>
> **ROBERT H. GUNDRY,**
> *COMMENTARY ON THE NEW TESTAMENT*

Antes de 1954, el mundo entero «estaba convencido de que el cuerpo humano no podía físicamente correr una milla en menos de cuatro minutos. Científicos, médicos e incluso atletas creían que el corazón humano podría explotar» si alguien forzaba su cuerpo a correr a un ritmo tan intenso.[1]

Los profesionales más inteligentes y experimentados del mundo estaban de acuerdo en que correr una milla en menos de cuatro minutos era imposible. Tenían datos, hechos, gráficas y cuadros que mostraban la cantidad de energía que necesitarían los músculos en comparación con la capacidad de sus pulmones y corazón.

El veredicto estaba decidido: una milla de cuatro minutos era imposible. Nadie en la historia registrada lo había hecho jamás, así que la prueba estaba a la vista.

Y así fue hasta que el 6 de mayo de 1954, Roger Bannister corrió una milla en 3 minutos y 59,4 segundos, demostrando que esta nunca fue una barrera física, sino psicológica.[2]

Cuarenta y seis días después de que Bannister rompiera este récord mundial, fue superado nuevamente por un australiano llamado John Landy. Una vez que Bannister se convirtió en el primer ser humano en la historia registrada en correr una milla en menos de cuatro minutos, hubo inmediatamente un segundo. Luego, en 1955, «tres corredores rompieron la barrera de los cuatro minutos *en una sola carrera*».[3]

Lo que se creía físicamente imposible según los científicos, profesionales médicos y atletas de todo el mundo, se estaba volviendo común. Antes de que terminara el siglo XX, casi mil corredores habían roto la previamente inalcanzable barrera de los cuatro minutos. Y hasta junio de 2022, había sido superada por 1755 atletas.[4]

Hay una gran cantidad de lecciones que se pueden sacar de esto, pero consideremos un par. Primero, la barrera psicológica era mucho más fuerte que la barrera física percibida.

Segundo, una vez que un solo ser humano demostró que correr una milla en menos de cuatro minutos era posible, rompió de inmediato el efecto hipnótico de la barrera psicológica. Durante cientos de años, se pensó que esta hazaña era imposible. Luego, de repente, Roger Bannister lo logró, y solo tomó cuarenta y seis días para que otro ser humano alcanzara el mismo logro, porque los humanos se inspiran en otros humanos.

De una manera inexplicable, los seres humanos tienen un impacto fenomenalmente fuerte los unos sobre los otros. El momento en que Bannister rompió la barrera de los cuatro minutos fue como si todos los seres humanos del planeta recibieran acceso a esa actualización de su sistema operativo. Estamos curiosamente interconectados e interdependientes de esa forma.

Esto explica cómo Pedro puede conquistar el caos y caminar sobre el mar de Galilea, como detalla el Evangelio de Mateo. Pedro ve a Jesús hacerlo y, por lo tanto, sabe que es posible. Aquí está el relato en Mateo 14:25-29:

> Pero ya cerca del amanecer Jesús fue hacia ellos caminando sobre las aguas. Cuando los discípulos lo vieron caminar sobre las aguas, se asustaron (…).
>
> Pedro le dijo: «Señor, si eres tú, manda que yo vaya hacia ti sobre las aguas». Y él le dijo: «Ven». Entonces Pedro salió de la barca y comenzó a caminar sobre las aguas en dirección a Jesús (RVC).

Si Pedro hubiera visto a Dios Padre o al Espíritu Santo caminando sobre el agua, probablemente se habría quedado en la barca. Sin embargo, Pedro ve a un ser humano allá afuera, en el mar.

Pedro ve a un Hombre caminando sobre el agua. Un Hombre que tiene hambre, sed y se cansa. Un Hombre que es como Pedro, aunque distinto de él en muchas maneras. Pero Él no está caminando solo sobre el agua, porque todo lo que hemos aprendido hasta ahora debería darnos una pista clara sobre la imagen exacta que Pedro percibe al mirar las olas.

Pedro ve a un Hombre caminando triunfalmente sobre el caos, el mismo caos en el que los humanos se han estado ahogando desde la caída de Adán. Y si Jesús, plenamente Hombre, puede caminar victorioso sobre el caos, entonces Pedro también puede hacerlo. Esta es la única interpretación que da sentido a la respuesta de Pedro.

La versión de Marcos de esta historia usa intencionalmente un lenguaje de caos y esconde una pista sutil en el texto. Marcos nos dice que Jesús estaba a punto de pasar de largo a sus propios discípulos. Un detalle tan extraño y aparentemente insignificante. Marcos 6:48 dice: «vio que los discípulos hacían grandes esfuerzos para remar, pues tenían el viento en contra. Se acercó a ellos caminando sobre el lago e iba a pasarlos de largo». ¿Qué? ¿A punto de pasarlos de largo? ¿Por qué? ¿Acaso no camina sobre el agua para ayudarlos? Esto es más que confuso.

Bueno, es desconcertante hasta que lees Job 9, donde Job habla sobre la asombrosa grandeza de Yahvé. En este pasaje, Job dice todo tipo de cosas que demuestran la naturaleza divina de Dios: «Él mueve montañas sin que estas lo sepan, y en su enojo las trastorna… Reprende al sol y su brillo se apaga; eclipsa la luz de las estrellas… Él creó la Osa Mayor y el Orión, las Pléyades y las constelaciones del sur» (versículos 5, 7 y 9).

La mayor parte de este capítulo de Job trata sobre el asombro y el poder del Creador del universo. Es un contenido humilde e inspirador de leer. Toda la lista prueba la divinidad de Yahvé, pues Él es el único ser en el universo capaz de realizar tales maravillas. Y entre la lista de todas las cosas que desafían la naturaleza que Yahvé tiene el poder de hacer, encontramos esto:

> Por sí solo extiende los cielos
> y camina sobre las ondas del mar…
>
> Si él cruza junto a mí yo no lo veo;
> él pasa sin que yo lo perciba (Job 9:8, 11, RVA-2015).

Esto es lenguaje clásico del caos. Solo Yahvé camina sobre las olas del *tehom*. Así que, dado que Jesús camina sobre las olas en las páginas de los Evangelios, tanto Mateo como Marcos nos están diciendo que Jesús es Dios, sin decir directamente que Jesús es Dios. Como buenos narradores, están retratando a Jesús como divino.

Pero tenemos un giro extraño e interesante en Job 9. Yahvé camina sobre el *tehom*, pero pasa de largo junto a Job, y Job no puede percibirlo. Yahvé no solo es todopoderoso e impresionante, sino también santo, ligeramente inaccesible, y definitivamente poco relacionable. Todo el Antiguo Testamento señala la verdad de que Yahvé no se parece en nada a Su creación. Él es santo porque, en verdad, es completamente otro.

Marcos alude a este pasaje de Job con la sutileza de un artista. Sin embargo, Jesús no pasa de largo a los discípulos. En cambio, los discípulos claman a Él, y Marcos dice que Él responde de inmediato, sube a la barca y el viento se calma.

Yahvé camina sobre el caos, y Jesús también.
Esta es la divinidad de Jesús en exhibición.

Yahvé pasa de largo, pero Jesús no.
Esta es la humanidad de Jesús en exhibición.

Totalmente Dios. Totalmente hombre.
Ambos aspectos mostrados en la misma historia, para quienes tienen ojos para ver.

Tal vez la imagen de Jesús venciendo al caos no te conmueve ni te inspira. Puedo entender ese punto de vista. Y, sinceramente, diría que estamos en el mismo barco. (¿Captaste el chiste?

No pude resistirme). Jesús caminando sobre el agua nunca ha sido mi parte favorita de la historia. Jesús caminando sobre el agua es increíble y destaca Su divinidad para mí de una manera especial, pero es difícil ver a Jesús como lo vio Pedro.

Pedro y todos los discípulos interactuaban con Jesús como un ser humano y necesitaban una revelación de Su divinidad. Incluso cuando se dieron cuenta de que era el Mesías judío, eso no era una categoría divina para ellos. Los discípulos no comprendieron completamente que Jesús era divino hasta después de la Resurrección.

Sin embargo, la mayoría de nosotros hemos interactuado con Jesús como un ser divino durante toda nuestra vida cristiana. Le cantamos alabanzas a Jesús. Oramos a Él. Conocemos a Jesús como Dios y, por lo tanto, necesitamos la revelación opuesta a la que necesitaron los discípulos. Muchos de nosotros necesitamos desesperadamente una revelación de la humanidad de Jesús que nos lleve a contemplar a Jesús el Hombre, seguir Sus pasos y finalmente caminar sobre nuestro propio caos.

Tal vez, en lugar de enfocarte en Jesús al leer esta historia, enfócate en Pedro. Mateo, Marcos y Juan incluyen esta historia en sus narraciones del evangelio, pero solo Mateo añade el detalle de que Pedro también caminó sobre el agua. Y, siendo honesto, esa es mi parte favorita de la historia. Puede que no sea capaz de seguir los pasos de Jesús, pero sin duda creo que podría seguir los de Pedro, porque Pedro no es divino en absoluto. Al igual que Roger Bannister, Pedro es la prueba de lo que los seres humanos son capaces cuando redefinen lo que significa ser humano y se entregan al Espíritu del Dios viviente.

Pedro es tan humano como tú y yo, y caminó sobre el caos. Y si Pedro pudo vencer al caos, tú definitivamente puedes conquistar el caos que existe en tu vida, sea lo que sea. No tiene la última palabra ni la risa final.

Un último giro inesperado.

El relato de Mateo deja claro que Pedro logra llegar hasta Jesús. Esto es evidente en el texto porque, cuando Pedro empieza a hundirse, Jesús está justo allí para salvarlo:

> Pero al sentir el viento fuerte, tuvo miedo y comenzó a hundirse. Entonces gritó: «¡Señor, sálvame!».
>
> Enseguida, Jesús le tendió la mano y, sujetándolo, lo reprendió: «¡Hombre de poca fe! ¿Por qué dudaste?».
>
> *Cuando subieron a la barca*, el viento se calmó. Los que estaban en la barca lo adoraron, diciendo: «Verdaderamente, tú eres Hijo de Dios» (Mateo 14:30-33).

¿Cuando subieron a la barca? Espera un minuto. Leamos entre líneas aquí.

¿Cómo regresan exactamente a la barca? ¿Jesús lleva a Pedro en brazos? ¿Pedro se sube a la espalda de Jesús? ¿Los demás discípulos vienen a recogerlos?

No lo creo. Yo creo que Pedro tuvo que vencer al caos… *otra vez*. Me atrevería a decir que Pedro caminó sobre el agua dos veces. No solo una.

Salir de la barca y caminar sobre el agua es muy difícil. Pero hay un optimismo ciego que acompaña al acto de dejar la barca. A veces, cuando estamos llenos de fe, nos sentimos invencibles. Sin embargo, superar nuestros fracasos y caminar sobre el agua una segunda vez es aún más difícil. Saber que el peor escenario posible en realidad puede suceder, y aun así decidir correr el riesgo… eso es fe verdadera.

Recuerdo cuando mi esposa y yo habíamos acumulado suficiente fe para intentar la fecundación *in vitro* (FIV) por primera vez. Llevábamos cinco años atravesando el caos de la infertilidad. Vaciamos nuestra cuenta de ahorros para intentar este procedimiento tan costoso, y milagrosamente quedamos embarazados. Se sentía como si estuviéramos caminando sobre el agua. El día que mi esposa me dijo que estábamos esperando un bebé fue uno de los momentos más felices de mi vida.

Y luego nos hundimos. Cuando fuimos a nuestra primera ecografía, la enfermera pronunció palabras que nunca olvidaré. Con el rostro pálido y la voz temblorosa, dijo: «No hay latido».

Y con esas palabras, me encontré en el fondo del mar. Me hundí en la depresión, en el miedo, en la duda. Y me estaba ahogando en la ira. En particular, estaba enojado con Dios, pero eso se desbordaba hacia todo y todos a mi alrededor.

Pasaron los meses. Mi esposa había hecho un trabajo mucho mejor que yo procesando sus emociones y amordazando al Dragón. Recuerdo el día en que me dijo que quería intentar la FIV otra vez, y desde un lugar de trauma y miedo, respondí: «Nunca más».

Me negaba a volver a hacerme tan vulnerable y a albergar expectativas tan altas. Simplemente me negaba. Parecía más seguro aceptar la derrota.

Y ahí es donde muchos de nosotros estamos. La vida ha pasado, te has enfrentado a una tormenta, y la tempestad y el Tentador tienen tu atención. Estás de pie junto a Jesús mientras te dice que camines con Él de regreso al bote, y estás paralizado. Ya venciste el caos del miedo una vez, pero ahora el caos del trauma te tiene atrapado.

Sé exactamente cómo te sientes. Y Pedro también.

Después de otros meses de terquedad, finalmente me asustó más la idea de nunca tener hijos que la de perder otro bebé, así que vencimos el caos *de nuevo* y volvimos a intentar la FIV. Caminamos de regreso al bote, y nunca me arrepentiré, porque eso le demostró al Dragón que el caos no podía mantener a los Arango atrapados en un ciclo para siempre.

Hoy, mi hijo tiene tres años. Se llama Theophilus, y es una prueba tangible de que el caos no está al mando.

Dios nunca pondrá sobre nosotros más de lo que podamos soportar. Y si el Dios del universo te está susurrando al oído que des un paso y comiences a caminar de regreso al bote, entonces debes amordazar al Dragón, reconocer tus emociones, someterlas y gobernarlas, y, con todo el valor que tengas, vencer al caos una vez más.

Yo lo he hecho.

Pedro lo ha hecho.

Tú también puedes hacerlo.

El 20 de julio de 1969, cuando Neil Armstrong dio sus primeros pasos en la luna, pronunció una declaración icónica que de inmediato resonó con millones de personas. La frase fue escuchada por televisión y luego apareció en los titulares de los periódicos de todo el mundo, en docenas de idiomas. Neil Armstrong comprendía que sus pasos sobre la superficie lunar representaban algo para toda la humanidad. No era solo un momento de logro personal, sino un momento que tenía un significado para toda la raza humana. Tuvo una respuesta acertada ante ese momento y comentó: «Es un pequeño paso para un hombre, y un gran salto para la humanidad», mientras caminaba sobre la superficie de la luna.

En varios sentidos, Neil Armstrong y Roger Bannister tienen mucho en común. Sus historias revelan la profunda naturaleza comunitaria e interconectada de la experiencia humana. Sus momentos de logro individual desbloquearon nuevas posibilidades para todos nosotros.

Mientras medito en Jesús y Pedro caminando sobre la superficie del agua, puedo oír las palabras de Neil Armstrong en mi mente. Jesús y Pedro dieron pequeños pasos allí sobre el agua, pero esos pequeños pasos hicieron avanzar a la raza humana con saltos gigantes. Mientras meditas en la humanidad de Jesús y en la valentía de Pedro, oro para que sus pasos inspiren un gran salto en tu vida personal. Salir del bote y caminar sobre las olas fue un pequeño paso para Pedro, pero tiene el potencial de ser un gran salto hacia adelante para ti.

Capítulo 25

Con un profeta en el vientre

> En el caso del Hijo del Hombre, «el corazón de la tierra» ocupa el lugar de «el vientre del monstruo marino». Ambos representan estados liminares relacionados con la muerte.
>
> JOHN NOLLAND, *THE GOSPEL OF MATTHEW, NEW INTERNATIONAL GREEK TESTAMENT COMMENTARY*

Mientras la mayoría de mis amigos de la escuela se perdían en los mundos míticos de Harry Potter, yo me estaba obsesionando con la mitología griega.

Alerta de espóiler: mis amigos y yo éramos todos *nerds*, *nerds* de escuela cristiana privada, *nerds* que jugaban *hacky sack* en el pasillo. Nuestro profesor de AP de Civilización Occidental en séptimo grado nos adoraba, probablemente porque éramos las únicas personas en el planeta que pensaban que esta versión humilde de Sheldon Cooper era genial. Recuerdo el día en que nos presentó la mitología griega. Quedé enganchado. Dioses y diosas. Semidioses y villanos. Héroes épicos y monstruos fantásticos.

Ese mismo año salió la película *Gladiador*, y recuerdo que mis padres me llevaron a verla el día de su estreno, el 5 de mayo del 2000.

También leí *La Ilíada* y *La Odisea* de Homero ese año. Se me abrió un mundo de maravillas: Ícaro. Aquiles. Prometeo. La caja de Pandora. Poseidón. Zeus. Hermes. Apolo.

El mundo de la mitología griega también estaba lleno de una rica diversidad de monstruos marinos: Escila y Caribdis, la Hidra de Lerna, las Sirenas, pero ninguno más importante que Cetus (*κῆτος* o *Kētos* en griego).

Cetus aparece en el famoso mito de Perseo y Andrómeda. Andrómeda era la hermosa hija del rey y la reina de Etiopía, y su madre cometió el error de invocar la ira de Poseidón, poniendo a toda su nación en riesgo de ser destruida y devorada por Cetus, el monstruo marino. Para evitar la aniquilación total, un oráculo les indicó al rey y a la reina que sacrificaran a su hija a Cetus, atándola a una roca cerca de la orilla.

Y eso fue exactamente lo que hicieron los padres de Andrómeda. Solo que, antes de que el monstruo marino pudiera devorarla, un héroe llamado Perseo apareció para rescatarla. Perseo acababa de regresar tras derrotar a la famosa Medusa, y se enteró a tiempo del peligro de Andrómeda.

Una versión de este famoso mito dice que Perseo mató al monstruo marino Cetus con una espada prestada por el dios Hermes. Otra versión dice que Perseo usó la cabeza decapitada de Medusa para convertir a Cetus en piedra. De cualquier manera, Perseo salvó a Andrómeda, la damisela en apuros, de una muerte segura, como solo un héroe griego puede hacerlo.

Esta historia fue legendaria en el mundo grecorromano y ha continuado apareciendo en obras famosas de arte visual y literatura. El poeta romano Ovidio relata el mito de Perseo, Andrómeda y Cetus, el monstruo marino, en su obra clásica *Las Metamorfosis*. El pintor mundialmente famoso, Rembrandt, representó este mito en su obra maestra al óleo sobre tabla de

1630 titulada *Andrómeda encadenada a las rocas*. En la novela *Moby Dick* de 1851, Herman Melville discute el mito de Perseo, Andrómeda y Cetus en dos capítulos diferentes.

Pero quizás el lugar más sorprendente donde he visto aparecer este mito es en los labios de Jesús de Nazaret mientras debate con algunos fariseos en el Evangelio de Mateo. Mateo 12:39-40 registra las siguientes palabras:

> [Jesús] respondió: «¡Esta generación malvada y adúltera pide una señal milagrosa! Pero no se le dará más señal que la del profeta Jonás. Porque así como Jonás estuvo tres días y tres noches *en el vientre de un enorme pez* [Cetus o κῆτος (Cetus) en griego], también tres días y tres noches estará el Hijo del Hombre en el corazón de la tierra».

Jesús usó la palabra griega *kētos* (o *κῆτος*)[1] para describir lo que sea que tragó a Jonás. Por qué la mayoría de las traducciones usan la palabra «pez» aquí me parece desconcertante, porque *kētos* («latinizado como cetus»)[2] no es un pez. Ni siquiera se le acerca.

Así elige la LBLA traducir estos mismos versículos de Mateo:

> Pero respondiendo Él, les dijo: Una generación perversa y adúltera demanda señal, y ninguna señal se le dará, sino la señal de Jonás el profeta; porque como estuvo Jonás en *el vientre del monstruo marino* tres días y tres noches, así estará el Hijo del Hombre tres días y tres noches en el corazón de la tierra.

Hay una gran cantidad de palabras en griego que significan «pez», palabras que se usan en todo el Nuevo Testamento para identificar peces.[3]

Kētos no significa «pez».

Jesús claramente expresa que Jonás estuvo en el vientre de un monstruo marino o un dragón del caos. Lo que significa que la historia de Jonás es mucho más interesante de lo que la mayoría de nosotros hemos imaginado. El Antiguo Testamento nunca llama explícitamente a la bestia que tragó a Jonás *tanín*. Simplemente dice en Jonás 1:17 que: «El Señor, por su parte, dispuso un enorme pez para que se tragara a Jonás quien pasó tres días y tres noches en su vientre».

Gran pez. No un dragón. No un monstruo marino. No un *tanín* ni un *κῆτος*. Entonces, ¿por qué Jesús llama a ese mismo pez un *cetus*? ¿Por qué encontramos la palabra *κῆτος* en los labios de Jesús?

Cuando los lectores occidentales encontramos inconsistencias como esta, normalmente dudamos de la validez del texto bíblico. Los lectores orientales también se ven afectados por estas imperfecciones en el texto, pero están motivados a resolver sus misterios. Los lectores orientales (y antiguos) creen que las inconsistencias nos llevan de aguas poco profundas hacia las profundidades de la sabiduría, el misterio y la paradoja.

Proverbios 25:2 nos enseña: «La gloria de Dios es ocultar un asunto y la gloria de los reyes es investigarlo». Este proverbio es la esencia de la cultura oriental y de su cosmovisión.

Con esto, volvemos a nuestro profeta fugitivo, Jonás. Primero, el mar aparece como una parte prominente de esta historia. Y no solo tenemos el mar abierto, sino también una tormenta. Eso suena caótico para mí.

Jonás 1:4-5 dice:

> El Señor lanzó sobre el mar *un fuerte viento*, y se desencadenó una tormenta tan violenta que el barco amenazaba con hacerse pedazos. Todos los marineros tenían miedo y cada uno clamaba a su dios. Y *arrojaron el cargamento al mar* para aligerar el barco.

Fuerte viento sobre el mar. Tormenta violenta. Carga arrojada al mar. Creo que tal vez el autor quiere que notemos el mar y el caos que Jonás ha provocado con su desobediencia.

En el siguiente pasaje de la Escritura, fíjate qué palabra se repite una y otra vez para dar énfasis. Los versículos 11-13 dicen lo siguiente:

> Pero el mar *se iba enfureciendo más y más*, así que preguntaron: «¿Qué haremos contigo para que el mar se calme?».
>
> «Tómenme y láncenme al mar, verán que el mar se calmará —les respondió—. Yo sé bien que por mi culpa se ha desatado sobre ustedes *esta terrible tormenta*».
>
> Sin embargo, en un intento por regresar a tierra firme, los marineros se pusieron a remar con todas sus fuerzas; pero, *como el mar se enfurecía más y más* contra ellos, no lo consiguieron.

El mar se embraveció más y más. Los marineros quisieron que las aguas se calmaran.

«Láncenme al mar», dijo Jonás. Una gran tormenta. El mar se enfureció más.

Este es lenguaje del caos.

En segundo lugar, Jonás ora desde dentro del vientre de ese gran pez y usa un lenguaje fascinante. Jonás 2:5-6 registra la oración poética que salió de la boca de este profeta fugitivo dentro del pez:

Me rodearon las aguas hasta el alma,
  el gran abismo me envolvió (...)
pero tú sacaste de la fosa mi vida,
  oh SEÑOR, Dios mío (LBLA).

El abismo, el *tehom*, me rodeó. Más lenguaje del caos.

En tercer lugar, los monstruos marinos son mascotas comunes de los imperios violentos y malignos del mundo antiguo: Egipto, Babilonia, Asiria. Estos reinos humanos y sus reyes son todos representados como dragones en los escritos de los profetas porque causan estragos, destrucción y caos en el mundo. ¿A dónde se supone que debe ir Jonás? A Nínive, la ciudad capital de Asiria.

Asiria es el dragón. Nínive es el vientre de ese dragón.

El vientre figurado de la Bestia es a donde Jonás debería dirigirse. Pero en cambio, huye. Y termina en el vientre literal de la bestia. Creo que Jonás entiende la ironía: que de cualquier modo el vientre de la bestia es inevitable, así que bien podría obedecer y rendirse a la voluntad de Yahvé.

Todo en esta historia tiene imágenes y símbolos clásicos del caos. Pero luego llega un giro inesperado. En lugar del obvio monstruo marino, tenemos un pez. La audiencia antigua habría visto un *tanín* en su imaginación, aunque el texto no use esa palabra exacta. Lo sabemos porque Jesús interpretó la historia de esa manera. Jesús juntó las piezas del rompecabezas como un lector antiguo.

Entonces, volviendo a Jesús en Mateo 12, ¿qué está diciendo exactamente?

Jesús dice que su misión dada por Dios es entregarse al vientre de la Bestia, que es un símbolo rico y con muchas capas, por decir lo menos. El vientre de la Bestia representa al Dragón que se puso frente a Adán y Eva, Satanás. Jesús declara en este pasaje que planea entregarse a este arcángel rebelde y abrazar la muerte a manos de su enemigo eterno. El vientre de la Bestia representa a cada agente humano del caos por quien Jesús sacrificaría su vida, para que ellos pudieran tener el orden de Dios. Pero el vientre de la Bestia también representa la expresión física terrestre del Dragón de violencia y poder, conocida como los imperios y reinos de la humanidad.

De la misma manera que Jonás entró al corazón del Imperio asirio, Jesús moriría en una cruz romana para que el evangelio pudiera infiltrarse en el imperio más poderoso y parecido a una bestia que el mundo hubiera conocido. Tal vez Jesús previó a Pablo viajando por caminos romanos para plantar semillas del evangelio en lo más profundo de un imperio roto y corrupto.

Jesús no solo estaba diciendo que se entregaría al vientre de la Bestia, sino también que la muerte no tendría la última palabra. Hay una capa más de significado oculta en el texto de Jonás. Jonás 2:2 dice: «Desde lo profundo de los dominios de la muerte pedí auxilio, y tú escuchaste mi clamor». Jonás equipara el vientre de la bestia con el reino de los muertos. Un detalle fascinante. Jonás experimentó una especie de resurrección.

Debemos abordar una última peculiaridad del texto. Es imposible notarlo al leer una traducción, pero es muy obvio al leer estos textos en hebreo. Cuando el «pez» se traga a Jonás, es masculino. Luego ocurre algo fascinante: cuando vomita a Jonás, es femenino. Los autores bíblicos nos están rogando que notemos esta inconsistencia. Pero ¿cuál es su significado?

Tenemos un pez hembra con algo vivo en su vientre. Exacto. Los autores quieren que veamos que el pez está encinta, y en su vientre lleva un profeta. Jonás se hunde hasta el fondo del *tehom*. Es tragado por el caos. Llama al vientre de la bestia el reino de los muertos, también conocido como su tumba. Pero entonces, el vientre de la bestia se revela como un vientre materno en lugar de una tumba.

Y así, Jonás renace.

Esto es lo que vio Jesús. De esto trata Mateo 12.

Por eso usó esta historia para predecir que Su tumba también sería un vientre, y que, a partir de Su resurrección, la vida de la nueva creación entraría en el mundo.

Capítulo 26

El génesis de Jesús

> «En el principio»: ningún lector de la Biblia puede ver esa frase sin pensar de inmediato en el inicio de Génesis, el primer libro del Antiguo Testamento: «En el principio creó Dios los cielos y la tierra».
>
> N. T. WRIGHT, *JOHN FOR EVERYONE, PART 1*

Juan comienza su relato del evangelio con unas palabras icónicas: «En el principio» (1:1).[1]

En. El. Principio. Eso sí es audacia.

Juan deja muy claro que está escribiendo un nuevo Génesis.

Creo que nos cuesta comprender cuán atrevido fue para Juan comenzar su relato con estas tres palabras. Era inaudito que un autor judío intentara apropiarse de las veneradas palabras iniciales de la Torá. Juan tiene un tremendo *chutzpah* (atrevimiento), y ve en la persona de Jesús el mismo poder creativo que formó el universo.

Usar las palabras «en el principio» sería equivalente a que un presidente actual de los Estados Unidos comenzara un discurso con «Hace veintisiete años…». Cualquiera que conozca el contexto comenzaría de inmediato a trazar paralelismos entre nuestros problemas modernos y aquellos de la Guerra Civil estadounidense, cuando Abraham Lincoln escribió originalmente esas palabras. O sería como escribir un discurso titulado «Yo tengo un sueño». Todo el mundo sabría que se trata de una referencia al discurso original del Dr. Martin Luther King Jr. Sí, una referencia, pero también una reinterpretación.

Supe oficialmente que era viejo cuando mencioné la canción «Through the Fire» de Chaka Khan y alguien casi veinte años menor que yo me corrigió diciendo: «¿Te refieres a "Through the Wire" de Kanye West?».

Me llevó un momento decidir cuál de las infinitas preguntas en mi mente haría primero. Opté por: «¿Sabías que Kanye usó música de Chaka Khan en su canción?». La persona no lo sabía. Y debido a que no estaba familiariza con la original, le era imposible apreciar plenamente el remix.

Hemos estudiado mucho Génesis en este libro para poder apreciar verdaderamente la profundidad y los matices del remix: la nueva historia de la creación que Juan nos da en su relato del evangelio.

El ejemplo no es solo una referencia a la música original, sino también una reinterpretación. Juan está haciendo referencia a Génesis, pero también lo está reinterpretando a través del lente de Jesús. Y yo deseo desesperadamente conocer al Jesús que Juan conoció, al Dios-hombre que emana orden y somete al caos en todas sus formas a diario.

Génesis es una historia de Dios conquistando el caos y creando orden en el cosmos.

Esto significa que el nuevo Génesis probablemente también trata del caos y el orden.

Yo sostendría que Juan cree todo sobre Jesús: Su enseñanza y Sus milagros. Su nacimiento. Su vida. Su muerte. Su resurrección. Todo. Que todo ello ha traído nueva creación a este cosmos roto.

Para Juan, Jesús de Nazaret está trabajando exactamente en el mismo proyecto en el que Yahvé estaba trabajando en el relato de la creación en Génesis: sacar al mundo del caos e imponer el orden para que la vida abundante pudiera brotar y florecer.

Cada vez que jugaba videojuegos con mis amigos cuando era niño y estaba perdiendo por mucho, tenía esta tendencia insoportable de apretar el botón de reinicio. Miro hacia atrás a mi yo más joven y niego con la cabeza, avergonzado, pero no puedo negar que, si mis amigos me estaban ganando y yo sabía que una remontada era imposible, simplemente apretaba ese botón y toda la pantalla se volvía negra. Era yo un verdadero fastidio.

Juan está afirmando con valentía que la vida, muerte y resurrección de Jesús fue un botón de reinicio para toda la creación. Que Jesús representa un nuevo comienzo para la raza humana y para todo el cosmos. Adán ya no es el molde caótico en el que se vierte y forma al nuevo ser humano; el orden de Jesús se convierte en el nuevo molde para el modelo de vida que seguimos.

Jesús ofrece a cada ser humano la oportunidad de ser hecho nuevo. Al igual que Yahvé en el relato de la creación, Jesús tiene un orden que desea imponer sobre el suelo de la creación y sobre nuestras almas. Cuando nos rendimos al señorío de Jesús, verdaderamente somos cortados de una tela diferente que nuestro antepasado Adán, formados de un molde radicalmente distinto, y ahora podemos vivir conforme al orden de la nueva creación.

Si observamos los textos de Génesis y Juan, podremos identificar el momento en que se presiona el botón de reinicio. A lo largo del Evangelio de Juan, los fariseos están frustrados porque Jesús no sigue su versión particular de las reglas del *sabbat*. Pero algo profundamente intenso y cósmico está ocurriendo en lo que respecta al *sabbat*.

Jesús ve su ministerio como la obra de una nueva creación. Yahvé no descansó hasta que la obra de la creación original estuvo completa; por lo tanto, en el Evangelio de Juan, Jesús no descansa hasta que la obra de la nueva creación está terminada.

Génesis 2:1-2 nos dice que después de seis días de ordenar, organizar, hablar y dar forma, «quedaron *terminados* los cielos y la tierra», y luego reitera que «Al llegar el séptimo día, Dios… había *terminado* toda la obra que había emprendido».

La palabra clave a notar aquí es *terminado*. Juan nos mostrará que Jesús está haciendo lo mismo que Yahvé. En Juan 19:30, escribió que Jesús dijo: «*Consumado es.* Y habiendo inclinado la cabeza y entregó el espíritu» (RVR1960).

Consumado es. Esa es una frase cargada de significado.

Así como Yahvé terminó la obra de la creación, Jesús ha terminado la obra de la nueva creación. Y así como el Padre terminó de sacar el cosmos del caos, Jesús ha terminado de sacar la nueva creación del caos. Jesús ha terminado la obra de aplastar el caos.

Si estás leyendo el Evangelio de Juan de forma aislada, podrías pensar que esta declaración de Jesús se refiere únicamente a su obra expiatoria en la cruz. Sin embargo, si conoces la canción que Juan está probando, entonces sabes que está haciendo referencia a la obra terminada de la creación en Génesis.

Así que, sí, la obra expiatoria de la cruz está terminada. Pero también, la obra de la nueva creación está terminada. Y lo segundo sería imposible sin lo primero. Una vez que Jesús muere, la vieja creación de caos y muerte muere junto con Él. Este es el momento en que se presiona el botón de reinicio. Sin embargo, lo que distingue un botón de reinicio de un simple botón de apagado es su capacidad para provocar la reaparición y reanimación de la energía y la vida.

En Juan 20:1, encontramos la subestimación más grande de la historia: «El primer día de la *semana*, muy de mañana, cuando todavía estaba oscuro, María Magdalena fue al sepulcro y vio que habían removido la piedra que cubría la entrada». El primer día de la semana. Juan no solo nos está diciendo qué día es, sino mucho más. Esta es su manera de decir que es el primer día de la nueva creación y que ese Domingo de Resurrección ofrece una hoja en blanco tan pura como la que tuvo Adán en su primer día de la semana. Así que, sí, es el primer día de la semana: el domingo. Pero también es el primer día del nuevo orden del mundo que Jesús ha inaugurado.

En Génesis, Yahvé venció al caos y estableció el orden en una semana. La palabra *semana* aparece aquí, en la historia de la Resurrección, para demostrar que el caos ha sido vencido una vez más y que ahora podemos enfrentar las pruebas que tantos enfrentaron antes que nosotros y no superaron.

Recuerda: el patrón de seis partes que hemos delineado siempre termina con una prueba. Adán y Eva fallaron. Noé falló. Moisés falló. Josué falló. Múltiples generaciones de israelitas fallaron. Pero ninguno de ellos tenía el arma secreta que Jesús consiguió para nosotros: el Espíritu Santo.

Pablo dice en su carta a los Romanos que «si el Espíritu de aquel que levantó a Jesús de entre los muertos vive en ustedes» (8:11), entonces ese mismo poder vive en nosotros. La Resurrección prueba que el poder vivificante del Espíritu Santo puede lograr lo que es absolutamente imposible con solo fuerza y medios humanos. La Resurrección demuestra que ha amanecido un nuevo día y que la humanidad ha cruzado hacia un mundo de nueva creación donde el Espíritu Santo está disponible de una manera nueva.

Y ahora que el Espíritu Santo habita en nosotros, finalmente podemos llegar a la sexta y última etapa del ciclo del caos y demostrarle al Señor que podemos ser probados... y ser confiables. La resurrección de Jesús significa que las reglas del juego han cambiado de forma permanente.

Ni Adán ni Eva fallaron en el jardín del Edén por ser humanos. Fallaron porque no tenían al Espíritu Santo viviendo en ellos.

Pero en la nueva creación, tenemos un arma secreta. Un arma secreta que hizo su aparición en el primer día de la semana, cuando María fue a un jardín para ungir el cuerpo de Jesús. Un arma secreta que levantó el cuerpo literal de Cristo y que empodera al cuerpo figurado de Cristo para:

conquistar el caos,
sobrevivir a las aguas,
recibir al Espíritu,
obedecer la voz de Dios,
abrazar el orden,
y pasar la prueba.

Este era el Jesús que Juan conocía. El Jesús que trae nueva creación. El Jesús que conquista el caos. El Jesús que nos limpia con Su sangre para que podamos recibir la llenura del Espíritu Santo. El Jesús que nos da un nuevo comienzo, rompe ciclos y nos enseña a pasar las pruebas para que podamos sostener el orden que Él ha creado.

Capítulo 27

El Jesús al que Juan conoció

> Juan piensa que está escribiendo un nuevo Génesis.
>
> N. T. WRIGHT, «WHAT JOHN REALLY MEANT: BTHE GOSPEL OF THE NEW TEMPLE»

A medida que se desarrolla el Evangelio de Juan, se vuelve innegable que Juan no solo está mirando a Jesús a través del lente de Génesis, sino que también está reinterpretando Génesis a través de la vida y el ministerio de Jesús.

La primera pista que llama la atención es la abrumadora presencia del agua en el Evangelio de Juan. Hay agua por todas partes, lo que debería hacer sonar de inmediato nuestras alarmas internas, porque el agua es nuestro símbolo principal del caos y la creación. Retomando exactamente donde Génesis lo dejó, el agua toma un papel central en el Evangelio de Juan como un símbolo poderoso e intencional.

En Juan 2, tenemos seis tinajas de piedra para el agua usadas para la purificación ceremonial.
En Juan 3, Jesús le dice a Nicodemo que debe nacer de agua y del Espíritu.
En Juan 4, Jesús le ofrece a una mujer samaritana agua viva cuando la encuentra en un pozo.

En Juan 5, estamos en el estanque de Bethesda donde los ángeles periódicamente agitan las aguas.

En Juan 6, Jesús camina sobre el agua en medio de una tormenta.

En Juan 7, Jesús dice que ríos de agua viva fluirán de quienes creen en Él.

En Juan 9, Jesús sana la ceguera con su saliva y visita el estanque de Siloé.

En Juan 19, el costado de Jesús es traspasado, provocando un flujo repentino de sangre y agua.

Juan está proclamando algo profundo a través de estos símbolos e imágenes: el Dios de Génesis que hizo el mar, dio límites a los océanos, colocó el *tanín* en ellos y dividió las aguas para que surgiera tierra seca, ha venido del cielo en la forma de Jesús para restablecer el orden y someter al caos una vez más.

Juan nos está suplicando que veamos que el orden de la nueva creación ha irrumpido en este mundo y está echando raíces en el suelo del sistema del mundo antiguo.

Pero Juan no termina su aluvión de símbolos con el agua. Aprendimos al comienzo de esta sección que, si tenemos agua, probablemente también vamos a encontrar el *ruaj* (aliento) de Dios en alguna parte. El Evangelio de Juan no termina sin que el *ruaj* de Dios haga su aparición.

Cuando Jesús se aparece a sus discípulos después de la Resurrección, desea con desesperación entregarles el don del Espíritu Santo. Juan 20:21-22 registra que Él les dijo: «"Como el Padre me envió, así yo los envío a ustedes". Acto seguido, sopló sobre ellos y les dijo: "Reciban el Espíritu Santo"». Jesús sopló sobre ellos, y ellos recibieron el Espíritu Santo. Este momento está diseñado para que la audiencia de Juan medite y recuerde la última vez que vieron a Dios soplar sobre alguien. Sí, fue en Génesis.

En Génesis 2:7, tenemos ese momento increíble donde Yahvé sopla su *ruaj* en las narices de Adán. El texto dice que Yahvé formó a Adán del polvo, pero que Adán necesitaba el aliento animador de vida. Por lo tanto, Dios «sopló en su nariz aliento de vida, y el hombre se convirtió en un ser viviente».

¿Por qué Jesús sopla sobre los discípulos en el Evangelio de Juan? Porque Él es el autor de la nueva creación. Además, Juan enfatiza la importancia del Espíritu Santo en la vida de cada creyente. La presencia del Espíritu Santo para los discípulos tiene el mismo nivel de importancia que el mismo aliento de Dios que dio vida al cuerpo de Adán.

Sin la sabiduría, la guía y el discernimiento del Espíritu Santo, la vida del creyente inevitablemente caerá en el Caos. Sin el fruto y los dones del Espíritu Santo, las iglesias caerán en el Caos. El Espíritu Santo es el aliento animador en la vida de cada cristiano, y debemos ser conscientes de nuestra necesidad diaria y desesperada del poder renovador del Espíritu de Dios.

Recuerda el patrón: si tenemos agua y el aliento de Dios, probablemente también tenemos la voz de Dios. Por eso Juan incluye una historia donde Jesús trae orden mediante el poder de sus palabras habladas. Juan 4:46-53 (RVR1960) nos habla de un funcionario real que le suplica a Jesús que vaya a sanar a su hijo. Jesús y el funcionario están en Caná, y el niño está en Cafarnaúm.

> El oficial del rey le dijo: «Señor, desciende antes que mi hijo muera».
>
> Jesús le dijo: «Ve, tu hijo vive».

> Y el hombre creyó la palabra que Jesús le dijo, y se fue. Cuando ya descendía, sus siervos salieron a recibirle, y le dieron nuevas, diciendo: Tu hijo vive (versículos 49-51).

La muerte tuvo que obedecer las palabras de Jesús. La desobediencia no era una opción para la muerte, que quería reclamar a este niño como suyo. Que eso te haga reflexionar. La muerte tuvo que obedecer a Jesús, pero tú y yo ejercemos la libertad de caminar en desobediencia a diario.

La voz de Dios —la enseñanza e instrucción de Jesús— tiene el poder de traer orden. Las palabras de Jesús tienen absolutamente el poder y el potencial para traer orden a nuestras vidas, pero solo cuando le obedecemos incondicionalmente y aplicamos sus instrucciones de manera adecuada.

He aprendido que donde hay desobediencia, también hay falta de confianza. Cuando desobedecemos, generalmente es porque confiamos más en nosotros mismos que en los métodos, el tiempo o el camino de Jesús. Pero seamos sinceros: confiar en uno mismo solo nos ha llevado al caos. No conozco a nadie que haya creado orden en su vida confiando solo en sí mismo.

Confiar en las palabras e instrucciones de un Dios invisible puede parecer caos al principio, pero siempre trae orden. Confiar en nosotros mismos nos da una ilusión de control, pero eso no es verdadero orden. Seguir tus instintos inevitablemente llevará al caos a menos que hayas sometido tu voluntad a la autoridad del Espíritu Santo.

Juan deja muy claro su punto aquí con la capacidad de Jesús para rescatar al hijo del funcionario real de las garras de la muerte. El mismo Dios que habló al caos y le trajo orden con sus palabras en el principio, ha llegado en carne. El Verbo verdaderamente se hizo carne y habitó entre nosotros.

Entonces, recapitulemos. La humanidad ha descendido al Caos. Y Juan nos muestra agua, mucha agua. También tenemos *ruaj*. Jesús sopla sobre los discípulos y ellos reciben el Espíritu Santo. Y tenemos la Palabra divina: Jesús habla y la muerte obedece. Lo que significa que deberíamos ver orden reflejado en el Evangelio de Juan.

¡Oh, definitivamente tenemos orden! Juan organiza todo alrededor del número siete. ¿Puedes recordar dónde hemos visto ese número antes? Sí, en la creación. Génesis 1.

Hay siete milagros que Juan llama señales.

Hay siete discursos de enseñanza estratégicamente ubicados.

Jesús asiste a siete festivales a lo largo de este relato.

Jesús revela Su identidad siete veces, y cada una está marcada por las palabras «Yo soy».

Y el libro en realidad sigue una estructura de siete días.

¡Esto sí es intrincado y ordenado!

Los Evangelios sinópticos incluyen innumerables milagros que Jesús realizó. Pero no Juan. El Evangelio de Juan tiene solo siete. Para Juan, los milagros cumplen exactamente el mismo propósito que los siete días originales de la creación. Los milagros simbolizan la nueva creación y el dominio del orden sobre el caos. Los milagros apuntan a la identidad de Jesús como aquel que viene a plantar las semillas de la nueva creación en el suelo de este mundo.

Juan incluye siete bloques de enseñanza o discursos en su evangelio, porque para Juan, la enseñanza de Jesús cumple exactamente el mismo propósito que los siete días originales de la creación: la sabiduría y el entendimiento de Jesús establecen orden y eliminan mentalidades caóticas y sistemas de pensamiento desordenados. Literalmente podemos organizar nuestras vidas alrededor de las enseñanzas de Jesús y construir sobre el fundamento sólido de Su verdad.

Juan incluye siete festivales en su relato para detallar meticulosamente cómo Jesús es el cumplimiento de la Pascua, Janucá y la Fiesta de los Tabernáculos. Porque para Juan, la totalidad del Antiguo Testamento está incompleta sin Jesús. Además, los tiempos y las estaciones son elementos innegociables de orden a lo largo del canon de las Escrituras. En el relato de la creación, Dios ordena el tiempo. A lo largo de la Ley, Dios ordena el tiempo usando los festivales. Y Jesús ordena Su vida alrededor de estos ritmos y luego los cumple.

De una manera muy real, nunca empezarás a traer orden a tu vida sin ordenar la forma en que gastas tu tiempo. La manera en que estructuras tus días. Los ritmos de tu agenda. Aniversarios. Feriados. El flujo de tus meses y años. Recuerdo que, siendo un pastor de jóvenes nuevo, en una ciudad nueva y en una iglesia nueva, necesitaba desesperadamente traer orden a la vida de mis voluntarios, padres y adolescentes. Así que mi esposa y yo nos sentamos con el calendario escolar público del condado y planificamos un año entero de sermones, eventos y programas antes del Día de Acción de Gracias del año siguiente. Ejercimos influencia sobre la cultura del ministerio juvenil simplemente ordenando nuestros días, semanas, meses y años alrededor de una planificación sabia.

Si no controlas tu agenda, ella te controlará a ti. Ya que Yahvé sabe esto, dedicó un día entero de la creación a ordenar el tiempo. Y Jesús siguió un orden y una estructura para Sus días y años.

Finalmente, Juan incluye siete declaraciones «Yo soy» de Jesús en su evangelio. Para Juan, la identidad de Jesús solo puede ser plenamente apreciada cuando entendemos la identidad de Yahvé en el relato de Génesis. Sin identidad, nunca puede haber orden. Sin conciencia de la verdadera identidad de Jesús, nunca puede haber verdadero orden. Y sin un entendimiento de nuestra propia identidad, siempre habrá caos.

Según Juan, la vida y el ministerio de Jesús marcan el comienzo de una nueva creación. Otro momento en la historia en el que el orden subyuga al caos. Y la pregunta que tú y yo debemos responder es: «¿De qué creación quiero ser parte?».

¿De la creación caída gobernada por el caos?

¿O de la nueva creación ordenada y gobernada por Jesús?

El Evangelio de Juan obliga a sus lectores a reconocer que estamos ocupando dos realidades al mismo tiempo. Juan retrata intencionalmente a Jesús de una manera que lleva a su audiencia a darse cuenta de que una nueva creación ya está en funcionamiento dentro de esta vieja creación, y que debemos elegir participar en la creación que discernimos espiritualmente tanto como en la que experimentamos con nuestros sentidos físicos.

Pero el Evangelio de Juan no incluye un relato de la tentación, cuando Jesús y Satanás se enfrentan en el desierto. Juan omite por completo esa parte de la vida de Jesús.

Entonces, ¿dónde está el momento de prueba? Mi intuición es que Juan ubicará ese momento de verdad dentro de un jardín. Pero para encontrar la respuesta, necesitaremos investigar un poco y conectar algunos puntos, lo cual será nuestro enfoque a continuación.

Capítulo 28

El Jesús al que Judas creyó conocer

> Entonces entró Satanás en Judas, uno de los doce, al que llamaban Iscariote.
>
> LUCAS 22:3

> Tan pronto como Judas tomó el pan, Satanás entró en él.
>
> JUAN 13:27

Mientras buscamos un momento de prueba en el Evangelio de Juan, recordemos que Juan está obsesionado con el Génesis y trata de enfocar nuestra atención allí. Por lo tanto, incluir una historia de Jesús siendo probado en el desierto no encaja con la agenda de Juan. Dado que la imaginería del desierto remite a la historia del Éxodo, la omisión tiene sentido temático.

Si Juan fuera a incluir una historia en su evangelio para demostrar que Jesús pasa la prueba de su vida, ¿dónde tendría lugar esa prueba? Probablemente en un jardín, ¿verdad? Bueno, ciertamente tenemos una historia en un jardín en el Evangelio de Juan. Juan 18:3 nos dice:

> Así que Judas llegó al huerto, a la cabeza de un destacamento de soldados y guardias de los jefes de los

sacerdotes y de los fariseos. Llevaban antorchas, lámparas y armas.

De la misma manera en que Satanás, en forma de dragón, entró en el jardín del Edén para tentar a Adán y a Eva, yo sostengo que Satanás, en la forma de Judas, entró en el jardín de Getsemaní para tentar a Jesucristo de Nazaret. Si Judas y Satanás hubieran tenido éxito, habría sumido el proyecto de la nueva creación en un caos absoluto, lo cual habría sido una repetición del Génesis. Desafortunadamente, la mayoría de los cristianos probablemente no ve este momento con Judas como una tentación, pero yo argumentaría que el papel de Judas ha sido ligeramente malinterpretado. Así que permíteme presentar una visión alternativa.

¿Y si Judas pensaba que estaba ayudando? (Sígueme la corriente). ¿Y si Judas creía que podía forzar la mano de Jesús creando un escenario donde Jesús se viera obligado a reaccionar con violencia? ¿Y si Judas pensaba que podía manipular a Jesús para que fuera el tipo de Mesías que todos (incluido Judas) esperaban que fuera? ¿Y si Judas creía lo mismo que el resto de los discípulos, que Jesús iba a liderar una rebelión armada para liberar finalmente a Israel de la ocupación militar romana?

Pedro y el resto del grupo estaban completamente confundidos ante la idea de que Jesús sufriera y sacrificara su vida en una cruz romana. Completamente desconcertados y perplejos. La idea de un Mesías sufriente y muerto era tan incomprensible que los evangelios enfatizan, una y otra vez, cuán irremediablemente confundidos estaban todos los discípulos cada vez que Jesús tocaba ese tema.

Los discípulos no tenían absolutamente ninguna idea de lo que Jesús estaba hablando cuando empezó a hablar de la crucifixión. Mateo, Marcos y Lucas incluyen múltiples historias de Jesús diciéndoles a sus discípulos que sufriría, moriría y luego resucitaría, y cada vez, sus discípulos simplemente no lo entendían.[1] Incluso se enojaban. Me gustaría poder guiarte por cada una de esas historias, pero solo mencionaré una más: aquella en la que Pedro reprendió a Jesús por afirmar que debía sufrir y morir, y Jesús respondió diciendo: «¡Apártate de mí, Satanás!» (Mateo 16:23; Marcos 8:33).

Intenta comprender la cosmovisión de los discípulos de Jesús. No eran tontos. La mayoría de estos muchachos tenía más Escritura memorizada que cualquier persona que tú o yo podamos conocer. Pero no podían comprender la idea de un Mesías sufriente o crucificado. Pedro había caminado sobre el agua, pero no podía concebir la idea de un Mesías muriendo en una cruz. Estos muchachos habían expulsado demonios, y aun así no podían entender lo que Jesús estaba diciendo cuando hablaba de que iba a sufrir y morir. Déjalo asentarse.

Estos hombres eran inteligentes. Pero estaban atrapados en la definición cultural que tenían de la palabra *Mesías*. Creían que el mesías lideraría un ejército hacia Jerusalén y usaría la violencia y la fuerza para liberar heroicamente al pueblo de Israel de los romanos. Y escúchalo bien: no solo anticipaban una guerra con los romanos, sino que también creían que Jesús saldría victorioso. Santiago y Juan incluso le dijeron: «Concédenos que en tu glorioso reino uno de nosotros se siente a tu derecha y el otro a tu izquierda». A lo que Jesús respondió: «Ustedes no saben lo que están pidiendo» (Marcos 10:37-38).

Estos muchachos estaban listos para una revolución violenta y pensaban que Jesús ganaría. Esta sola pregunta de Santiago y Juan resume perfectamente la cosmovisión cultural de los discípulos y su comprensión (o falta de ella). Y la respuesta de Jesús lo dice todo: Él no tenía absolutamente ningún plan de liderar una rebelión armada contra el gobierno romano. Ninguno.

Todos los discípulos creían que Jesús llamaría a Israel a las armas, organizaría un ejército y lideraría una campaña militar. Nada demuestra esto mejor que la reacción de Pedro cuando Judas llevó a los hombres armados a arrestar a Jesús.

Juan 18:10 dice: «Simón Pedro, que tenía una espada, la desenfundó e hirió al siervo del sumo sacerdote, cortándole la oreja derecha». Pedro tenía una espada —y es evidente que sabía manejarla bien— y vino a Jerusalén listo para usarla. ¿Por qué? Porque todos los discípulos creían que Jesús iba a ser un comandante militar. Sé que eso suena ridículo, pero cuando ellos pensaban en el Mesías, visualizaban a todos los líderes militares a lo largo de la historia de Israel que Dios había levantado y ungido para el combate.

Josué. Saúl.
David. Gedeón.
Sansón. Judas Macabeo.
Todos líderes militares.

La palabra *Mesías* simplemente significa «ungido»,[2] y la mayoría de los ungidos en el Antiguo Testamento eran reyes o líderes que dirigían ejércitos y luchaban contra los enemigos de Israel. Así que no es tan descabellado que Judas, Pedro y todos los demás discípulos entendieran el papel del mesías en términos políticos y militaristas.

Tal vez Judas estaba manipulando la situación para hacer que Jesús reaccionara de acuerdo con quien él quería que fuera, en lugar de aceptar quién Jesús había sido llamado a ser. Tal vez Judas tenía una agenda. Y, sin importar lo que Jesús había dicho,

Judas simplemente no podía soltar su agenda a cambio de la misión a la que Jesús los había llamado.

En ese sentido, hay un Judas en cada uno de nosotros. Una parte de nosotros que preferiría ser leal a nuestra propia agenda antes que a la misión a la que Dios nos ha llamado. Considera cómo respondió Judas cuando su plan no funcionó y Jesús fue realmente arrestado. Judas se sintió tan arrepentido que llegó al punto del suicidio.

> Entonces Judas, el que le había entregado, viendo que era condenado, devolvió arrepentido las treinta piezas de plata a los principales sacerdotes y a los ancianos, diciendo: Yo he pecado entregando sangre inocente. Mas ellos dijeron: ¿Qué nos importa a nosotros? ¡Allá tú! Y arrojando las piezas de plata en el templo, salió, y fue y se ahorcó (Mateo 27:3-5, RVR1960).

Se me quiebra la voz cuando intento leer esos versículos en voz alta, porque creo que demuestran la compleja realidad de la experiencia humana. Creo que muestran que Judas no tenía intenciones completamente malvadas. No creo que haya traicionado a Jesús pensando que todo saldría como salió. Creo que Judas solo quería provocar a Jesús para que actuara.

Judas no pudo perdonarse por ese error de cálculo. Estaba completamente roto y recurrió al suicidio, lo cual quiere decir que Judas malinterpretó a Jesús dos veces.

Judas se equivocó no solo sobre la cultura y el espíritu del señorío y el reino de Jesús, sino también sobre la gracia y el perdón de Jesús como Salvador. No creo que Judas simplemente quisiera treinta piezas de plata, una suma insignificante frente a la magnitud de sus actos. Creo que Judas tenía un plan que salió mal. Creo que Judas tenía una visión de quién quería que fuera Jesús, y esa agenda se convirtió en un ídolo. Las personas hacen cosas caóticas cuando hay idolatría de por medio.

Judas es un personaje fácil de convertir en villano. Sin embargo, una vez que alguien se convierte en un villano ante nuestros ojos, nos resulta difícil aprender algo de él y de sus errores. Humanizar a Judas no justifica su pecado ni legitima su fracaso, pero nos permite ver cómo todos hemos actuado como Judas en algún área de nuestra vida.

Cuando no podemos soltar nuestras propias agendas, cuando vemos a Jesús como un medio para lograr fines políticos, creamos caos. Cuando intentamos controlar situaciones que están fuera de nuestro control, cuando pensamos que podemos manipular a Dios, cuando nos negamos a confiar en el plan que Dios ha trazado, creamos caos.

Algunos estudiosos de la Biblia, mucho más inteligentes que yo, creen que el apellido de Judas, Iscariote, es en realidad un título: una pista sobre sus afiliaciones políticas. Los sicarios eran un grupo de vigilantes judíos conocidos por asesinar a nobles, también judíos, en lugares concurridos, usando pequeñas dagas ocultas bajo sus capas. El nombre Sicarii viene del latín *sicarius*, que se traduce como «hombre de la daga».[3]

Así que Judas Iscariote podría ser en realidad Judas el Sicario, lo cual lo convertiría, como mínimo, en un zelote extremista. Y si había algún grupo en Israel conocido por su inclinación al extremismo, eran los zelotes. Puedo imaginar a Judas, el Hombre de la Daga, viendo a un guerrero dormido dentro de este rabino y sanador llamado Jesús, y creando un escenario para despertar al gigante dormido, provocar la ira del Mesías y llamar a Israel a las armas en el jardín de Getsemaní.

La tentación en el Génesis, en el jardín del Edén, giraba en torno a la identidad. Este momento en los Evangelios, en el jardín de Getsemaní, también trata sobre la identidad.

En Edén, el Dragón prometió que Adán y Eva serían como Dios si comían del fruto, pero la realidad es que ya eran como Dios. Habían sido creados a Su imagen. En Getsemaní, el Dragón intenta convencer a Jesús de que puede rescatar a Israel por otro camino, sin el dolor insoportable de la Cruz. El camino de Judas es una opción viable. Pero esta tentación fracasa. Jesús sabe exactamente quién es, y el río del comportamiento siempre fluye desde el lago de la identidad.

En el Edén, el Dragón hizo que Adán y Eva dudaran de la bondad y del carácter de Dios Padre, por lo que terminaron confiando en sí mismos y en el Dragón. En Getsemaní, Jesús se mantiene firme en la verdad de que el Padre no lo está matando. Jesús está sacrificando su vida voluntariamente porque confía en la voluntad y en el camino de Dios Padre.

En el Edén, el Dragón convenció a Adán y a Eva de que los seres humanos podían oír a Dios no solo a través de las palabras habladas de Yahvé, sino también a través de sus deseos e instintos. En Getsemaní, el Dragón quiere que Jesús considere si acaso Dios Padre está hablando a través de Judas o de Pedro. Sin embargo, Jesús se ha disciplinado para escuchar a Dios dentro de los límites que ha establecido, y tiene oídos circuncidados para oírlo bien.

En el Evangelio de Juan, esta es la prueba. Este es el momento clave de la tentación. Todo se perdió en el Edén, pero todo se recupera en Getsemaní. Y porque Jesús pasó esta prueba, tenemos un modelo que puede ayudarnos a pasar la nuestra también.

Hay un Judas en cada uno de nosotros que nos puede llevar al caos. Oro para que este capítulo te anime a examinar tu corazón y exponer al Judas interior que ve a Jesús como un medio para lograr un fin. Te invito con ternura a que te arrepientas y pongas tu agenda y tu deseo de control en el altar del sacrificio.

También hay mucho de Jesús en cada uno de nosotros, y Su Espíritu vive en estos templos que llamamos cuerpos (1 Corintios 6:19). Oro para que este capítulo te inspire a encontrar tu jardín y a pasar tu prueba, para que puedas ser un agente del orden divino en este mundo de caos que actualmente habitamos.

Capítulo 29

El aplastador del caos

> Cuando la *oscuridad*, el terremoto y el rasgado del velo acompañaron la *muerte* de Jesús, los judíos de su época habrían temido que era el fin del mundo: *la victoria del caos*. Las señales tres días después les habrían alertado que una nueva era estaba por comenzar.
>
> MICHAEL HEISER, *THE BIBLE UNFILTERED*, ÉNFASIS AÑADIDO

> La *muerte* de esta figura creadora en la cruz es, en cierto sentido, la *victoria definitiva del Caos* sobre la creación.
>
> DOMINIC RUDMAN, «THE CRUCIFIXION AS CHAOS-KAMPF» ÉNFASIS AÑADIDO

Después de tres años confrontando con éxito el caos del Dragón a lo largo de los Evangelios, a Jesús solo le quedaba una forma de caos por derrotar. Un último paso en este viaje épico para aplastar el caos y establecer el orden divino para la nueva creación.

Jesús ha conquistado el desierto, superado la tentación de la Bestia, silenciado al Dragón y calmado la tormenta furiosa. Jesús y Pedro han caminado sobre la superficie del abismo.

Sin embargo, el caos no ha sido completamente derrotado.

La Bestia y el desierto han sido vencidos.

El diluvio y la tormenta, el *tanín* y el *tehom*, el desierto y la oscuridad, todos aplastados por Jesús.

Jesús ha enfrentado y conquistado casi todos los símbolos del caos que existían en el mundo antiguo. Jesús está invicto. El caos nunca lo ha vencido. El Dragón ha fallado una y otra vez en tentarlo, dominarlo o engañarlo. Las probabilidades están a favor de Jesús mientras nos acercamos al clímax de los Evangelios.

Yo nací y crecí en Boston, Massachusetts, así que, naturalmente, soy fanático de los deportes de Boston, y nunca olvidaré la temporada de la NFL del 2007 con los New England Patriots. Vi con devoción y entusiasmo cada uno de los partidos de esa temporada.

Los Patriots terminaron la temporada regular invictos: solo el cuarto equipo en la historia de la NFL en lograrlo, y el primero desde los Miami Dolphins de 1972. Tom Brady lanzó entonces un récord de cincuenta pases de *touchdown*. Randy Moss atrapó un récord de la NFL con veintitrés recepciones de *touchdown*.

Los Patriots llegaron al fin de semana del Supertazón invictos y eran los grandes favoritos.

Nadie habría predicho lo que sucedió después. Los Patriots perdieron el Supertazón.

Uno de los equipos más precisos y talentosos jamás ensamblados perdió en el juego final.

Me quedé mirando el televisor, sin palabras.

Cada indicio apuntaba a que los Patriots ganarían. Recuerdo claramente la nube desconcertante de depresión y enojo que descendió sobre la ciudad de Boston en los días y meses siguientes.

De la misma manera, Jesús estuvo invicto frente al caos en los Evangelios. Cada indicio señalaba que Jesús de Nazaret continuaría su racha invicta de aplastar el caos, pero entonces el caos de la muerte venció a Jesús en la cruz.

Sus seguidores quedaron completamente desconcertados. Deprimidos. Desorientados. Confundidos. Asustados. Tambaleando ante la realidad de la pérdida y la derrota.

Muy a menudo, cuando leemos la Biblia, es como si estuviéramos viendo una película cuyo final ya conocemos. Por un lado, eso es maravilloso, porque tenemos una base sólida de esperanza. Pero, por otro lado, no respondemos al drama que se desarrolla en la historia. No disfrutamos ni reconocemos la tensión que los autores construyeron intencionalmente.

Como vemos la crucifixión de Jesús a través del lente de la Resurrección, muchas veces no alcanzamos a captar la profundidad de la derrota y la desesperación que se vivió aquel primer Viernes Santo.

La muerte era la forma final del caos que necesitaba ser derrotada.

Sería natural suponer que, cuando los romanos intentaran crucificar a Jesús, simplemente no funcionaría. Los Evangelios nos habían llevado a concluir que la muerte no tendría efecto sobre Jesús. Imagínate a un Jesús inmune al efecto de la muerte. Imagínate *esa* escena de crucifixión con un Jesús resistente a la muerte, a prueba de muerte. Así es como muchos de nosotros pensamos que se gana contra el caos.

Pensamos que el objetivo es volvernos impermeables al caos. Sin embargo, Jesús lanzó una bola curva con la Crucifixión. Él murió: fue vencido por el caos y tragado por la muerte. Por primera vez, Jesús fue derrotado, y el caos resultó victorioso. Y los escritores de los evangelios se aseguraron de que lo supiéramos.

Lucas escribe: «Ya era alrededor del mediodía, y la tierra se llenó de *oscuridad* hasta las tres de la tarde. *La luz del sol desapareció*. Y, de repente, la cortina del santuario del templo se rasgó por la mitad» (Lucas 23:44-45, NTV).

La oscuridad que Yahvé venció del caos antes de la creación había regresado. La oscuridad a la que Él le puso límites cuando habló la luz a la existencia había vuelto con venganza. Esto es lenguaje de caos.

La luz falló.
El sol falló.
La oscuridad venció.
El caos prevaleció.

El Evangelio de Mateo relata que «Jesús, volvió a gritar y entregó su espíritu. En ese momento, la cortina del santuario del templo se rasgó en dos, de arriba abajo. *La tierra tembló, las rocas se partieron en dos*» (Mateo 27:50-51, NTV).

Esto fue el caos.

La firme base de la tierra tembló. Lo que se creía seguro fue sacudido. El orden de la creación estaba siendo trastocado. Esto era *tohu va-vohu*. Era el *caos*.

El Dr. Michael Heiser señala que «cuando la oscuridad, el terremoto y la rasgadura del velo acompañaron la muerte de Jesús, los judíos de su tiempo habrían temido el fin del mundo: *la victoria del caos*».[1] La audiencia antigua habría visto la victoria del caos. Sin embargo, las audiencias modernas no hacen naturalmente esa conexión.

Además de que vino la oscuridad y ocurrieron terremotos, el velo del templo se rasgó de arriba abajo. El templo, el lugar de descanso de Dios, el reino del orden, el microcosmos de la creación... Ni siquiera el templo fue inmune al caos que se desataba sobre el cosmos.

Esto no fue simplemente la muerte de Jesús, el Hijo de Dios.

Esto fue la muerte de la vieja creación y del viejo templo, el desmoronamiento del antiguo orden creado.

La muerte de Jesús llevó a la muerte de *todo*.

La victoria del caos. La victoria de la muerte.

Esto ya lo hemos visto antes. En el Diluvio, el orden de la creación fue deshecho, el caos se tragó el cosmos y la creación volvió a un estado de *tohu va-vohu*. En las plagas de Egipto, el orden de la creación fue atacado, y Egipto descendió al caos total. Ese caos culminó con la muerte del primogénito del faraón y la instauración de la Pascua, porque la forma suprema del caos es la *muerte*.

La muerte de Jesús en la cruz fue el nuevo pináculo del caos. La victoria de la muerte.

Y eso es precisamente lo que Dios deseaba, porque no se puede tener una nueva creación sin permitir que el caos destruya la antigua. Por eso Pablo enseñó a los corintios: «Ninguno de los gobernantes de este mundo la entendió [la sabiduría de Dios] porque de haberla entendido, no habrían crucificado al Señor de la gloria» (1 Corintios 2:8).

La crucifixión de Jesús puso en marcha una serie de eventos que no podrían ser detenidos.

El Dragón cayó directamente en la trampa.

El caos no pudo resistirse.

La muerte reclamó a su última víctima.

Mientras el Dragón y el caos celebraban la muerte de Jesús, no se dieron cuenta de que Él era una semilla. Y el verdadero poder de una semilla solo se desbloquea en el momento en que esta muere.

Enterraron a Jesús en la tierra, y la semilla de la nueva creación fue plantada en la profundidad de la vieja creación.

Jesús les había dicho a sus discípulos que Él era una semilla. En Juan 12:24-25, dijo:

> Les aseguro que, si el grano de trigo no cae en tierra y *muere*, se queda *solo*. Pero si muere, produce mucho fruto. El que ama su vida la pierde; en cambio, el que aborrece su vida en este mundo la conserva para la vida eterna.

Las semillas llevan vida. Pero la vida dentro de una semilla no puede emerger mientras esta permanezca intacta; la cáscara exterior tiene que morir.

Semillas en tu mano o en tu bolsillo no producen nada. Sin embargo, cuando una semilla es enterrada, la humedad del suelo rompe y destruye su cubierta. Al matar la cáscara del grano, el suelo y el agua desbloquean el verdadero poder y la vida que estaban ocultos dentro. El poder de la vida. Irónicamente, cuando se planta, el «cuerpo» de la semilla debe ser quebrado para que surja nueva vida.

El caos venció cuando Jesús murió, y la oscuridad envolvió la creación. Pero el caos no simplemente mató a Jesús. Rompió la semilla de la nueva creación, poniendo el poder de una nueva vida directamente en el suelo de esta vieja creación.

Este es el secreto para aplastar el caos: cada final es simultáneamente un nuevo comienzo. Cada muerte es, al mismo tiempo, un nacimiento. Cada tumba es, simultáneamente, una matriz.

El secreto final para aplastar el caos es saber que a veces las cosas mueren, pero la muerte no es el final. A veces el caos gana.

Cuando eso suceda, debes recordar que tú también eres una semilla. Y tu superpoder secreto como seguidor de Jesús es que no le temes a la muerte.

En el siglo II, un teólogo cristiano que vivía en el norte de África llamado Tertuliano acuñó el adagio: «La sangre de los mártires es la semilla de la Iglesia». Este dicho es bastante popular, pero es una versión abreviada de la declaración completa que Tertuliano escribió directamente al Imperio romano en respuesta a su persecución contra los cristianos. Una traducción de la frase completa es: «Cuanto más nos matan, más numerosos somos. La sangre de los mártires es la semilla de la Iglesia».[2]

El Dragón no aprendió la lección con Jesús. El caos no comprendió que destruir semillas siempre será un error fatal. Cuantos más cristianos Roma perseguía, más se difundía la fama de Jesús. Cuantas más semillas Roma enterraba en la tierra, más fruto daba el cristianismo.

Tal vez este sea el final de una etapa significativa de tu vida. Pero no solo tienes las semillas necesarias para lo que viene. Tú *eres* semilla.

Tu carrera puede haber terminado, pero tú eres semilla.
Tu ministerio puede haber terminado, pero tú eres semilla.
Tu matrimonio puede haber terminado, pero tú eres semilla.
Tu negocio puede haber terminado, pero tú eres semilla.
Y la muerte de una cosa impulsa el nacimiento de otra.

No tienes por qué aferrarte a esta versión presente de la vida. No necesitas aferrarte a nada en esta vida. Porque «El que ama su vida, la perderá; y el que aborrece su vida en este mundo, para vida eterna la guardará» (Juan 12:25, RVR1960).

Este es el secreto.
Entramos con valentía en el vientre de la Bestia.
Y salimos renacidos.
Cada vez.

Planear la muerte de Jesús fue el peor error que el Dragón pudo haber cometido. Golpear el talón de Jesús solo provocó que Él aplastara la cabeza del Dragón. Y dado que el Dragón es símbolo del caos, el golpe al talón de Jesús fue lo que causó la derrota total del caos.

El domingo por la mañana, después de la aparente victoria del caos el viernes, María Magdalena y algunas mujeres fueron a la tumba de Jesús para ungir su cuerpo. Pero cuando llegaron, la tumba estaba vacía. Y la semilla ya estaba echando raíces y brotando nueva vida. Lo que significa que la victoria sobre la muerte no se encontró en ser inmune a ella, sino en sucumbir a su poder y luego derrotarla mediante la resurrección. En la cruz, el Dragón hiere el talón de Jesús.

En la resurrección, el caos es completamente decapitado.

Tú y yo tenemos algo mucho más poderoso que la inmunidad a la muerte. Tenemos el poder de la vida resucitada: la verdad de que, de las cenizas de la muerte, puede resurgir nueva vida.

Justo antes de revelar a sus discípulos que Él es una semilla que producirá muchas otras más, uno de sus amigos más cercanos, Lázaro, enferma. Cuando sus dos hermanas mandan a decirle a Jesús, Él responde: «Esta enfermedad no terminará en muerte» (Juan 11:4). Aunque el texto no lo dice con certeza, es probable que las hermanas estén al tanto de su contestación.

«Esta enfermedad no *terminará* en muerte». Y luego, Lázaro muere. ¡Vaya sorpresa!

¿Qué haces cuando crees que Jesús dijo que algo no ocurriría, y luego ocurre? Marta y María están destrozadas y de duelo, y por separado le dicen a Jesús: «Señor, si hubieras estado aquí, mi hermano no habría muerto» (versículos 21, 32). Están intentando desesperadamente reconciliar lo que Jesús dijo con lo que ha *sucedido*. Y Jesús es enfático en que necesitan creer.

¿Creer? ¿Creer en qué exactamente? Tal vez necesitan creer en lo que Jesús dijo:

«Esta enfermedad no *terminará* en muerte».

Fin. Lo que significa que, si hay muerte, no puede ser el final. Para Jesús, incluso antes de ir a la cruz, la muerte no es un punto final; no es sinónimo de *fin*. Jesús nunca ve la muerte con la misma finalidad con la que la vemos nosotros.

Sí, hay muerte. Pero no, no es el final. No puedes controlar la muerte, pero puedes controlar si esa muerte será definitiva o no.

Comenzar de nuevo puede ser caótico. Deshacer una vida anterior, recoger los pedazos y empezar de nuevo puede resultar completamente abrumador. Pero la vida es una serie de renacimientos.

Sí, el caos de comenzar de nuevo es real. Pero tienes todas las herramientas que necesitas, más que la última vez que tuviste que empezar de nuevo.

El Dragón te dirá que luches por el control en medio de este caos, pero la voz de Aquel que ha ido delante de ti te está pidiendo que confíes en Él. Él descendió hasta la muerte, y tú puedes seguirle. Y cuando salgas… habrá un jardín al otro lado.

Ya vimos brevemente algo en la primera parte de este libro que merece una mirada más profunda. Necesitamos contemplar la escena en el Evangelio de Juan cuando María Magdalena encuentra a Jesús resucitado.

Cuando María Magdalena fue a la tumba y se encontró con el Señor resucitado, «no sabía que era Él», sino que pensó que «que se trataba del que cuidaba el huerto» (Juan 20:14-15). María estaba tan equivocada… y tan acertada a la vez. Jesús no era el jardinero literal contratado para cuidar ese lugar, pero sí era, y sigue siendo, el jardinero figurado que crea nueva vida para ti y para mí. En su serie de comentarios titulada *John for Everyone*, N. T. Wright lo confirma:

> El pensamiento intuitivo de María, sobre que debía ser el jardinero, era erróneo en un nivel, pero profundamente cierto en otro.
> Esta es la nueva creación. Jesús es el principio de ella…
> Ahí está: el nuevo Adán, *el jardinero*, a quien se le ha encomendado llevar el caos de la creación de Dios a un nuevo orden, al florecimiento, a la productividad.[3]

Los jardines pueden ser el símbolo más poderoso de toda la Biblia. Todo el relato bíblico está arraigado en lo que sucedió en el jardín original con Adán, Eva, el Dragón y Dios mismo. En su evangelio, Juan ya nos ha llevado al jardín de Getsemaní, pero ahora María descubre a Jesús en el jardín de la nueva creación.

En la creación original, Dios plantó un jardín llamado Edén. En el jardín de la nueva creación, Jesús está de pie como las primicias. Prueba de que la nueva creación está activa y es capaz de transformar la muerte, la pérdida y el dolor en vida. Por otra parte, María no reconoció con quién estaba hablando, pero algo dentro de ella parecía admitir la vocación que Jesús estaba cumpliendo, y lo vio de forma correcta como el jardinero, aquel que prepara un lugar para que los humanos florezcan, prosperen y encuentren descanso.

¿Cómo sé que hay un jardín bien ordenado al otro lado del caos que estás atravesando? Porque María Magdalena se encuentra con Jesús resucitado del otro lado de Su caos, y Él está de pie en un jardín.

Una vez que la humanidad pecó en el jardín original, no solo fue expulsada, sino que la entrada al jardín quedó custodiada. En Génesis 3:24 se indica que Dios «puso al oriente del jardín del Edén a los querubines y una espada ardiente que se movía por todos lados para custodiar el camino que lleva al árbol de la vida». Dios hizo inaccesible Su jardín a esta creación corrompida. Sin embargo, como Jesús estuvo dispuesto a ser tragado por la muerte y el caos —y, así, el jardín de la antigua creación fue absorbido también—, Su sacrificio abrió acceso a un nuevo jardín donde Dios y la humanidad caída pueden habitar juntos, y el Creador puede comulgar con Su creación hecha a Su imagen. Jesucristo se ha convertido en el nuevo Árbol de la Vida al entregar Su vida en un árbol de muerte.[4]

Así que, por supuesto, Jesús está de pie en un jardín.

Por supuesto que es confundido con un Jardinero.

La Biblia lo muestra, no lo dice directamente.

Jesús ha dado nuevo acceso el jardín del Edén. El camino al Edén ya no está custodiado. Adán y Eva fueron expulsados al desierto de la vieja creación, pero María Magdalena y otros entran en el jardín de la nueva creación.

¿Por qué supondría María Magdalena que Jesús era el jardinero? Porque Jesús y María están en un jardín, lo cual prueba que hay un jardín al otro lado de este caos.

Aplastamos el caos rindiéndonos, muriendo y sacrificándonos. Lo aplastamos confiando en Dios y renunciando a nuestra necesidad de control. Aplastamos el caos permitiendo que momentáneamente nos aplaste, para poder entrar al jardín y disfrutar del orden al otro lado.

El Château du Champ de Bataille, en Normandía, Francia, se asienta sobre más de trescientas hectáreas, y fue construido en la década de 1650 por el mismo arquitecto real que diseñó el Palacio de Versalles.[5] El castillo está lleno de arte invaluable y recuerdos históricos, como cuatro jarrones que, según dicen, fueron regalos del Rey de Suecia a Napoleón. Bastante impresionante. Es casi imposible ponerle precio a una propiedad como esta. Pero, para tener una referencia, hace algunos años, el actual propietario del castillo rechazó una oferta por la propiedad que superaba las diez cifras.[6] Eso es más de mil millones de dólares, para quienes están contando con los dedos.

Lo impactante es que los jardines son la parte más impresionante de esta enorme y opulenta propiedad. Constituyen una gran porción del terreno, lo que hace que este sea uno de los parques privados más grandes de Europa. Más de cien acres de la propiedad del castillo están dedicados exclusivamente a espacios de jardín exuberantes e intrincadamente diseñados,[7] y quince de los mejores jardineros de toda Europa los mantienen.[8]

¿Por qué tanta atención a un área de jardín? ¿Por qué esta inversión masiva de recursos en jardinería? Porque cuando se diseñó y construyó esta propiedad, los reyes y casas reales demostraban su poder sobre la naturaleza al someterla en diseños humanos ordenados y simétricos.[9] *Un jardín no era simplemente un jardín*. Era el resultado de hombres y mujeres imponiendo orden y simetría sobre tierra salvaje e indómita: una muestra de autoridad y poder. El orden es lo único que separa un jardín del desierto.

Los setos cuadrados no son naturales.

Los laberintos de arbustos no aparecen por sí solos.

Si hay un jardín, debe haber un jardinero.

El orden nunca sucede por accidente, y no ocurre de forma orgánica. El orden requiere autoridad para someter lo que es *naturalmente salvaje*. Requiere diseño intencional e inteligente. El orden requiere persistencia y esfuerzo enfocado.

El cuerpo humano no se pone en forma naturalmente.

Los pensamientos y las ideas no se organizan por sí solos.

El alma y la psique humanas no son naturalmente saludables.

Las relaciones no tienen límites de manera natural.

Nada en la vida encuentra orden de manera natural y orgánica, aunque a veces nuestra cultura idolatra lo «natural». Incluso llamamos a nuestro «yo natural» nuestro yo auténtico. Pero esto es un razonamiento profundamente secular, porque la vida es naturalmente salvaje. *Somos* naturalmente salvajes. El orden debe ser impuesto sobre nosotros. Y, sin embargo, esto no es esclavitud, sino libertad, porque un tren es más libre cuando está sobre los rieles.

Espero que esa sea la lección que hayas aprendido al leer este libro. Espero que te hayas abierto al poder del Espíritu Santo diseñando el paisaje de tu alma y transformando tu vida de un desierto caótico a un jardín bien ordenado. Espero que puedas morir a tu yo natural, para que puedas nacer de nuevo como la versión más ordenada de ti mismo.

Si lees Génesis con atención, puedes notar dos detalles pequeños pero importantes. Primero, verás que la totalidad del Edén no es un jardín. Dios planta un jardín dentro de una extensión más amplia llamada Edén. Esto es lo que dice exactamente la Biblia en Génesis 2:8: «Dios el Señor plantó un jardín al oriente del Edén, y allí puso al hombre que había formado».

El jardín está en el Edén. Como Boston está en Massachusetts.

El Edén tiene un jardín, pero no es un jardín en su totalidad.

¿Qué nos está mostrando la Biblia? Adán y Eva están en un jardín, pero rodeados de desierto, un sistema ordenado rodeado de caos. Así como deben decidir si comerán o no del árbol del conocimiento del bien y del mal, también deben decidir si quieren el jardín o el desierto. Nosotros, como nuestros antepasados caídos, constantemente estamos tomando esa misma decisión.

El segundo detalle que notarás es que Adán no fue formado del polvo del jardín. Fue formado del polvo fuera del jardín, y luego, graciosamente, puesto dentro. Esto quiere decir que el jardín no es un espacio al que tiene derecho, y que la naturaleza de la humanidad de Adán es naturalmente salvaje, no ordenada. No naturalmente pecaminosa, sino naturalmente caótica y salvaje. Y, aun así, es puesto dentro del jardín e invitado a elegir el orden por encima del caos.

El terreno del alma de Adán proviene del reino del caos. El Dragón pudo tentar a Adán y Eva con el caos porque había algo en ellos que se sentía atraído hacia él. Por eso el orden del jardín debe ser impuesto sobre nosotros. Por eso los seres humanos no eligen el orden naturalmente.

Debemos abrazar la disciplina de forma *antinatural.*
Restricción. Sacrificio personal.
Orden divino.

Es tanto natural como lógico que Yahvé enviara a Adán de regreso al desierto una vez que este introdujo el caos en el jardín de Yahvé.

La humanidad ordenada puede ocupar espacios ordenados. La humanidad salvaje es desterrada a espacios salvajes.

Durante la Revolución Francesa, el Château du Champ de Bataille fue saqueado, y sus muebles fueron vendidos por toda Francia. La propiedad pasó por varias manos y finalmente cayó en desolación y deterioro. *Y la naturaleza siguió su curso.* Lo que alguna vez fue uno de los jardines más hermosos de Europa se convirtió en un desierto cubierto de maleza, descuidado y abandonado. Esta antigua y elegante propiedad descendió al caos. El castillo fue vencido por el poder natural del *tohu va-vohu* (la frase hebrea en Génesis 1:2 que significa *desorden y vacío*). Hasta que Jacques García compró la propiedad en 1992 y emprendió la abrumadora tarea de traer de vuelta este jardín desde las profundidades del caos y del apretón mortal de la naturaleza y el desierto.

Cuando compró el *château*, García descubrió bocetos del jardín original. Se puso a trabajar meticulosamente para reproducirlos en diseños para que jardineros de toda Europa pudieran traer de vuelta a la vida la visión original. García creía que el Château du Champ de Bataille y sus jardines podían *resucitar*.[10]

García creía que el jardín original podía volver a prosperar. Florecer. Crecer. Prosperar. Dar fruto otra vez. Se podía imponer el orden, y la belleza podía resurgir.

Creía que el camino hacia el jardín original no estaba guardado. Más bien, un plano desbloquearía el orden que el caos había vencido completamente y devolvería la belleza que había sido destruida.

Eso es el evangelio. Dios plantó un jardín. El caos lo reemplazó con un desierto. Durante tres años de ministerio en la tierra, Jesús trabajó incansablemente para ajardinar la viña de Su Padre y restaurar el orden que se había perdido y casi olvidado.

Luego, en un giro impactante de los eventos, el caos derrotó al segundo Adán, el Jardinero, en la cruz, mientras la oscuridad y la muerte parecían prevalecer. Pero al matar a Jesús, el caos plantó la semilla de la nueva creación en ese suelo terrenal.

Y en esa mañana de domingo, Jesús se puso de pie en el jardín, listo para invitar a los humanos formados del suelo caótico de vuelta al único lugar donde realmente podemos florecer: el jardín de Dios. Y para asegurarse de que no volvamos a permitir que el caos de la vida entre en Su jardín, morimos. Morimos a nuestro viejo yo, a quienes éramos, a los patrones y sistemas del mundo antiguo. Y aprendemos a reconstruir nuestras vidas según los planos y diseños que el Jardinero de nuestra alma logró recuperar.

Morimos a nosotros mismos.
Entramos al jardín.
Aprendemos los planos.
Mantenemos el orden.
Y aplastamos el caos.

Agradecimientos

Este libro no sería ni de cerca tan creativo o completo sin que el Dr. Scot McKnight me permitiera la libertad de explorar estas ideas durante mis estudios doctorales en Northern Seminary. Mi tesis doctoral sentó las bases para muchas de las ideas exploradas y las conclusiones desarrolladas en este libro. Además, muchas gracias, Scot, por escribir el prólogo. Estudiar contigo ha sido una de las mejores decisiones que he tomado. Gracias.

Un enorme agradecimiento a Hakeem Bradley, cuya investigación para ARMA ha sido de gran ayuda, y quien contribuyó directamente a la base bíblica de este libro. Estoy muy agradecido contigo, Hakeem.

Por providencia divina, BibleProject lanzó una serie de pódcast de veinte episodios sobre dragones del caos justo unos meses después de que firmáramos el contrato para este manuscrito. Las ideas, el matiz y la creatividad de esa serie influyeron en gran medida en la calidad de este proyecto, y estoy agradecido por ello.

La primera vez que mencioné la idea de este libro a Alexander Field, su rostro se iluminó de inmediato, y su entusiasmo fue la afirmación que necesitaba para llevar este proyecto a su máximo potencial. Desde la primera videollamada por Zoom con Drew Dixon y el equipo de WaterBrook & Multnomah, supe en mi interior que él iba a ser el editor perfecto para esta idea. Y, Drew, no me decepcionaste, me ayudaste a convertirme en un escritor mucho mejor durante este proceso. A Alex y Drew, gracias por toda su sabiduría en este camino y por preocuparse por este proyecto como si fuera suyo.

A Jesse Summers, Elijah Gaither, Tiffani Thompson y Lashawn Thompson, muchas gracias por leer incontables capítulos de este libro y ofrecer comentarios valiosos. Cada uno de ustedes ayudó a dar enfoque a mi escritura y aportó claridad. Ustedes vieron la versión «ecografía» de este bebé e identificaron rasgos que me ayudaron a darle forma a este proceso creativo. Los quiero a todos. Agradecido por cada uno de ustedes.

Y, por último, pero definitivamente no menos importante: Tia Christine Arango. Te dormiste muchas noches escuchando el clic-clac de mi teclado y despertaste muchas mañanas con mis ganas de leerte capítulos antes de que comenzara cualquier otra cosa del día. Me diste tu opinión sobre el mensaje, la elección de palabras, la extensión de los capítulos, el orden de los capítulos, los posibles títulos para el libro, las tipografías y las portadas. Sin tus comentarios, este proyecto no habría sido posible. Muchas veces sentí que lo estábamos escribiendo juntos. Gracias. Te amo y te estoy eternamente agradecido, no solo por este libro, sino por cada proyecto en el que hemos trabajado juntos. Podemos conquistar el mundo, Tia.

Notas

Prólogo

1. Karl Menninger, *Whatever Became of Sin?* (Portland, Ore.: Hawthorne Books, 1973).

Capítulo 1: Pánico en el vestíbulo

1. *Enhanced Brown-Driver-Briggs Hebrew and English Lexicon,* ed. Francis Brown, Samuel Rolles Driver, y Charles Augustus Briggs (Oak Harbor, Wash.: Logos Library System, 2000), s.v. «*tohu*».
2. *Enhanced Brown-Driver-Briggs Lexicon*, s.v. «*va-vohu*».
3. *Gesenius' Hebrew-Chaldee Lexicon,* s.v. «H8414 –*tou*», Blue Letter Bible, consultado el 21 de agosto de 2024, www.blueletterbible.org/lexicon/h8414/kjv/wlc/0-1.
4. *Gesenius' Hebrew-Chaldee Lexicon,* s.v. «H922 –*bou*», Blue Letter Bible, consultado el 21 de agosto de 2024, www.blueletterbible.org/lexicon/h922/kjv/wlc/0-1.
5. Blue Letter Bible, s.v. «H8414 –*tou*», consultado el 21 de agosto de 2024, www.blueletterbible.org/lexicon/h8414/niv/wlc/0-1.
6. *Enhanced Brown-Driver-Briggs Lexicon*, s.v. «*tehom*».
7. United States Census Bureau, «Census Bureau Releases New Report on Living Arrangements of Children», comunicado de prensa núm. CB22-TPS.10, 3 de febrero de

2022, www.census.gov/newsroom/press-releases/2022/living-arrangements-of-chldren.html.

8. Jack Brewer, «Issue Brief: Fatherlessness and Its Effects on American Society», America First Policy Institute, 15 de mayo de 2023, https://americafirstpolicy.com/latest/issue-brief-fatherlessness-and-its-effects-on-american-society.
9. Brewer, «Issue Brief».
10. Edward Kruk, «Father Absence, Father Deficit, Father Hunger», *Psychology Today,* 23 de mayo de 2012, www.psychologytoday.com/intl/blog/co-parenting-after-divorce/201205/father-absence-father-deficit-father-hunger.
11. *Lexham Research Lexicon of the Hebrew Bible,* ed. Rick Brannan (Bellingham, Wash.: Lexham, 2020), s.v. «*adamah*».

Capítulo 2: Paz en el templo

1. John H. Walton, *The Lost World of Genesis One: Ancient Cosmology and the Origins Debate* (Downers Grove, Ill.: IVP Academic, 2009), 71.
2. Hiebert cita Nehemías 9:6; Salmos 90:2; Proverbios 8:22-31 y Hebreos 11:3 como pruebas de este tema. Robert J. V. Hiebert, «Create, Creation», en *Evangelical Dictionary of Biblical Theology,* ed. Walter A. Elwell (Grand Rapids, Mich.: Baker, 1996), 1:133.
3. *The Westminster Shorter Catechism: With Scripture Proofs,*3ª ed. (Bellingham, Wash.: Faithlife, 1996).
4. Walton, *Lost World of Genesis One,* 52, énfasis añadido.
5. Salmos 121:4.
6. Walton, *Lost World of Genesis One,* 74.

Capítulo 3: Monstruos en la Biblia

1. *Enhanced Brown-Driver-Briggs Hebrew and English Lexicon,* ed. Francis Brown, Samuel Rolles Driver, y Charles Augustus Briggs (Oak Harbor, Wash.: Logos Library System, 2000), s.v. «*tannin*».
2. Bernhard W. Anderson, *From Creation to New Creation* (Eugene, Ore.: Wipf and Stock, 2005), 196.
3. Trent C. Butler and Douglas Mangum, «Dragon and Sea», in *The Lexham Bible Dictionary,* ed. John D. Barry (Bellingham, Wash.: Lexham, 2016).
4. Jaap Dekker, «God and the Dragons in the Book of Isaiah», in *Playing with Leviathan: Interpretation and Reception of Monsters from the Biblical World,* ed. Koert van Bekkum et al. (Leiden, The Netherlands: Brill, 2017), 19-39.
5. Lowell K. Handy, «Tiamat (Deity)», in *The Anchor Yale Bible Dictionary,* ed. David Noel Freedman (New York: Doubleday, 1992), 546.
6. Anderson, *From Creation to New Creation,* 20.
7. K. A. Kitchen, «Serpent», en *New Bible Dictionary,* ed. D. R. W. Wood (Downers Grove, Ill.: InterVarsity, 1996), 1081.
8. «Re in the Form of a Cat Slays Apep», Egypt Museum, consultado el 16 de agosto de 2024, https://egypt-museum.com/re-in-the-form-of-a-cat-slays-apep/.
9. Ken Hemphill, *The Names of God* (Nashville: Broadman & Holman, 2001), 144, 207.

Capítulo 4: Un dragón en el jardín del Edén

1. John Carey, *A Little History of Poetry* (New Haven, Conn.: Yale University Press, 2021), 1.

2. Katie Hunt and Lex Harvey, «A Cave Drawing of Humans and a Pig Is the World's Oldest Known Narrative Art», CNN Science, 4 de julio de 2024, www.cnn.com/2024/07/04/science/indonesia-oldest-narrative-cave-art-scn-intl-hnk/index.html.
3. Jerome, *The Homilies of Saint Jerome,* trad. Sister Marie Ligouri Ewald, vol. 1, *1-59 on the Psalms* (Washington, D.C.: Catholic University of America Press, 2001), 228.

Capítulo 5: Ahogarse en la profundidad

1. «Titan Submersible: Timeline of Vessel's Voyage», 22 de junio de 2023, *The Guardian* (US edition), www.theguardian.com/world/2023/jun/21/titanic-sub-timeline-titan-submersible-missing-vessel.
2. «Titan Submersible».
3. Holly Margerrison, «Update: Family of Victim Killed in Titan Submersible Disaster Sues OceanGate for $50M», BOAT International, 13 de agosto de 2024, www.boatinternational.com/yachts/news/oceangate-titan-disaster-implosion-lawsuit-latest-news-2023-submarine-submersible.
4. *Enhanced Brown-Driver-Briggs Hebrew and English Lexicon,* ed. Francis Brown, Samuel Rolles Driver, y Charles Augustus Briggs (Oak Harbor, Wash.: Logos Library System, 2000), s.v. «*tehom*».
5. *Lexham Research Lexicon of the Hebrew Bible,* ed. Rick Brannan (Bellingham, Wash.: Lexham, 2020), s.v. «*tehom*».
6. *Enhanced Brown-Driver-Briggs Lexicon,* s.v. «*mayim*».
7. *Enhanced Brown-Driver-Briggs Lexicon,* s.v. «*tehom*».
8. *The Lexham Bible Dictionary,* ed. John D. Barry (Bellingham, Wash.: Lexham, 2016), s.v. «*tehom*».

Capítulo 6: Perderse en la oscuridad

1. «La Vida Adirondack Expeditions», La Vida at Gordon College, consultado el 19 de agosto de 2024, https://lavidacenter.org/adk.

Capítulo 7: Adaptarse al desierto

1. *Baker Encyclopedia of the Bible,* ed. Walter A. Elwell, vol. 1 (Grand Rapids, Mich.: Baker, 1988), s.v. «Desert».
2. Melody Wilding, «Why "Dysfunctional" Families Create Great Entrepreneurs», *Forbes,* 19 de septiembre de 2016, www.forbes.com/sites/melodywilding/2016/09/19/why-dysfunctional-families-create-great-entrepreneurs.
3. Steve Blank, «Founders and Dysfunctional Families», *Steve Blank,* 18 de mayo de 2009, https://steveblank.com/2009/05/18/founders-and-dysfunctional-families.
4. Wilding, «Why "Dysfunctional" Families».
5. Blank, «Founders and Dysfunctional Families».
6. *Gesenius' Hebrew-Chaldee Lexicon,* s.v. «H922 *–bou*», Blue Letter Bible, consultado el 21 de agosto de 2024, www.blueletterbible.org/lexicon/h922/kjv/wlc/0-1/.
7. *Enhanced Brown-Driver-Briggs Hebrew and English Lexicon,* ed. Francis Brown, Samuel Rolles Driver, y Charles Augustus Briggs (Oxford: Clarendon Press, 1977), 1062.

Capítulo 9: Agar y su asno salvaje

1. «How Old Was Isaac When Abraham Almost Sacrificed Him?», Got Questions, consultado el 22 de agosto de 2024, www.gotquestions.org/how-old-was-Isaac.html.
2. *Lexham Research Lexicon of the Hebrew Bible,* ed. Rick Brannan (Bellingham, Wash.: Lexham, 2020), s.v. «*aqeb*».

Capítulo 10: Una escalera en Luz

1. Stephen De Young, «Jacob's Ziggurat», *The Whole Counsel of God: An Introduction to Your Bible* (blog), Ancient Faith Ministries, 1 de abril de 2019, https://blogs.ancientfaith.com/wholecounsel/2019/04/01/jacobs-ziggurat/.
2. James Swanson, *A Dictionary of Biblical Languages with Semantic Domains: Hebrew (Old Testament)* (Oak Harbor, Wash.: Logos Research Systems, 1997), énfasis añadido.

Capítulo 12: Enjaulado sin ser una bestia

1. Bible Hub, s.v. «2455. Ioudas», consultado el 23 de agosto de 2024, https://biblehub.com/greek/2455.htm.
2. Nelson Mandela, *Long Walk to Freedom: The Autobiography of Nelson Mandela* (Boston: Back Bay Books, 1995), 624.

Capítulo 13: Orejas perforadas y estómagos vacíos

1. David Fohrman, *The Beast That Crouches at the Door: Adam and Eve, Cain and Abel, and Beyond; A Biblical Exploration* (New Madrid, Conn.: Maggid Books/Aleph Beta, 2021), 35-36.
2. Fohrman, *Beast That Crouches,* 37.
3. Fohrman, *Beast That Crouches,* 37.
4. Fohrman, *Beast That Crouches,* 38.
5. *A Greek-English Lexicon of the New Testament,* trad. Joseph Henry Thayer (New York: Harper & Brothers, 1889), s.v. «*doulos*».
6. James Swanson, *A Dictionary of Biblical Languages with Semantic Domains: Greek (New Testament)* (Oak Harbor, Wash.: Logos Research Systems, 1997), s.v. «*doulos*».
7. Brian J. Tabb, «Deacon», in *The Lexham Bible Dictionary,* ed. John D. Barry (Bellingham, Wash.: Lexham, 2016).

Capítulo 15: El contexto del caos

1. *Enhanced Brown-Driver-Briggs Hebrew and English Lexicon,* ed. Francis Brown, Samuel Rolles Driver, y Charles Augustus Briggs (Oak Harbor, Wash.: Logos Library System, 2000), s.v. «*dun*».
2. James Swanson, *A Dictionary of Biblical Languages with Semantic Domains: Hebrew (Old Testament)* (Oak Harbor: Logos Research Systems, 1997), s.v. «*dun*».
3. Michael O. Wise, Martin G. Abegg, Jr., and Edward M. Cook, *The Dead Sea Scrolls: A New Translation* (San Francisco: HarperSanFrancisco, 2005), 353.
4. *Enhanced Brown-Driver-Briggs Lexicon,* s.v. «*sahat*».
5. *Lexham Research Lexicon of the Hebrew Bible,* ed. Rick Brannan (Bellingham, Wash.: Lexham, 2020), s.v. «*sahat*».
6. Swanson, *Dictionary of Biblical Languages,* s.v. «*sahat*».
7. Wikipedia, s.v. «Galileo affair», última modificación del 25 de julio de 2024, 08:37, https://en.wikipedia.org/wiki/Galileo_affair #cite_ref-Trial_Galileo_Essential_2-0.
8. Bruce Gourley, «Yes, the Civil War Was About Slavery», *Baptists and the American Civil War* (blog), 8 de febrero de 2017, https://civilwarbaptists.com/slavery/.
9. Mark A. Noll, *The Civil War as a Theological Crisis* (Chapel Hill: University of North Carolina Press, 2006), 50.
10. Richard Furman, «Exposition of the Views of the Baptists Relative to the Coloured Population of the United States in a Communication to the Governor of South Carolina», en *Richard Furman: Life and Legacy,* James A. Rogers (Macon, Ga.: Mercer University Press, 1985), 277.
11. John H. Walton and Tremper Longman III, *The Lost World of the Flood: Mythology, Theology, and the Deluge Debate* (Downers Grove, Ill.: IVP Academic, 2018), 61-62.

Capítulo 16: El templo de Noé

1. Gordon J. Wenham, «Genesis», *Eerdmans Commentary on the Bible,* ed. James D. G. Dunn y John W. Rogerson (Grand Rapids, Mich.; Cambridge, U.K.: William B. Eerdmans Publishing Company, 2003), 44.
2. *Lexham Research Lexicon of the Hebrew Bible,* ed. Rick Brannan (Bellingham, Wash.: Lexham, 2020), s.v. «*tevah*»; Wilhelm Gesenius, *Gesenius' Hebrew and Chaldee Lexicon to the Old Testament Scriptures,* trad. Samuel Prideaux Tregelles (Bellingham, Wash.: Logos Bible Software, 2003), s.v. «*tevah*».
3. Blue Letter Bible, s.v. «H8322 –*tēḇa*», consultado el 26 de agosto de 2024, www.blueletterbible.org/lexicon/h8392/nkjv/wlc/0-1/.
4. Abraham S. Yahuda, *The Language of the Pentateuch in Its Relation to Egyptian,* vol. 1 (Londres: Oxford University Press, 1933), 262.
5. Yahuda, *Language of the Pentateuch*, 263.
6. *Enhanced Brown-Driver-Briggs Hebrew and English Lexicon,* ed. Francis Brown, Samuel Rolles Driver, y Charles Augustus Briggs (Oak Harbor, Wash.: Logos Library System, 2000), s.v. «*yanah*».
7. Gesenius, *Gesenius' Hebrew and Chaldee Lexicon*, s.v. «Noah».

Capítulo 17: La ira pasiva y la gracia activa

1. *Enhanced Brown-Driver-Briggs Hebrew and English Lexicon,* ed. Francis Brown, Samuel Rolles Driver, y Charles Augustus Briggs (Oak Harbor, Wash.: Logos Library System, 2000), s.v. «*qeset*».

2. *Enhanced Brown-Driver-Briggs Lexicon,* s.v. «*qeset*».
3. Leonard J. Coppes, «2093 קֶשֶׁת», in *Theological Wordbook of the Old Testament,* ed. R. Laird Harris, Gleason L. Archer, Jr., y Bruce K. Waltke (Chicago: Moody, 1999), 819.
4. Wikipedia, s.v. «Juneteenth», última modificación el 20 de agosto de 2024, 13:55, https://en.wikipedia.org/wiki/Juneteenth.

Capítulo 18: Moisés y su dragón

1. «The History of Berenstain Bears», The Berenstain Bears, consultado el 26 de agosto de 2024, https://berenstainbears.com/about/.
2. Jacopo Prisco, «The 'Mandela Effect' Describes the False Memories Many of Us Share. But Why Can't Scientists Explain It?», CNN World, 18 de septiembre de 2023, www.cnn.com/2023/09/18/world/mandela-effect-collective-false-memory-scn/index.html.
3. Prisco, «"Mandela Effect" Describes».
4. *Enhanced Brown-Driver-Briggs Hebrew and English Lexicon,* ed. Francis Brown, Samuel Rolles Driver, y Charles Augustus Briggs (Oak Harbor, Wash.: Logos Library System, 2000), s.v. «*arum*».
5. Ronald B. Allen, «1698 מֹרֶע», in *Theological Wordbook of the Old Testament,* ed. R. Laird Harris, Gleason L. Archer, Jr., and Bruce K. Waltke (Chicago: Moody, 1999), 697.
6. Klaas Spronk, «Rahab», en *Dictionary of Demons and Deities in the Bible,* ed. Karel van der Toorn, Bob Becking, y Pieter W. van der Horst, 2ª ed. (Grand Rapids, Mich.: Wm. B. Eerdmans, 1999), 684-86.

Capítulo 19: Las plagas del caos

1. *Theological Wordbook of the Old Testament,* ed. R. Laird Harris, Gleason L. Archer, Jr., y Bruce K. Waltke (Chicago: Moody, 1999), s.v. «1995a מִקְוֶה (*miqweh*)».

Capítulo 20: Un portal de regreso al Edén

1. Las siete secciones de instrucciones del tabernáculo en Éxodo se encuentran aquí: (a) 25:1-30:10; (b) 30:11-16; (c) 30:17-21; (d) 30:22-33; (e) 30:34-38; (f) 31:1-11; and (g) 31:12-17.
2. Peter Enns, *Exodus,* The NIV Application Commentary (Grand Rapids, Mich.: Zondervan, 2000), 509.

Capítulo 21: Se rompe el ciclo del caos

1. *Enhanced Brown-Driver-Briggs Hebrew and English Lexicon,* ed. Francis Brown, Samuel Rolles Driver, y Charles Augustus Briggs (Oak Harbor, Wash.: Logos Library System, 2000), s.v. «*ruach*».
2. Mateo 3:13-17.

Capítulo 22: El dragón saqueado

1. «Fafnir: The Dragon-Dwarf and Curse of Avarice», Norsegarde, consultado el 29 de agosto de 2024, www.norsegarde.com/blogs/lore-and-mythology/fafnir-the-dragon-dwarf-and-curse-of-avarice.
2. «Fafnir: The Dragon-Dwarf».
3. Sandra Unerman, «Dragons in Twentieth-Century Fiction», *Folklore* 113, no. 1 (abril de 2002): 96, www.jstor.org/stable/1261010.
4. Lynnette Porter, *Tarnished Heroes, Charming Villains, and Modern Monsters: Science Fiction in Shades of Gray*

on 21st Century Television (Jefferson, N.C.: McFarland, 2010), 37.

5. Anne C. Petty, *Dragons of Fantasy* (Cold Spring Harbor, N.Y.: Cold Spring, 2004), 46.
6. Tom Shippey, *The Road to Middle-Earth: How J. R. R. Tolkien Created a New Mythology* (New York: Houghton Mifflin, 2003), 102-4.
7. Verlyn Flieger, «Frodo and Aragorn: The Concept of the Hero», en *Understanding the Lord of the Rings: The Best of Tolkien Criticism,* ed. Rose A. Zimbardo y Neil D. Isaacs (New York: Houghton Mifflin, 2004), 141-44.
8. Craig S. Keener, *IVP Bible Background Commentary: New Testament,* 2ª ed. (Downers Grove, Ill.: IVP Academic, 2014), 130, emphasis added.
9. *Baker Encyclopedia of the Bible,* ed. Walter A. Elwell (Grand Rapids, Mich.: Baker, 1988), s.v. «desert».
10. J. R. R. Tolkien, *The Hobbit* (Boston: Mariner Books, 2012), 207, énfasis añadido.
11. Interlinear Study Bible, s.v. «Genesis 3:24», StudyLight.org, consultado el 29 de agosto de 2024, www.studylight.org/interlinear-study-bible/greek/genesis/3-24.html.
12. *A Greek-English Lexicon of the New Testament,* trad. Joseph Henry Thayer (Nueva York: Harper & Brothers, 1889), s.v. «*phimoō*».

Capítulo 23: El tentador y la tormenta

1. James Strong, *A Concise Dictionary of the Words in the Greek Testament and the Hebrew Bible* (Bellingham, Wash.: Logos Bible Software, 2009), s.v. «*phimoō*».
2. *A Greek-English Lexicon,* comp. Henry George Liddell y Robert Scott (Oxford: Clarendon, 1996), s.v. «*phimoō*».

3. *A Greek-English Lexicon of the New Testament,* trad. Joseph Henry Thayer (Nueva York: Harper & Brothers, 1889), s.v. «*phimoō*».

Capítulo 24: Un pequeño paso para el hombre

1. Christopher Mitra, «Breaking Barriers: How the 4-Minute Mile Taught Us to Embrace the Impossible», LinkedIn, 20 de abril de 2023, www.linkedin.com/pulse/breaking-barriers-how-4-minute-mile-taught-us-embrace-mitra/.
2. Mitra, «Breaking Barriers».
3. Bill Taylor, «What Breaking the 4-Minute Mile Taught Us About the Limits of Conventional Thinking», Harvard Business Review, 9 de marzo de 2018, https://hbr.org/2018/03/what-breaking-the-4-minute-mile-taught-us-about-the-limits-of-conventional-thinking.
4. «The Sub-4 Alphabetical Register», National Union of Track Statisticians, consultado el 30 de agosto de 2024, https://nuts.org.uk/sub-4/Sub-4%20register%206%20June%202022.pdf.

Capítulo 25: Con un profeta en el vientre

1. *A Greek-English Lexicon of the New Testament,* trad. Joseph Henry Thayer (Nueva York: Harper & Brothers, 1889), s.v. «*kētos*».
2. *World History Encyclopedia,* s.v. «Sea Monster Ketos (Cetus)», 17 de diciembre de 2014, www.worldhistory.org/image/3363/sea-monster-ketos-cetus/#google_vignette.
3. Entre esas palabras se encuentran *ichthys* (*ἰχθύς*), *ichthydion* (*ἰχθύδιον*), y *opsarion* (*ὀψάριον*). *Cetus* (*κῆτος*) no significa «pez». Se traduce mejor como «monstruo marino».

Capítulo 26: El génesis de Jesús

1. Hay dos cosas rápidas sobre el Evangelio de Juan que deberías saber. Primero, es bastante diferente de Mateo, Marcos y Lucas. Segundo, Juan está obsesionado con el libro de Génesis.

Capítulo 28: El Jesús que Judas creyó conocer

1. Para unos cuantos de los muchos ejemplos, ver Mateo 16:21-28; 20:17-19; 26:1-2; Marcos 8:31-38; 9:9-12, 30-32; 10:32-45 y Lucas 9:43-45; 18:31-34.
2. *A Concise Hebrew and Aramaic Lexicon of the Old Testament,* William L. Holladay (Leiden: Brill, 2000), s.v. «messiah».
3. Peter Stanford, *Judas: The Most Hated Name in History* (Berkeley, Calif.: Counterpoint, 2015), 25-26.

Capítulo 29: El aplastador del caos

1. Michael S. Heiser, *The Bible Unfiltered: Approaching Scripture on Its Own Terms* (Bellingham, Wash.: Lexham Press, 2017), 161, énfasis añadido.
2. Tertullian, *Apologeticus,* citado en Nicholas LaBanca, «Blood of the Martyrs Is Still Seed for the Church», Ascension, 17 de septiembre de 2018, https://media.ascensionpress.com/2018/09/17/blood-of-the-martyrs-is-still-seed-for-the-church/.
3. Tom Wright, *John for Everyone: Part 2; Chapters 11-21* (London: Society for Promoting Christian Knowledge, 2004), 146.
4. «Cristo nos rescató de la maldición de la Ley al hacerse maldición por nosotros, pues está escrito: «Maldito todo el que es colgado de un madero»» (Gálatas 3:13).

5. «The Battlefield Castle», Domaine du Champ de Bataille, consultado el 2 de septiembre de 2024, www.chateauduchampdebataille.com/le-chateau/.
6. Erik Van Conover, «Touring the Most Expensive House in the World: Normandy, France», video de YouTube, 24 de noviembre de 2023, https://www.youtube.com/watch?v=VXOok5J_M3M.
7. «Tourism in Normandy: Champ de Bataille», McArthurGlen Designer Outlet Paris-Giverny, consultado el 2 de septiembre de 2024, www.mcarthurglen.com/en/outlets/fr/designer-outlet-paris-giverny/tourism/normandy-travel-diary-champdebataille/.
8. Van Conover, «Touring the Most Expensive House».
9. Van Conover, «Touring the Most Expensive House».
10. «The Gardens», Domaine du Champ de Bataille, consultado el 2 de septiembre de 2024, www.chateauduchampdebataille.com/les-jardins

@ ANDREW CHEW

Manny Arango es un apasionado de la Biblia y el fundador de ARMA Courses, una plataforma educativa en línea que ayuda a los cristianos a volverse bíblicamente alfabetizados. Desde su lanzamiento en 2020, la plataforma ha crecido hasta alcanzar miles de suscriptores mensuales.

Nacido en Boston, Massachusetts, Manny fue pastor de enseñanza en la iglesia Social Dallas bajo el liderazgo de los pastores Robert y Taylor Madu, y actualmente es pastor principal, junto con su esposa Tia, de la iglesia The Garden en Houston, Texas. Se graduó del Northern Seminary en junio de 2024 con un doctorado en Estudios del Nuevo Testamento.

Manny ha estado casado con su hermosa esposa por más de una década, y juntos tienen un hijo llamado Theophilus.

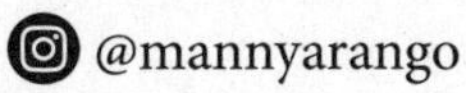

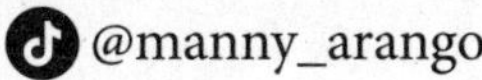